南方传媒研究

NANFANG MEDIA RESEARCH

南方报业传媒集团新闻研究所　主编

中国财经媒体多兴起于21世纪初。悄然间已过了第一个十年，它们在方法论层面对调查新闻业形成了越来越大的影响。这种趋势既表现在市场化新闻产品的数量和品质中，也相对零散地形成了一些从业者共有的价值共识和业务模式。财经新闻调查更少依赖于个人的性情，更易于总结为一种有效工作机制。

有新闻专业主义自觉的媒体与记者，是不会简单地被网络情绪牵着走的，他忠于事实永远高过忠于网络民意。从长远看，具有这样独立调查精神的媒体与媒体人，才会真正被舆论世界、乃至网络民意所尊重。因为最有情绪的人，在情绪落潮心头清醒后，他仍会尊奉理性、尊奉真相。

一些官员总觉得媒体报道是添乱，总是怀疑媒体的动机，其实很不应该。媒体作为瞭望哨，提出警示是分内之事。封建朝廷还允许御史大夫的谏诤，更何况在现代社会？忠言逆耳，要给新闻人空间。要相信绝大部分报人是爱国的、是明白利弊得失的，是希望社会进步的。

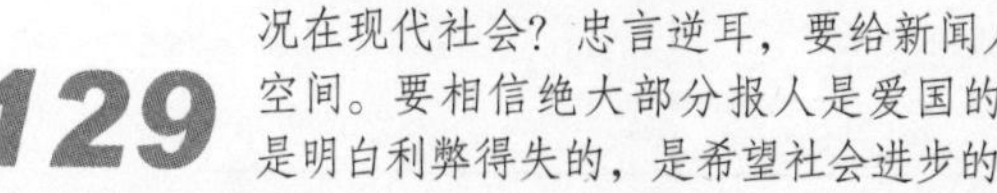

南方日报出版社
NANFANG DAILY PRESS

图书在版编目（CIP）数据

南方传媒研究·第二十七辑：调查报道/南方报业传媒集团新闻研究所主编．—广州：南方日报出版社，2010.12

ISBN 978-7-80652-884-6

Ⅰ．①南… Ⅱ．①南… Ⅲ．① 传播媒介－中国－文集 ② 记者－新闻工作－中国－文集 Ⅳ．① G219.2-53

中国版本图书馆 CIP 数据核字（2010）第 250010 号

南方传媒研究

第二十七辑：调查报道

南方报业传媒集团新闻研究所 主编

出版发行 南方日报出版社
地 址 广州市广州大道中 289 号
电 话 （020）87373998-8502
经 销 全国新华书店
印 刷 广州市怡升印刷有限公司
开 本 787mm×1092mm 1/16
印 张 14 彩插 0.5
字 数 270 千字
版 次 2010 年 12 月第 1 版
印 次 2010 年 12 月第 1 次印刷
定 价 28.00 元

投稿热线：（020）87373998-8503 读者热线：（020）87373998-8502
网址：http://www.nanfangdaily.com.cn/press http://www.southcn.com/ebook

目录 Contents

NO.27

传媒动态 006

本期焦点「调查报道」017

深度周刊
六盘水
“警察开枪”事件迷局
枪击命案背后的3年曲折
058

专题「21世纪经济报道十周年」079

传媒观察 107

财经
CAIJING MAGAZINE
高官贪腐录
112

看2011
新京报柒周年纪念特刊
点经
——34位经济人物猜想2011
新京报
140

iPhone 4
再一次，改变一切。
170

采写编 183

195

传媒茶座 205

微博话题 220

编后记 224

中间插页

编委会

地　址 广州市广州大道中289号
电　话 020-87373998-3364
传　真 020-87363753
邮政编码 510601
电子邮箱 nfcmyj@vip.163.com
nfcmyj@163.com
网　址 http://media.nfdaily.cn

“各级政府部门应及时主动地公开信息或向采访记者提供涉及采访事件的真实情况，不得对业经核实的合法新闻机构及其采编人员封锁消息、隐瞒事实，干扰甚至打击记者。”

11月4日，新闻出版总署新闻报刊司副司长朱伟峰在“庆祝2010年记者节工作座谈会”上指出，政府公职人员没有正当理由无权拒绝新闻记者对涉及公共事务的合法采访。

“你不知道当什么局长？当什么官？撤你的职！你不好好为人民服务就下去！”

10月底，有“电波怒汉”之称的著名电台主持人万峰做客杭州电视台某节目时，炮轰富阳市发改局物价监督检查分局局长袁高亮。

“今后，凡是报纸歪曲事实真相攻击我市公安机关和民警的，就以单位起诉当事报社和撰稿人；如果他提及民警个人，且造成后果的，民警拿着证据到法院起诉记者，相关部门和民警所在单位要支持和协助。”

10月16日，重庆市公安局局长王立军在重庆市公安局党委会议上就“民警维权工作”发表“双起”讲话。

“美国人管那个时代叫强盗贵族时代。比如，那时候美国开发西部，如果谁承修了一条铁路，铁路两边的地就给他了，然后找银行、政府给钱，铁路其实不是他自己的钱修的，还占了大片的土地。”

11月11日，《新京报》刊登专访吴敬琏的文章。吴敬琏认为，和美国股市相比，当前的中国股市处于十九世纪末期。

“我们几十万亿的国有资产可以分给13亿民众，国有资产在国资委手里管着，一分钱都不能用于消费，如果分给民众就可以变成消费购买力。”

11月5日，中欧商学院教授、经济学家许小年在财新峰会上提出建议，国有资产应用来充实社会保障。

“我们这些知识分子就是为了中国的宪政民主事业，为了中国的民主法治。我们有什么坏的想法呀，不就是希望国家好，希望老百姓过得好吗，不就是希望推进我们的民主宪政吗？”

11月22日，中国政法大学教授蔡定剑去世，留下遗嘱：“宪政民主是我们这一代人的使命。”

“如果没有我们这些县委书记这样干，你们这些知识分子吃什么？”

11月1日，中国社会科学院农村发展所研究员于建嵘在江西万载县讲课时，号召官员不要去拆老百姓房子。在饭桌上，该县县委书记陈晓平如是回应于建嵘。

“市场留给中国大陆传统媒体转型的时间只剩下5到10年，留给香港的只有2到3年，留给美国的时间是负数。”

前华尔街日报总编辑助理、亚洲版主编、南华早报主编蔡翔祁（Reg Chua）在中山大学和北京大学联合主办的媒体转型领导者秋季短训班上，对传统媒体转型作上述表示。

“据重庆市社情民意调查中心调查，干部群众信仰马克思主义逐年增多，这一比例比上年提高了15.4个百分点，达到68.5%，比全国同期调查高出26.2个百分点。”

人民日报12月3日报道，中共重庆市委常委、宣传部长何事忠在接受该报记者采访时表示，“‘唱读讲传’活动创造了社会主义核心价值体系建设的新平台，奏响了时代主旋律，提振了人民精气神”。

“中国有三种资本主义，一个是资本主义，一个是国家资本主义，还有两者结合的权贵资本主义，所以社会的空间很小。”

11月底，新加坡国立大学东亚研究所所长郑永年教授接受中国企业家网记者采访时表示。

范敬宜

11月13日下午，中国当代著名新闻工作者、新闻教育家、人民日报社原总编辑、清华大学新闻与传播学院院长范敬宜与世长辞。有人这样评价范敬宜："他是一个好人，是一个好官，更是一名好记者！"

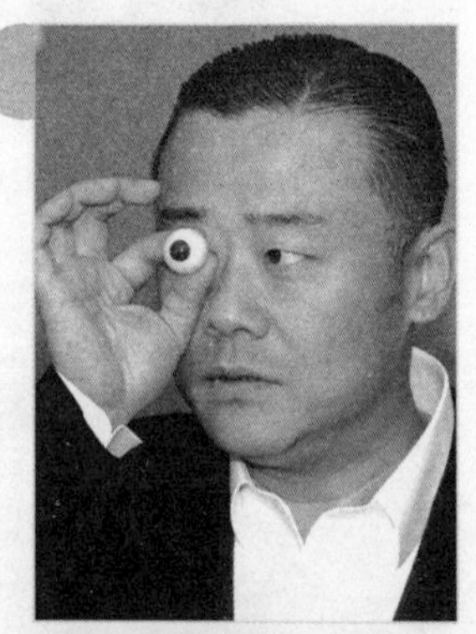

周立波

靠"上海清口"从网络走红的周立波，近日成功转型"上海粗口"，他发表的"自宫论"和"公厕论"等遭到网友猛烈炮轰，成为千夫所指。虽然周立波最后关闭了微博，但这一轮隔空对骂，还是让人看出了真实的周立波。

芮成钢

11月12日，20国集团峰会在韩国首尔落幕。央视记者芮成钢在美国总统奥巴马记者会上抢韩国媒体的提问机会，并自称"代表亚洲"惹来非议。有网友挖掘出，早在2009年伦敦G20峰会上，芮成钢也向奥巴马提出了两个问题，第一个问题自称是代表中国问的，第二个却是代表全世界。

朱利安·阿桑奇

朱利安·阿桑奇作为“维基解密”的创始人，人称“黑客罗宾汉”。他认为，透露公共治理机构的秘密文件和信息，对大众来说是件有益的事。2010年10月，9万多份驻阿美军秘密文件的泄密让他足以成为创造历史的人物。11月20日朱利安·阿桑奇因在瑞典涉嫌性侵犯遭全球通缉。12月7日，在伦敦自首，随即被捕。

王鹏

2007年从兰州大学文学院毕业、现供职于甘肃省图书馆的王鹏，11月23日被宁夏吴忠警方以涉嫌“诽谤罪”刑事拘留。原因是王鹏此前多次发帖举报大学同学马晶晶在公务员招考中作弊。12月2日，王鹏涉嫌“诽谤罪”一案被定性为错案。

李刚

10月16晚21时40分许，在河北大学新区两女生被撞一死一伤。肇事者称“我爸是李刚”。李刚是保定市北市区公安局副局长。“李刚门”牵出“校长论文剽窃门”、“验尸门”等。而“我爸是李刚”造句大赛风靡网络。

1020

据台湾联合报报道，搭载陈水扁的大型警备车，12月2日下午1时40分由警车戒护开进台北监狱接收中心。陈水扁在狱中的编号为1020。从此，陈水扁在监狱内不再使用姓名，戒护人员只呼喊囚犯编号。

张皓

11月底，北京西城区阜外一小6年级学生张皓公布耗时半年的课外实验项目结论：9成新鲜蘑菇都受到了荧光增白剂的污染，长期食用有损人体健康。事件迅速发酵为社会关注的焦点。但继北京市食品安全办公室发布“食用菌合格率为97.73%”的市场抽检结果后，中国食用菌协会又在媒体上表示“不相信小学生的实验结果”。

蔡定剑

2010年11月22日凌晨三时半，中国政法大学教授、宪政学专家蔡定剑教授病逝。蔡定剑1986年至2003年底先后供职于全国人大常委会研究室、秘书处，任职至副局长。2004年1月始任中国政法大学教授。被称为“宪政民主的推动者”、“践行者”和“法学布道者”。

6月8日15时许，深圳市平湖汽车运输有限公司司机邓泽其，驾驶着一辆大型客车行驶至东莞市凤岗镇时，与两车发生追尾，致使其中一辆轻型厢式货车撞死一个身份不详、年约12岁的智障儿童。数月过去了，司机邓泽其仍呆在看守所里。其辩护律师想说服东莞市民政局当该案原告向邓泽其索赔，但遭拒。（原载《南方都市报》2010月12月6日DA01版，作者邝飚）

25%

新闻学专业学生从事新闻职业

11月27日，在厦门2010年中国新闻学学术年会上传出消息，目前国内只有25%的新闻学专业学生在毕业后从事新闻工作。厦门大学新闻传播学院庄鸿明教授指出，全国新闻专业在校学生达到15万人的规模，但据统计，目前我国的媒体单位只有13000家左右。

*5*成

CN域名保有量已从1368万个“缩水”至600多万个

11月20日，2010年互联网年会，中国最大域名注册商之一中国万网的CEO张向东透露，自工信部对注册域名进行全面清查以来，近一年时间我国CN域名保有量已从1368万个下滑至600多万个，“缩水”5成。主因之一是管理严格，之二是取消了“1元”域名。

*3900*元

在莫斯科发3条微博的费用

12月2日，一位名叫“金娜”的电影人在其微博上发出一条消息：“我在莫斯科发了3条微博，今天中国联通向我收了3900元上网通信费，够买一个手机了，堪称史上最贵微博呀。”经多人转发后，该“史上最贵微博”一时成为网络关注焦点。

Twitter 今年年底注册用户总数

凤凰网 11 月 1 日消息，Twitter 联合创始人埃文・威廉姆斯（Evan Williams）日前透露，Twitter 注册用户数目前已从 9 月份的 1.45 亿增长至 1.75 亿，这表明 Twitter 在过去两个月中用户数增长近 3000 万。据业内人士预计，按照此增长速度，Twitter 今年年底注册用户总数将达到 2 亿人。

100000 次

被证实为假消息的“微博寻人帖”的转发次数

12 月 3 日早上，微博上有网友发布消息称，河南省开封县罗王乡的一对 5 岁大的双胞胎姐妹思雪、思雨，自今年 11 月 22 日下午放学后至今未归，女孩妈妈为此曾两次自杀未成，寻求帮助。至当日中午近 12 时，就有近 10 万名网友转发了该消息。经调查，该乡没有网上传的这两个儿童。

10%

全国广播电视广告今年收入增长额

广电总局透露，据初步统计，今年 1 至 10 月全国广播电视广告收入同比增长超过 10%。今年前 3 季度省级卫视频道广告违规率为 2.9%，较去年同期大幅下降。2011 年中央电视台黄金资源广告招标额超过 127 亿元，同比增长超过 15%，创 17 年来的新高。

180000

入园采访上海世博会的媒体记者人次

截至 10 月 30 日，本届世博会已累计吸引 18.4 万人次的媒体记者入园采访，其中境外媒体记者达 1.3 万人次。

241 亿

2015 年移动广告市场规模

据国外媒体报道，英国伦敦顾问公司 Informa Telecoms & Media 预计，移动广告市场规模将在 2015 年达到 241 亿美元左右，与现在相比增长 9 倍多，而且增长主要来自于中国和印度等市场。

6.4%

中国版权产业经济占 GDP 比重

新华网消息，记者 19 日从第三届中国国际版权博览会版权产业获悉，中国版权相关产业的经济贡献已占全国国内生产总值（GDP）的 6.4%，这表明我国版权相关产业已初具规模。

360与腾讯大战用户电脑桌面

9月27日，360发布了针对QQ的隐私保护器，11月3日晚，腾讯发布公告，在装了360软件的电脑上停止运行QQ软件。一场360和腾讯之间的互联网大战就此展开。正当剧情走到高潮之际，“战争”以工信部的一纸通报戛然而止，最后以两家公司向用户道歉收场。

舆论监督出新模式：山西记者进驻派出所

人民网报道，12月1日，山西太原市公安局与太原电视台联合启动“媒体进所”新型工作机制，太原电视台首批驻站记者派驻太原市公安局小店分局5个派出所，将民警执法活动呈现在镜头前，全部执法活动“晒”在阳光下，实现警媒阳光合作。

米高梅破产重组获批　50亿美元债务一笔勾销

据中国之声《央广新闻》报道，美国联邦破产法院法官12月5日批准了米高梅公司的破产重组计划，50亿元的债务被一笔勾销，米高梅有望重整旗鼓，新007的电影拍摄也许不再遥远。

潘石屹的SOHO小报猝死

虽为公司内刊，但9年间俨然已成当代济世者思想前沿阵地，期发行2万余册
主编许洋拒绝透露停刊原因，称"还不是时候"

人民日報
RENMIN RIBAO

2010年11月
10
星期三

改革攻坚迸发动力 政策创新激发活力 厚积薄发释放能力

江苏给力"文化强省"

"烈士老师"
谭千秋调查

2008年媒体报道他在地震中舍身救活4名学生，真相到底如何?

SOHO 小报猝死

10 月 17 日，SOHO 中国高级副总裁、《SOHO 小报》主编许洋在其微博上写道：《SOHO 小报》今年第 9 期"回到常识"向全体读者告别谢幕。这份地产大亨潘石屹的 SOHO 中国有限公司企业内刊，9 年间俨然已成当代济世者思想前沿阵地，期发行 2 万余册。此前，《SOHO 小报》共办了 119 期。

中南传媒上市

潇湘晨报报道，10 月 28 日，中南传媒鸣锣开市，代码为"601098"，正式登陆上海证券交易所。中南传媒由湖南出版投资控股集团有限公司整体改制而来，经营业务涵盖报刊、网络、电子、数字报等多种媒介。

网络热词"给力"登上《人民日报》头版头条

11 月 10 日，《人民日报》头版头条为《江苏给力"文化强省"》。如此"潮"的标题，被细心的网友发现并截图发布在微博上后，引发了网友的围观。

汶川地震"烈士教师"谭千秋救人事迹被指造假

南方都市报报道，谭千秋，生前系四川汉旺镇东汽中学学生工作处主任，四川省特级教师。2008 年 5 月 12 日在地震中遇难，媒体报道其在危急时刻将 4 名学生掩护在身下。时隔两年有余，一篇题为《英雄谭千秋救人事迹涉嫌造假》的帖子在网上流传。经记者调查，最初报道的被谭千秋老师所救的 4 名学生，只有刘虹利是真实存在的，但据其回忆完全不清楚自己的获救与谭千秋有什么关系，而另外 3 人，付强死亡，田刚、余建则不存在。

医院院长带人打砸青岛一报社

昆明都市时报报道，青岛《都市便民报》刊登了一篇报道《就诊曙光医院病人难寻“曙光”》后，11 月 25 日中午 11 时许，自称是“黑团伙老大”的青岛曙光医院院长周健带领多名手下，携带砍刀、斧头、铁锤等凶器，公然来到报社社肆意打、砸、抢，打伤报社 5 名工作人员，砸毁报社电脑、相机等办公用品，抢夺记者随身财物。经过初步统计，此次暴力事件造成财物损失 10 万余元。

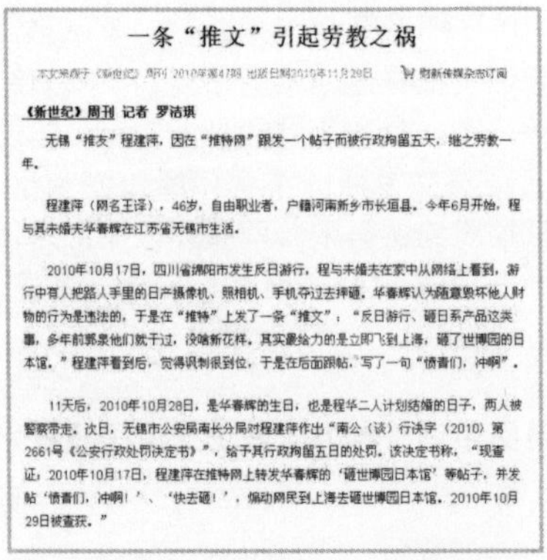

一条“推文”引起劳教之祸

本文来源于《新世纪》周刊 2010年第47期 出版日期2010年11月29日　购新传媒杂志订阅

《新世纪》周刊 记者 罗洁琪

无锡“推友”程建萍，因在“推特网”跟发一个帖子而被行政拘留五天，继之劳教一年。

程建萍（网名王译），46岁，自由职业者，户籍河南新乡市长垣县。今年6月开始，程与其未婚夫华春辉在江苏省无锡市生活。

2010年10月17日，四川省绵阳市发生反日游行，程与未婚夫在家中从网络上看到，游行中有人把路人手里的日产摄像机、照相机、手机夺过去摔砸。华春辉认为随意毁坏他人财物的行为是违法的，于是在“推特”上发了一条“推文”：“反日游行、砸日系产品这类事，多年前郭泉他们就干过，没啥新花样。其实最给力的是立即飞到上海，砸了世博园的日本馆。”程建萍看到后，觉得讽刺很到位，于是在后面跟帖，写了一句“愤青们，冲啊”。

11天后，2010年10月28日，是华春辉的生日，也是程华二人计划结婚的日子，两人被警察带走。次日，无锡市公安局南长分局对程建萍作出“南公（谈）行决字〔2010〕第2661号《公安行政处罚决定书》”，给予其行政拘留五日的处罚。该决定书称，“现查证：2010年10月17日，程建萍在推特网上转发华春辉的‘砸世博园日本馆’等帖子，并发帖‘愤青们，冲啊！’、‘快去砸！’，煽动网民到上海去砸世博园日本馆。2010年10月29日被查获。”

一条“推文”引起劳教之祸

《新世纪》周刊 2010 年第 47 期报道，无锡“推友”程建萍，因在“推特网”跟发一个帖子而被行政拘留 5 天，继之劳教 1 年。

《新京报》因一篇舆论监督报道被恶意收购

IT 商业新闻网讯，11 月 26 日，《新京报》刊发《北京一女子整形手术后窒息身亡 主刀医生走穴》一文，曝光北京荣军整形机构因打着“军方医院”幌子，对一名 48 岁妇女整形时使其窒息死亡。出街后，遭到不明人士的恶意收购。

患者家属医院讨说法被打 记者前往采访遭围殴

江淮晨报报道，2010 年 11 月 25 日 11 点，该报记者接到爆料，前往合肥现代女子（妇科）医院进行采访，遭到医院工作人员的殴打，手机被抢，采访本被撕，采访录音被删除。11 月 29 日，合肥现代（女子）妇科医院表示道歉，愿意承担一切后果。

采访洪洞大款警察被杀案 女记者被撕包男记者被锁喉

南方都市报记者纪许光微博消息，11 月 23 日，南方周末女记者覃爱玲与齐鲁晚报记者刘铭，在洪洞被杀警察王建雄追悼会现场，遭三四十人围攻、推搡，并强行控制，覃爱玲的背包被翻检撕坏，刘铭遭锁喉，手机遭抢夺，储存卡被抽走。

多少官员患有“网络恐惧”症

随着网络时代的到来，民主参与度、信息公开度越来越高，仿佛一切都被置于放大镜下。据了解，不少官员有很多怕，但最恐惧的是网络。人民论坛杂志做了关于“当代中国官员的‘网络恐惧’”问卷调查，调查结果显示，70%的受调查者表示“当代中国官员患有网络恐惧症”，“县处级干部最担心”。

美国物价为什么比中国便宜

一直将美国作为参照物和追赶目标的中国民众，忽然发现，一直以发展中国家自居的中国，有越来越多的商品价格开始“赶英追美”了。拿着世界上低水平的工资，承受着世界上高昂的物价，而且物价还在上涨，储蓄不断缩水，中国民众的当下生活空间越来越显得逼仄。

人生的路，是不是越走越难？

辣椒在涨，汽油在涨，幼儿园学费在涨，房价也始终坚挺……你活得累吗？作为工资不多积蓄有限的年轻人。这样一种情况是常见的：你不富裕，但也不至于一穷二白。你有那么几万块钱，但显然无法与浩瀚的资本市场较量。那云山雾罩，看也看不明白的世界啊……有没有一种可能，用小成本赢得大青春？《中国青年》重温“潘晓讨论”30年。

现代新闻史上的“南方流派”

羊城晚报编委会委员罗韬在《中国改革》2010年第12期上撰文指出，在红色新闻史上，曾经有过两大流派。

受中共西北局、华北局（包括其前身北方局）领导的，以延安《解放日报》、晋察冀边区《晋察冀日报》为基地的，称之为北方流派，重要人物有陆定一、胡乔木、邓拓、吴冷西、胡绩伟、范瑾、安岗、穆欣、张春桥等。

受中共南方局领导的，以重庆《新华日报》、桂林《救亡日报》、香港《华商报》为基地的，我们称之为南方流派，重要人物有夏衍、范长江、胡愈之、胡仲持、邵宗汉、恽逸群、金仲华、廖沫沙、刘思慕、杨奇、黄文俞、李子诵、李侠文，以及钦本立等。北方流派的报纸发行于共产党执政地区，主要以机关报面目出现。南方流派报纸发行于非共产党统辖地区，而以左翼的“在野派报纸”面目出现。这是二者的根本区别。相对于“北方流派”而言，实更近于现代报纸的“正宗”。

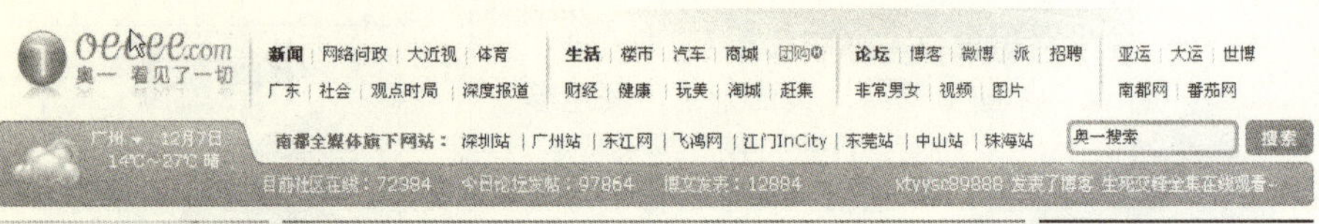

《南方都市报》12 月 1 日香港正式开卖

12月1日，《南方都市报》正式在香港上摊开卖，售价6元港币。据悉，之前在香港有零星销售的《南都周刊》，接下来也会随此主渠道在香港更广泛铺摊。

南方报业获中国版权产业最具影响力企业奖

12月5日，2010中国版权年会在深圳举行。会上揭晓了2010中国版权产业最具影响力企业奖等多个奖项，在13家获最具影响力企业奖的企业中，广东企业占据近半名额，包括南方报业传媒集团、腾讯在内的6家粤企入围。

奥一网双喜临门：获中国新闻奖一等奖　获颁“国”字号《视听节目许可证》

第20届中国新闻奖揭晓，南方报业传媒集团主办、奥一网刊播的“网络问政平台”荣获新闻名专栏一等奖，是本届唯一的网络类名专栏。

11月8日，奥一网收到通知，国家广播电影电视总局已正式批准向奥一网颁发第1910579号《信息网络传播视听节目许可证》。

南方文化产权交易所挂牌　南方报业持股 35%

11月8日，广东省南方文化产权交易所股份有限公司在广州正式成立，南方报业持股35%。自此，广东本土文化企业将能享受该所提供的版权登记、版权交易、投融资、法律维权、信息交流等一条龙服务。

本期焦点「调查报道」

本期焦点「调查报道」

编者按

转型中国，新闻层出不穷，真相穷之不尽。与之伴随而来的，还有种种难以抵达实情的无数障碍，或暴力，或权力，或金钱美女，或宝马香车，或进退思维盲区，或撞铁板南墙。作为记者，天然的使命就是无限地接近事实真相。这需要智慧，勇气，骨气，也需要一些方法。本辑焦点话题“调查报道”，邀请中国青年报、中国经济时报、凤凰周刊、财经、南方周末、21世纪经济报道、南方都市报、新京报等各家报刊的调查记者，为读者奉上一桌如何做好调查采访的盛宴。

插图 邝飚

对调查性报道的若干思考

□王克勤

王克勤

以捍卫公众利益或公民权利为目的，以揭发政治权力与市场权力违法犯罪等种种黑幕为己任，由媒体独立调查完成的调查性报道目前越来越为中国新闻界，也包括整个中国社会所认可与肯定。

在更多的中国媒体、更多的中国青年记者致力于调查性报道的今天，对于调查性报道的基本问题进行一些必要的梳理，很有必要。为此，作为一个长期致力于调查性报道的老记者，在此谈谈个人的见解与想法。

一、调查性报道概念

调查性报道，是职业新闻记者通过独立、深入、细致、全面的侦察式、访问式调查，所完成的一种揭露被某些人或某些组织故意掩盖，损害公众利益或公民权利行为内幕的深度报道，又称之为揭黑报道、揭发报道、揭丑报道、扒粪报道。

以法律和公理为准绳，对有违法律、公理的事件和问题，进行深入、系统、全面、平衡的调查、取证、梳理，最后将事实真相公之于众；以捍卫公众利益或公民权利为目的，以媒体独立调查为基本形态的报道，都可归为此类。

基于这样的宗旨，调查性报道涉及的领域极其广泛，政治、经济、社会、法治、文化、环保等领域均有适合调查性报道的选题。但是监督对象应该是特定的，即权力集团与资本集团，而不是对于普通公民不适当行为的揭发。

调查性报道核心特征有三：捍卫公众利益或公民权利，揭露黑幕，记者独立调查。缺少其中的任何一条都不能称之为调查性报道。

根据所报道问题的类型不同，调查性报道可分三类：突发事件类调查报道、专题问题类调查报道、历史真相类调查报道。

（一）突发事件类调查报道

媒体针对新近发生的一些具有重大影响力的突发事件进行的深度挖掘与真相调查。它是一种对动态问题的调查报道，是目前调查性报道的主体。例如 2003 年《南方都市报》关于《被收容者孙志刚之死》以及 2005 年《中国经济时报》发表的《河北“定州村民被袭事件”调查》属于此类报道。

（二）专题问题类调查报道

是媒体针对某一专题问题（包括社会热点、难点、疑点、焦点问题）进行的深度调查性报道，是一种静态问题的调查报道，这类报道能够最充分地实现公众知情权，为公众提供解疑释惑的服务。例如 2002 年我在《中国经济时报》发表的《北京出租车业垄断黑幕》以及 2010 年发表的《山西疫苗乱象调查》属于此类报道。

（三）历史真相类调查报道

是媒体对于重大的历史事件真相的再调查，揭出历史事件真实原貌，也是一种静态问题的调查报道。俄罗斯作家索尔仁尼琴的《古拉格群岛》以及中国记者杨继绳的《墓碑》，包括日本新闻界 1974 在《文艺春秋》发表的《田中角荣研究——他的金脉和人脉》，均属此类。

A18-19

深度

安元鼎：北京截访“黑监狱”调查

该保安公司以关押，押送到京上访者为主业，在北京设立多处“黑监狱”，与地方政府签协议并收取佣金……

[上篇] 访民噩梦：无效的抗争

[中篇] 起底安元鼎

另外，调查性报道应该是深刻而全面的报道。理由如下：

一般而言，调查性报道是独立文体的深度报道的一种。既然属于深度报道，必须有深度报道的基本特性。所谓深度报道的特性，核心在两个关键词：深刻、全面。不对事件或问题发生的原因进行深度挖掘，并回答为什么背后的为什么者，不能称其为深刻；不对事件或问题进行全面立体的展现，尤其是问题产生的诸多关联因素进行立体分析与解构者，不能称其为全面。此即深度报道。而当下许多青年记者所做"深度报道"，在我看来不过是长篇报道，仅仅是将浮在表面的有意思的故事展示给读者，不能说不好看。但读后，许多读者不知道作者讲了什么，根本没有回答为什么发展这样的事情，发生这样事件的背景与关联因素有哪些，也没有交待。因此，不能称之为深度报道。

而调查性报道是深度报道中，最应该具有深刻、全面特征的报道样式。

二、调查性报道在中国

宽泛意义上所讲的调查性报道在中国大约也有 100 年的历程，与美国调查性报道诞生的时间相吻合。最早的政治黑幕揭发者，有 1903 年被慈禧下旨活活杖毙的沈荩，还有终年不满 31 岁的黄远生，1915 年 12 月 25 日在美国旧金山市都板街广州楼菜馆门口被枪杀，做记者仅 4 年。

但是按照专业主义的角度看，真正严格定义上的调查性报道在中国大约也仅仅十多年的历程。我以为当从 1998 年《财经》杂志的创办算起。《财经》与这个时期同样致力于揭发黑幕的中央电视台《新闻调查》一起将调查性报道定位在"捍卫公众利益"、"揭发黑幕"、"记者独立调查"这样三个核心特征上，并以此为选题的要件，尤其是《新闻调查》当时的选题要求必须是揭发黑幕的，这是最为核心的要求。

经过十多年的跌宕起伏的发展，中国调查性报道的发展轨迹呈现为"驼峰状"波浪式发展情景。

成长期：1998 年《财经》杂志创办至 2002 年，调查性报道在中国兴起；

第一个高峰期：2003 年，《南方都市报》孙志刚事件报道以及中央电视台评选出中国八大风云记者为主要标志。八个风云记者除军事记者冀惠彦外，其他均是揭黑记者。

第一个低谷期：2004 年，有关部门针对全国性的舆论监督情形，出台了不许可跨地区跨行业监督的"两跨文件"，2005 年、2006 年调查性报道滑坡。

第二个高峰期：2007 年，《财经》杂志发表了《谁的鲁能》揭发了当下转型中国"黑箱私有化"背景下，个别人"合法"瓜分 700 多亿国有资产的黑幕。

第二个低谷期：2008 年奥运，2009 年建国 60 周年，调查性报道进入第二个低谷期。

第三个高峰期：2010 年，上半年与下半年分别出现了《山西疫苗乱象调查》以及《南方都市报》的《安元鼎：北京截访"黑监狱"调查》，把中国调查性报道再度推向一个高峰。

总体观察，严格定义上的中国调查性报道这十多年来呈现以下态势：越来越多的记者投身揭黑报道；越来越多的媒体介入揭黑报道；越来越多的好报道、好栏目在中国出现；调查性报道专业化程度越来越高；全社会越来越重视与尊重调查报道记者。

如何进行调查性报道，从具体的操作看，我以为应该从选题、采访、写作、出版（出版他文另谈）四个方面着手。

三、调查性报道选题

（一）线索来源

要写出一篇好的调查性报道，首要条件便是获得有价值的新闻线索。获取新闻线索的路径一般如下：1. 线人报料；2. 公开的报道；3. 同行推荐；4. 内参及政府的相关文件；5. 相关会议；6. 网络信息（著名的公众 BBS、部分博客等）；7. 亲朋间信息交流；8. 读者来信；等等。

（二）选题原则

对线索的判断，是做好选题的前提条件。一般来说，选题遴选要从以下五个方面考虑：

1. 公共性

公众所关注与感兴趣的难点、疑点、重点、焦点问题，或者关注者范围广的热门话题等，往往都是调查性报道选择的题材。在选择调查性报道的题材时要紧紧抓住公众普遍关心的热点、难点、疑点问题，挖掘新闻背后的新闻，事实背后的事实，剖析事理，切中时弊，直逼要害，能起到振聋发聩的作用。

什么是难点？就是久悬不决的问题。难在哪里？根源在何处？深度报道必须把它挖掘出来。一次报道不行，再来一次；两次报道不行，再来第三次、第四次，直至把堡垒攻破。例如乱收费、乱罚款、乱摊派，农民负担过重等，都曾是一个时期屡禁不止、屡纠不改的问题，调查性报道穷追不舍地揭露这些问题，在配合政府解决这些问题的工作中发挥重要作用。

什么是疑点？就是公众感到困惑的问题，心头存在疑虑的问题，调查性报道可以为老百姓解疑释惑。

热门话题就是公众注意力集中的问题，时效性很强，调查性报道必须关注它，并揭示出本质和规律。

关注者范围广的问题，即调查性报道所关注的对象，通常对社会具有广泛的震撼力，或者容易提醒人们关注人类的共同利益，或者容易唤醒人们的良知，或者容易激起人们的共同兴趣。

2. 重要性

重要性的强弱取决于“新闻报道的主题将以某种方式对多少人的生活产生影响”。对读者影响越多、直接影响越大、产生的影响越迅速，则新闻价值越大。

3. 故事性

选题必须关注题材的曲折性、冲突性、显著性、异常性（荒诞性）、人情味。这是从受众阅读角度的一个重要考量。

4. 独家性

最好独此一家的报道，如果大家都做过，那就要做到别人做不到的深度，发现别人不能发现的内幕。

5. 时效性

时效性同样是考量调查性报道的一个要件。对历史题材而言，只要有深度无论是怎样的调查，对于大众传媒而言，都是新闻。

四、调查性报道采访

我以为“骂一个人是流氓不是本事，证明一个人是流氓才是本事。”情绪没有任何力量，真正有力量的是事实与证据。

因此，调查性报道的基本宗旨：寻找证据的过程就是调查性报道采访的基本过程。

调查性报道的采访过程中，证据的取得是关键要素，我们所进行的调查采访与查找文字材料的工作其实都是为了取得证据。调查性报道的真谛就是追问、求证，通过不断地追问、求证，找到最能说明事实真相的证据。所以说，对于采访的要求，须以最严格的规则确保记者以职业化、专业化的素养对待每一篇稿件。

因此，调查性报道成败的关键在采访调查。一个好的调查性报道其工作量配置应该是：10% 用于选题遴选；75% 用于采访调查；10% 用于思考梳理；5% 用于新闻写作。

为了做好调查性报道，我以为应该做如下规定：

（一）必须坚持不断研究。所有成功的调查性报道工作过程，其实都是专题研究的过程，调查性报道不仅仅是侦察、访问、核实，更多的是对于大量已知或未知情况的不断研究与分析工作。而做好调查前的背景资料的搜集研究，是完成整体调查采访的基础，只有如此，才能制订出周密的采访计划，并梳理出事情的主要问题之所在。

（二）必须坚持现场原则。这是刚性要求，即深入到新闻事件现场求证采访，没有在事件现场的求证过程，一般谈不上是真正的调查性报道。

（三）必须坚持多信源原则。即每篇调查报道中，准确信源不能少于 6 个，即事件中的正方、反方、中立方均应该采访到；其他相关各方应该采访到；事情关联的相关各级机关努力采访到。任何一个人都可能会是有偏见的，所以单一的信源就可能出现偏颇或不准确，即偏听则暗，兼听则明。要全面立体的呈现事实，只有进行众多的采访与核实，才能够尽可能的呈现出一个更加逼近真相的事实来。

（四）必须坚持平衡原则。给事件各方都提供表达的机会。

（五）必须坚持铁证原则。精确的报道才是客观的报道。对于各方面的说法与情况介绍都要寻找证据，以求证其真实性、准确性。揭发报道常常面临各种各样的反扑，为了确保记者自己的安全，也要确保证据齐全。有了铁的证据，才能够呈现事实的真相。在寻找证据过程中，我个认为，物证高于书证，书证高于人证。对于调查中所获得的证据，要妥为保管，必要时请专业机构做证据保全。相关证据至少保存两年，现行民事诉讼的时效是两年。

中國經濟時報

近百孩子不明病因致死致残

——山西疫苗乱象调查之一

■本报记者 王克勤

“永别了！我的孩子”

“永别了！我的孩子。”

31岁的山西省柳林县农民王明亮，看了自己9个月的儿子最后一眼，拖着已被雨水淋透的身体离开了北京香山植物园。

这是发生在2008年8月22日的一幕。

当天凌晨3时许，王明亮将整整抢救了6个多月，最终死于进京求医招待所中的孩子送到就近的香山植物园。

在给路人留下一封请求帮忙安葬的信之后，王明亮带着“不知哭晕过多少次的”妻子，回了山西老家。

四个孩子不明病因死亡

这个名叫王小儿的孩子，是王明亮唯一的儿子。2007年11月24日，王明亮盼来了“自己的命根子”。孩子出生当天，医院即为新生儿接种了卡介苗、乙肝疫苗。剖腹产子的同时妻子做了绝育手术。

孩子满月后不久，2008年1月2日下午，柳林县柳林镇青龙村卫生所医生杨桂兰来到王明亮家，为孩子接种了第二次乙肝疫苗。

一周后，“孩子开始抽搐，不断出现，我们以为可能孩子冷着了。”

一个月后，“大年初三的晚上，吃完奶后，孩子便开始呕吐，两个眼睛往上翻，脸上、身上发青。”

正月初四，即2008年2月10日1时许，孩子被送到吕梁市人民医院抢救。入院病历上写道：“继而呼吸暂停，微弱，面色灰白，频繁惊厥，发作时面肌颤动，口角抽动……”医院开出了《病危通知书》。

救治11天后，“控制不了抽搐，呼吸困难。儿科副主任高兰芳专程护送孩子到山西省儿童医院。”王明亮说。

该院的出院诊断为：吸入性肺炎伴中毒性脑病。

在山西省儿童医院住了36天后，医生讲，能做的检查都做了，就是找不到病因。2008年3月26日晚，山西省儿童医院神经内科主任医师韩红偕同一名护士，一路护送孩子赴国内神经内科最权威的北京大学第一医院。

在北京大学第一医院住院6天后，主治医生熊晖通知王明亮：“我们也找不到病因，没有办法了，你们回家吧。”出院诊断：癫痫，多发性部分运动性发作，部分性发作持续状态，遗传代谢病？

“西医不行，中医治！”有亲戚向王明亮推荐了北京香山医院的中医牛志刚，但无法安排孩子住院。王明亮只好带孩子回村，接受牛志刚医生的远程治疗。

2008年8月15日，看到孩子病情恶化，王明亮与妻子一起抱着孩子来到北京香山医院。然而，“这成了孩子生命中最后的一站”。

与王小儿一样，经历过“接种疫苗——抽搐、发烧等——救治——诊断不明——死亡”的孩子，在山西境内记者还发现了3人。

他们分别是：长子县南陈乡沓村的刘紫阳，来到这个世界仅仅8个月，便因“过敏性紫癜”死亡。还有阳泉市平定县县城南苑人家9号楼二单元的王仕超与阳泉市郊区义井镇泊里村的刘一，这两个男孩死亡时都仅仅三岁半。死亡的时间相差一年，一个是2008年10月死亡，另一个是翌年8月死亡。死前他们都曾被狗咬伤，均接种了狂犬疫苗，且都是在接种第4针次后，出现发烧、抽搐、呕吐等症状；均因抢救治疗无效死亡，医院给出的诊断结论均为“病毒性脑炎”。

不明原因发病者名单

记者从山西最北部的天镇县到最南边的运城市，纵横奔走，调查了解到，除上述4户家庭的孩子因病死亡外，还有74户家庭的孩子“因病致残或因病受重大影响”。记者先后访问了其中的36户，发现他们有一个共同特点，“发病前不久，均接种过疫苗。”

现将部分不明原因发病者名单呈现如下：

燕燕（化名），女，2岁，家住大同市天镇县南河堡乡顾家湾村。目前不哭、不闹、不笑、不玩、不说、不会走路，“像个植物人一样”。

强强（化名），男，8岁，家住吕梁市交口县回龙乡回龙村出租房。家人称孩子目前会不定时地抽风。

君君（化名），男，5岁，家住柳林县县城出租房。医院诊断君君脑萎缩。

晨晨（化名），男，4岁，家住太原市寇庄西路。目前后遗症癫痫。

莉莉（化名），女，10岁，家住太原市小店区西温庄乡东温庄村。目前咬字不清，动作怪异，手、脚、头部常常不自觉抽动。

妞妞（化名），女，3岁，家住壶关县龙泉镇大山南村。目前留下肢体活动困难后遗症。

慧慧（化名），女，12岁，家住山西省高平市野川镇东沟村蒲沟。目前后遗症紫癜性慢性肾炎。

靳中逸（化名），男，17岁，家住高平市三甲镇底池村。目前后遗症头痛，时不时地发作，怕异味刺激。

玲玲（化名），女，16岁，家住临汾市洪洞县万安镇。目前后遗症癫痫。

豪豪（化名），男，8岁，家住运城市垣曲县广场路7号。目前后遗症癫痫。

蕊蕊（化名），女，2岁，家住运城市盐湖区解州镇。目前后遗症瘫痪。

……

要求写出的每一个字都有证据支撑，要求提供证据的人按指印，而且要有录音、录像。记者要将所有的证据复制之后，把第一手证据全部交到编辑部，编辑部拿到所有证据之后，再考虑编发稿件。

总之，不能为了好读而牺牲与影响新闻的真实性与准确性，否则就是本末倒置！

（六）坚持不断质疑原则。对于事件中任何一方的说法都要保持质疑，直到找到十分可靠的佐证。所谓新闻工作其实就是查证与核实的工作。

（七）坚持不断挖掘原则。对于事件本质与原因要坚持不断追问、不断挖掘，直到剥离出事件本质原因与深层根源。这样才能实现挖掘深度，达到深刻报道的目标。

（八）坚持海量采访原则。在调查中要大量的接触事件关联人，以追求全面、准确的还原事情真相。只有对资料的大量占有才能还原事实真相，因此，为了逼近事实真相，需要穷尽一切可能的资料与线索。

在采访调查中还要注意以下事项：

1. 正式或重要采访必须录音。

2. 见到采访对象后首先请教对方姓名、职务，并逐字确认。

3. 要做好采访笔记，保证时间、地点、受访人等重要信息准确无误。

4. 提交稿件时，同时需要提交稿件中所有信源的联系方式。

五、调查性报道写作

“准确、逻辑、客观、超然、平实”是对调查性报道写作的基本要求。

（一）准确

1. 宁可丧失部分新闻时效，也要确保事实准确；

2. 宁愿不登，也要准确；

3. 不能确定的事实，一定要舍得放弃；

4. 对于关键事实，一定要核实、核实再核实；

5. 直接引语不能少于10处。要客观展示当事人的原话，做到原汁原味。就是说：要求无一字一句无出处。

（二）逻辑性

要有强大的逻辑链条，这是调查性报道写作成败的关键。

（三）客观、超然

1. 坚持用超然客观的姿态写作。即“机器人写作”—保持置身事件之外的陌生人心态写作。

2. 只限于陈述事实，不得有任何评论。

3. 不能为了追求可读性而牺牲与影响新闻的真实性与准确性。客观准确地展示事实乃是记者的本分，扎扎实实的采访永远是职业记者的立身之本。

（四）平实

1. 新闻专业的基石是真实！平白朴实的语言是最能够实现真实准确表达的语言。

2. 不可用形容词。

3. 学会保守的、谨慎的写作。

写新闻永远不能文学化、情绪化，更不能慷慨激昂、随意宣泄。

150 年前，即 1861 年美联社记者戈贝赖特便说过："我们的行当是传播事实。我的指导原则不允许我就我所传播的事实做任何评论，我只限于报道事实。"

因为事实本身会隐含态度，无须记者站出来指手画脚。

记者的天职就是报道事实与真相。

（五）严谨

1. 写作新闻要求有律师的严谨作派。

2. 写作时要学会留有余地，我们距离真相永远是有距离的。

（六）其他

1. 每 800 字左右应该设置一个小标题，以便于读者阅读。

2. 稿件每个自然段一般不得超过六句。

3. 提交上来的稿件必须尽可能保证没有错别字，逻辑通达。

4. 文内不得出现"今年"、"去年"……字样（引用被采访者原话除外），一律写明具体年份。

5. 文内不得出现"某某单位某某说"、"某某单位某主任"……字样，一律规范为：某某单位某职务某某某，如：南方周末副主编张三。

6. 文中的数字原则上应使用阿拉伯数字表述。

任何时候，记者要想到自己交出来的稿件就是最后的终稿、成品，是公开与读者见面的。不要有任何依赖思想，想像自己就是编辑。要知道被监督对象连你的标点符号都要研究，他们会挖地三尺，一定要挖出你的问题，没问题都要找出问题的。

为了保护自己，也要做得更加专业。严格来讲，中国的新闻专业主义是逼出来的。

（作者系中国经济时报首席记者）

新技术背景下的财经新闻调查术

□陈小莹 衣鹏

陈小莹

中国财经媒体多兴起于21世纪初。悄然间已过了第一个十年，它们在方法论层面对调查新闻业形成越来越大的影响。这种趋势既表现在市场化新闻产品的数量和品质中，也相对零散地形成了一些从业者共有的价值共识和业务模式。

究其原因，大约有两个层面可供探析：一是在调查新闻产品流通终端，单纯的场景人物白描和渲染无以支撑其对信息搜集和阅读快感的需求。二是在调查新闻操作外部环境，法治与权力交织出愈加复杂的现状，新闻报道各类风险居高不下，因而对新闻文本的"证据"要求在加码。

21世纪经济报道强调记者应通过调查获取真实的多面向的信息，这是它十年来一个基本的形象。此文中所言之调查术，侧重于直接与采访对象沟通之外的一些先期性、辅助性的工作方法。它们更少依赖于个人的性情，更易于总结为一种有效工作机制。

一、资料是"高倍望远镜"："达娃商战"连续报道启示录

2008年2月，全国人大代表宗庆后突然向新华社下属一家报纸说，娃哈哈与达能十数年的合作走到尽头。中法两家食品行业巨头的碰撞很快成为新闻头条。

这事件有一直接的逻辑链条——合约是怎样的？谁在违约？违约的利益动机？违约的产业影响？——将这些问题逐一解密还原，则需要关键的证据。它必须同时兼具可验证性以及易获得性，前者意味着真实可靠；后者则关涉宝贵的时间。

（一）报道过程

当许多记者周末已然在拨打两方电话寻找信源，报道有些变味成口水战，我在一个百无聊赖的周一上午临时被派加入报道。第一个决定是前往杭州。

在这次商战的报道中，首先是娃哈哈方面的宗庆后向媒体踢爆了达能欲低价强购其部分“非合资公司”的新闻。随后有媒体报道称宗庆后已经在内部进行了切割，将娃哈哈的合资公司和非合资公司的财务流程分开。

21世纪经济报道

2010年谈判预热 中钢协提“铁矿石进口新模式”

中国确立议价，集中进口资质，统一进口价格，统一销售价格

达娃和牌：达能股份卖给谁？

创业板“星光大道”

中国一些想法已成“好的标准”

公积金管理变法：3000亿开闸保障房

城投债发行流程有待改进

我是在这个时点加入该报道的。当时外界只知道达能和娃哈哈合资的事实，对于这些非合资公司毫无了解，也不知道其为何成为了两家公司争夺的焦点。

那天下午，我在浙江工商局查询工商资料，当晚成稿，这些材料的获得和思路整理所费时间不多，而对于此后的连续报道影响深远。

（二）可公开的备案资料

公开材料中，对财经报道最有价值的是工商资料，因为它详尽登载着公司主体的经营、股权等详尽信息。企业需在其注册地的工商部门例行备案工商资料，并每年提交更新材料。

工商资料分为基本档案和内档两部

分。一般而言，基本档案是凭借公民身份证就可以在工商局查询的。内容包括了企业住址、法定代表人姓名、注册资本金、股东构成、经营范围、成立时间等概要信息。内档则包括有企业更为详细的资料，律师可持律所介绍信查询，其内容涵盖了公司章程、历次变更、历年财务报表和部分年检资料等等。在部分地区，还可以从工商局中调出年检报告里的报表详细附注，比如银行贷款细目、往来款出处、关联方项目等。

对于那些国资或者国资改制的企业，工商资料里往往还包括了其成立时候的政府批文、改制文件等重要文件，从中可以了解其成立的原因和改制方式。即使是民资企业，如果涉及与政府相关的重大项目，也能找到相关的政府批文。

需要说明的是，工商资料的使用仍有一些需要注意的地方。这些财务数字未必是完全真实的数字，企业在向工商机关申报时，可能在账目上有一些根据自身需要的成分。如果需要更为准确的财务数字，需要从税务、海关等多个官方数据渠道进行求证。但从这些渠道获取数字相比之工商资料难度略大，需要记者运用个人网络来完成。除此之外，常用的公开材料还有地块信息、公开判决等等。2008 年 5 月 1 日《政府信息公开条例》施行以后，通过个人或律师的提前申请，有可能获得更多文件、档案信息。

依靠这些数据和资料，就相当于获得了一个研究企业的“高倍望远镜”。这方面成功的案例很多。《财经》杂志创刊不久的《银广夏陷阱》，这个著名的财经报道的基石，就是银广夏公司的海关口岸数据与其自称的业务量之间的巨大反差，以此为突破口，一步步撕开银广夏神话。

（三）吃透公开材料

分析公司架构。我首先是从工商资料里摸清整个娃哈哈帝国的架构，理清合资公司和非合资公司到底有哪些，两类公司的由来，以及其分别对于娃哈哈来说意味着什么。这个步骤帮助我在最快时间内取得了三方面关键性的文件资料。

在浙江省工商局注册的名字中带有娃哈哈的企业多达数十家，除了已知的娃哈哈集团之外，其余企业都性质不明。于是我在工商局一边翻阅娃哈哈集团的对外投资名录，一边查询其余公司的基本档案。在这个过程中，首先梳理出一部分股东名单里只含有娃哈哈相关股东、却没有任何达能股份的企业。详细查询之后，又找到了这个体系当中担任投资平台作用的四家企业，搭建起了非合资企业的层级和架构。在这些材料的辅助下，提炼出娃哈哈非合资公司“体外循环”的概念（这里的“体”指的是合资的框架），初步构成了此后连续报道的基调。

关注股东个人信息。除此之外，非合资企业的股东信息中除了这些投资平台之外，还有另11家注册在离岸群岛的公司资料，甚至也找到了宗庆后女儿宗馥莉的国籍等诸多线索。这为日后的报道也埋下伏笔。

聚焦核心文件。在合资企业部分，由于达能和娃哈哈的合资不是在整个娃哈哈集团层面（这也是从集团的工商资料里获知的），而是双方各出资一部分成立合资企业，所以查了最早一批合资企业的工商资料，取得了达能和娃哈哈的合资协议。这个材料在双方互相“口水战”指责对方不遵守合约的时候，难能可贵地提供了一份可供记者独立判断的文件依据。

梳理历史脉络。最后在娃哈哈集团的资料中，也梳理出了其改制的过程。这个改制改变了单一国资持股，加入了宗庆后和工会的股份。这个改制与娃哈哈上市受阻、以及成立投资平台交织在一起，构成了宗庆后试图在合资之外争取更多独立权的所有努力。

这有赖于一起帮助我查资料的专业人士（律师）的帮助，也是长时间运用工商资料了解企业的经验所致。

这些基本材料的取得只是报道的开始。凭借对这些材料的获得和消化，可以很快地进入商战的核心信息圈，让双方更乐意向你提供进一步的材料。

引用并不是查阅公开资料的最终目的。如何通过对其深入分析寻找关键的信源，并说服他们接受采访，辨别他们说辞的真伪，仍然是调查记者的天职与核心竞争力所在。

二、新技术背景下的信源抓取效率：一组美国证券市场调查报道出炉记

国内调查新闻界日益面临一种结构性问题，一方面从事调查新闻的记者往往不具备条线积累，大多打一枪换一个地方；一方面调查记者从业保质期不长，许多新入者职业经验短缺，交往面有限。同时，调查性报道从采访到刊发的有效时间越来越短，对记者快速获得核心信源的要求也在提高。

10年来，新兴互联网技术提供了一些针对性地抓取信源的渠道。我们将其分作两类：一种是重构资源关系网的技术平台，如SNS网站和微博；一种是内容集成型的信息平台。两者各有用途。

SNS与微博已经在影响新闻操作。除了众所周知宜黄拆迁、常德抢尸借由微博杀出一条报道之路外，21世纪经济报道今年一些财经类调查也

运用了这两种平台。数据库建设在中国方兴未艾，在一些国际选题报道中可以大量采纳，拉近空间距离。

在今年7月关于一家美国上市的中国企业财务问题及随后8月跟进的对整个借壳上市（RTO）链条的调查报道中，记者综合体验了这类信源抓取途径。

（一）报道过程

7月中旬接到驻纽约同事王康老师的邮件，他称一家叫东方纸业的保定企业，在借壳上市并转版美国证券交易所（AMEX）后被一家做空的投资机构指称造假。在华尔街浸淫多年的王康认为，这虽然是一家市值不大的企业，但是被指责造假的问题，可能存在的背景，乃至整个上市流程中，可能存在行业性问题。

我此前并无这类调查经验，在获批前往当地调查前，有几个比较困难的问题。首先，没有熟悉的专业人士。第二，对上市公司所在行业背景不了解。第三，企业所在地完全没有去过。第四，对选题后续价值无法评估。

（二）专业资源整理

在整个报道中，记者接近信源时的主要过程如下：

建构信息基准。经美国金融市场的朋友介绍，在Seeking-Alpha，Yahoo! Finance等财经网站查询各种投资人的评论，这可能比直接电话到一些大机构寻找未必知情的分析师更有

通胀压力或致宏调转向
温州"游资"再掉沪上豪宅
多头高喊文艺空 基金经理表里不一

21世纪经济报道
21st CENTURY BUSINESS HERALD
¥2元

交通银行小企业财富管理 展业通
贴身定制融资方案 小企业实现大梦想

本土企业的盛宴：广州亚运赞助超30亿
这是亚运会历史上举办城市首次可以自主进行市场开发

低碳周刊
兴业银行 特约

上海高楼大火：3000万政府资金改建的是与非

被"误伤"的iPad：两套规则的对话

海关54号令加剧通胀风险

银行的资金掮客：存款中介乱象调查
被告者高盛：苦海无边？
猛攻重化工：江苏临海产业遭环境大考

21世纪经济报道
21st CENTURY BUSINESS HERALD
¥2元

交通银行 领跑跨境人民币业务
协助企业规避汇率风险 提高资金使用效率

AMEX上市公司东方纸业财务"谜团"调查
公司实际税务状况与上市公司年报数据存在落差，主要供货商与公司也有未披露关联交易。由国外机构查涨的东方纸业财务谜团仍有待澄清

水利部：暴雨袭击引发内涝 百余城市一度进水

危险的鲁湖
位于大武汉郊区的鲁湖，是一个面积5万亩的内湖，通过金水河连通再通向长江。保金水河总航水位比鲁湖更高，排水无望。城市化跃进中所影响的郊区内湖系统正面临考验。

无锡试水企业"党务外包"
外包不仅局限于党务，还有政务等内容

航班延误产生于"不完全合同"

效。我关注了 Seeking-Alpha 中对做空机构报告有较有价值评论的联系人。这个网站也类似于 SNS 性质，注册用户之前可以关注、交谈。我将他们的机构信息、文章观点搜集后以其各自立场向其中几人提出沟通问题，并获得他们的看法。将其与同事在纽约所做采访一道分析——这一方面我厘清了前往当地采访的关键路径；一方面也积累了专业资源。

但在与这些信源的接触中应注意说话的“度”。因为投资者中真正了解目标公司的人，往往是自己有投资牵涉其中。如果记者向其表明将调查某家公司，实际上则暗示了一种可以做空的机会。这与职业伦理有一些冲突。

数据库使用。我使用数据库大量查询三种相关信息：司法卷宗、证交会文件和学术文章。我的同事过去在“中国公司在美行贿案”，“丰田汽车召回听证”等事件报道时就通过付费的司法网站获取过许多关键信息。

美国证交会文件的查询主要由我完成，全球最便利的系统应该是 Bloomberg 或 Reuter 提供的数据库，但在不具备这种条件下，我找到一家名叫 SecSearch 的网站，它能够提供对机构、个人、关联方等在证交会（SEC）文件中出现情况的搜索，通过阅读这些文件才能由点带面的了解中介机构的资质、背景情况，以及各自之间的历史合作关系。

学术文章的查询，可以迅速找到一些相关领域专家或相关机构中的作者，也能了解宏观产业背景。一般可以通过国内一些高校的校外访问渠道进行。如果你能获得在校学子的账号与密码。

明确整理方案。我将资料分为硬资料和联络人，逐一对应到我假想的调查环节中。此时剩下的关键问题无非是：哪些是企业最权威的财务信息？谁清楚中介机构的履职情况？谁清楚企业上市过程？

综上，我认为当时通过上述技术手段搜集的信息对报道起到了三方面作用：一是判断选题的基本价值；二是获得调查报道思路和一些可参考材料；三是收集反馈，找准从点到面的后续跟进路径。

恰如左志坚在《深度记者与新媒体运用》中所言：深度报道记者的未来，将依赖以下三种能力：（1）网络工具的使用，包括微博、翻墙、搜索引擎等，必须娴熟，方能保持不掉队；（2）采访突破能力、写作能力依然是安身立命之本；（3）应该有专业的分析工具，如在传播学、社会学、法律、历史、经济学等方面有一技之长。

当然，难以消弭的管制与议程设定权的分散化是新兴技术看得到的局限性。“所以传统媒体人，深度报道记者，高效运用新媒体同时，也应当发现，新媒体有着传统媒体类似的弱点，这些既是深度记者的机会，也是其挑战。”

三、影响泛化：财经调查术之于公共事件报道

财经调查不只是一种方法，也是一种从调查融入到叙事中的框架。这是一种自觉发生的现象，可以认作是对20世纪从新华社、人民日报等发轫的通讯体/报告文学的一次集体颠覆，也是由新闻从业者对于真相的渴求驱动。

因此，在非财经类的公共突发事件的报道中，我们也越来越多地采用财经新闻调查的方法、视角、范式。以下略举两例。

今年7月末发生的南京爆炸案是由一次操作不当的拆迁引起的责任事故。事件在上午10时发生，最早的媒体信息中对责任方、工地归属方等信息不甚明了。21世纪经济报道除一位记者在跟踪官方行动、伤病患情况外，另一从上海出发的记者集中力量以公司调查方式介入。

重庆农民进城"路线图"公布
11.7%组合回报
中投730亿美元出海成绩单
多金融监管改革影响中投
中央汇金或被分拆
赛富投资助力
朱新礼重拾大农业宏图
21世纪经济报道
21st CENTURY BUSINESS HERALD
¥2元
"记者通缉门"调查：三亿元土地纠纷引发的硝烟
吉林7000屯原料桶入松花江 再考化工企业傍水布局
星河湾"天下商帮"特约专题，详见24版
与您一同感受山西
0351
726 6666
南京爆炸事件暗角：拆迁施工方借壳入场
簰洲湾沉浮：长江第一湾的百结愁肠
工资集体协商促进劳资关系平等化
嘉实基金"远见者"财经人物专访

下午16时才到达南京，我直接到工商局拿到律师查到的资料，其中对爆炸处地块有比较详细的信息，第一天稿件因此突出了旧工厂地块拆迁困难和新区规划的矛盾。当天19时，南京市政府公开一家拆迁主体的信息，在南京和江苏工商网中无法查到其名称。

鉴于此，我当晚花费近2个小时查阅了南京栖霞区政府的工程发包网，最后找到一家在名称上相近的公司，它在当地有更多的工程项目。第二天，我通过市建委的熟悉信源介绍区建委人士确认，但对方均无法确认责任主体。

我判断这个工程缺乏正当程序。通过

查询那家名称相近公司在其所在地扬州政府的信息，我找到公司法人代表联系方式。经过多次电话游说，他逐一讲出施工方如何借用资质，绕过政府本就不严密的招投标程序，多次获得工程的过程。在这位公司老板与我晚间第三次通话时，南京警方才刚刚赶到他家。

“11·15”上海胶州路事故中，21 世纪经济报道在报道空间有限的情况下，同样通过对多家公司股权结构的分析，确定了全面报道的主要方向，即梳理出一个当地政府全资掌控建筑、地产行业诸多环节的企业实体，在十数年的改革契机中屡试不改，最终在一场大火之中被推向前台的故事。其他一些财经媒体同样有类似做法，如第一财经日报获得了施工方主体间的合同加以分析研判；经济观察报关注到施工方财报中利润与营收的巨大落差，进而追问国资企业的独立性；中国经营报也通过对保温材料产业背景的调查梳理反思政府工程之弊。

可以预见，下一个十年的财经调查新闻业，将会更加强调证据的权威，强调撷取的效率，强调将方法论与价值观协同镶嵌的报道模式。

（作者系 21 世纪经济报道记者）

发现核心人物

□柴会群

柴会群

做了这么多年新闻，总体感觉，调查报道没有捷径。

新闻之所以成为新闻，就在于它迥异于曾经发生的事。因此，寻求新闻真相的方法，也不可能有固有不变的规律。

在我看来，一些优秀同行总结出来的经验，当然有其可借鉴的一面，但是，如果后来者视之为铁律，以为放之四海而皆准，我想肯定是错误的。一些看似百试不爽的经验，很可能在下一条新闻中失灵，甚至走向反面。而且，一些经验往往只适用于某个人，换个人可能就不行。

有一位很有名的调查记者前辈，在采访中橇开一个在我看来不可能撬开的证人的嘴巴。我曾向其请教，结果他跟我卖关子，说我得请他喝酒他才说。我到现在也没请他喝酒，因为我知道，他肯定有他的绝活，但是反过来，他这绝活几乎肯定不适合我。但是，我想我身上也有他所不具备的东西。条条大路通罗马，新闻是活的，做新闻的方法也是活的，一些方法，会与不会不太重要，会的话也许会省一点力气，不会也没什么大不了，而且，根据我的经验，一些笨法子往往更有生命力。

几条小经验

不过，就我这些年做的新闻而言，如果非要说一点什么经验，倒也有几条。

第一，尽快赶到现场。这一点我们容易以为仅仅是对跑突发记者的要求，但我认为对调查记者同样如此。而且，由于一般调查记者容易对此忽略，所以反而需要特别强调。因为，一个新闻事件的发生，必然伴随着新闻封锁。如果不抢在封锁的出现和加强之前完成采访，就会面临重重障碍。当然，这些障碍并非不可克服，但是你付出的成本，特别是时间成本就要大得多。

第二，不要参加新闻发布会。我曾听说这样一件事：某地发生新闻，官方举行新闻发布会，让与会记者留下名片，然后一一给其单位打电话搞定。这当然是个极端案件，但是，对于调查记者而言，在新闻发布会上投入时间确实是一种浪费。它不仅提供不了多少有效信息，而且你完全可以从第二天的报纸上读到发布会上的内容。

第三，找到受害者。一个新闻事件由三种人构成：加害者、受害者、旁观者。通常而言，这三种人当中，只有受害者有可能提供给你有价值的信息，因为他们需要你的帮助。受害者有时候不愿意说话，这通常是因为受到某种压力所致，分析他受到的是何种压力，然后去开导他，告诉他你可能会帮到他，最终让他开口。

第四，也是我在这在这篇文章中重点要说的，找到新闻事件的核心人物。

一个重大新闻事件涉及的人物往往有几十个，但真正核心的往往就那么一两个。找到这一两个人，让他们开口说话，我们的报道就成功了一大半。

对于专业调查记者而言，我说的这些几乎是废话。谁都知道去找核心人物，问题在于，谁是核心人物，并不是每个新闻事件中都清晰明了，需要剥开表象，才能发现和找到他（她）；另外，投入到核心人物身上的时间和精力，需要跟他（她）的价值相匹配。因为你前期的所有采访工作，很可能都是为这个核心人物所做的铺垫，但是，经常出现的情景是：你因为采访对象众多而忽略或低估核心人物的价值。核心人物如同球场上那个

2006年12月28日上午9时，邱兴华案二审宣判，维持一审死刑判决。10时左右，判决被立即执行。然而，持续多日的鉴定论争并未因此平息，邱兴华案引发的问题也远未得到解决

邱兴华案：枪声响过之后

精神病专家称人死亦能缺席鉴定　邱妻何冉凤将向最高法提起申诉

□本报记者　柴会群

二审律师张桦

2006年12月29日，邱兴华被执行死刑后的第二天，陕西安康律师张桦收到一份《读卖新闻》，寄报纸的是一位曾来采访邱兴华案的日本记者。这让张桦越发感觉到，自己所代理的是一起非同寻常的案子。

两天前，对精神病司法鉴定满怀信心的张桦赴一位从事鉴定工作的老朋友处，对方说，高院到现在还没通知宣判，看来鉴定的事有戏了。张桦也说，过了今天估计就差不多了。结果5分钟后手机即响起，张桦一看号码，知道前功尽弃。

张桦的失望不难理解，只要再拖3天，进入2007年，即使是维持一审判决，此案也将到最高人民法院复核。那时邱兴华生死如何将未为可知。他甚至已经提前让看守帮忙，与邱兴华签好了代理协议。然而，12月28日上午10时左右的一声枪声，使他的一切希望都成空了——对他而言，这个希望或许原本就不该来。

下转第2版

临门一脚的人，前面的工作很重要，但是，读者要看的是射门。

找不到书记找他爹

2008年，作为新闻多发地的安徽阜阳，发生了一起恶性事件，一个叫李国福的退休干部，因为举报区委书记张治安被抓，然后死在了监狱。这件事后来被媒体炒作为“白宫事件”（在我看来这是一种误读），而张治安更是被称作“白宫书记”。

表面上看起来，“白宫事件”的核心人物有两个，一个是李国福，另一个是张治安。但是问题在于，这两个都不可能说话。前者已经死了，后者不愿出来。当然，有一位同行出人意料地采访到了张治安，这很难得。不过，可以预见，张治安只不过说几句辩解的话，他不可能提供记者想要的东西。后来，张治安也被抓了，意味着再不可能采访到核心人物。

于是，记者们就只能在外围努力。事实上，张治安背后是一个家族，这个家族几乎完全控制了阜阳的颍上县，做了许多极为夸张和极富特色的事。而张治安的行为，只不过是这个家族旧习的延伸。这些料，有同行通过大量扎实的采访都已搞到，依靠这些料，记者完成可以写出一篇好看的报道。不过，其中也存在风险，因为这些采访都是从侧面完成，找的也大都是与张家有旧怨的人，他们很少拿得出过硬的证据，而张家除了张治安，其他人还都在台上。

我在采访中发现，阜阳张家的核心，其实是张治安的父亲张家顺。这个人身上充满了故事——事实上确实有人给他写过一本书。但是，包括我在内，开始没有哪个记者想去采访他，听了无数传闻后，我们都以为他是魔鬼一样人，采访他无异于去送死。

我是在最后时刻决定采访张家顺的。我那时已经走投无路，因为同行跟我拿到的料差不多一样，而他们发稿却在我前面。

但是，当我见到张家顺时，我才发现我去晚了。这是一个相当和善的人，他比我接触过的任何官员都要坦率（这当然对他不利）。而且，他当时正因为儿子被抓深陷痛苦当中，他需要找一个人向其倾诉。而我可能是最适合的人。

我跟他谈了三个小时，后来又去了一次。这一次他已经有所警惕，但是已不重要，我拿到了我想拿到的料。

于是写稿时，我的主角已经不是“白宫书记张治安”，而是“颍上教父张家顺”（这是编辑曹筠武取的标题）。后来我的一个阜阳当地媒体的朋友跟我说，在网上看到那篇稿子后，他和他的一个同行对视了一下，然后说：还有什么好说的？去买报纸去啊……

不要有偏见

2006年，陕西发生了一起特大杀人案，农民邱兴华半夜跑到山上，杀了十来个道士和香客，而他杀人的动机就是怀疑老婆和道长不干净。我介入这个事的时候，已经晚了一周，起初很是头大，因为媒体前期的报道已经非常充分，报道的空间很有限。

这起事件中的核心人物，无疑就是邱兴华本人，但问题在于谁也找不到他，警方也找不到（事后证实，即使是找到他，收获也不会多大，因为他是个精神病人）。

在这种情况下，就需要找跟核心人物最为接近的次核心人物，这个人是谁呢？是邱兴华的妻子。应该说，在我找邱妻之前，几乎所有的深道报道记者都找过她了，但是，现在看来，他们显然低估了她在这个事件当中的重要性。事实上，据我所知，一些同行是带着偏见去见她的，他们之前已经相信她跟那道长有不清不楚的关系，所以他们的问题及收获也就可想而知（写到这里插一句：做任何选题，可以主题先行，但切忌带有偏见）。我找到邱妻的时候，发现这是个很温和、很聪明的女人，这打消了我先前的疑虑。最重要的是，她是对邱了解最多、对邱杀人前的行踪也了解最多的一个人，发现这个重要人物之后，我先后去采访她三次。后来，通过邱妻，

颍上“教父”张家顺

■ 他是阜阳“白宫书记”张治安的父亲
■ 他是“颍上张家”的缔造者和操盘手
■ 他就是张家官员的官场“教父”

张家顺谈张治安 “他杀不了李国福”

我又找到邱的哥哥，这也是一个相对重要的人物。有了这两个人，我基本可以成稿了。

发现核心人物之后，要全力投入采访。对于核心人物，我认为最好采访三次。第一次是了解基本情况，更重要的是与其建立信任关系，以便为下次采访打好基础；第二次是全面突破，从其身上挖到核心事实，不忽略任何一个情节；第三次就是查缺补漏。这当然是一种理想状态，实践中要视具体情况而定，比如，有的核心人物，你往往只有一次见面的机会，或者他只有一次向你吐露心声的可能，因此要尽力抓住，尽可能地多采访。在邱兴华案中，如果说我比一些同行做得更好的话，那么就是因为我对邱妻采访得更细、更多。需要说一句，当时记者们在县城所住的宾馆离邱家有80公里，而且大都是山路，每次都需要包车去，我想这也可能是其他同行只去一次的原因。但问题在于，他们把省下的钱和精力投入到其他人身上，而这些努力证实大都是无用功。

当然，邱兴华的稿子最后能比较成功，某种程度上还要归因于运气。在采访过程中，邱兴华被抓住了。而且，我出人意料地采访到了他。

天上掉下刘锡伟

在做完上面这条稿子之后，邱兴华案进入诉讼阶断，常理而言，新闻步入尾声，调查记者的使命到此结束。但是，邱兴华的杀人动机却仍是个谜，因为警方已经证实邱妻的清白，但邱却坚持原来的说法，

我不是为邱兴华一人奔走 —— 对话精神病专家刘锡伟

邱兴华案：枪声响过之后

并将其作为杀人的惟一动机。

于是我决定再赴陕西，这次所在关注的，是邱妻本人。

这个想法缘于小说《金瓶梅》中的潘金莲，潘在《水浒》中是个次要人物，可是在《金瓶梅》中却是绝对的主角，作者将潘金莲从《水浒》里抽出来，讲了一个更为精彩的故事。因此，核心人物与次要人物之间不是绝对的，因为视角的不同，次要人物有可能转化为核心人物。在邱案的前期，邱兴华无疑是核心人物。而在案件后期，邱妻的重要性已经超过邱兴华，成为新的核心人物，而邱兴华则成为配角了。

阴差阳错，我的这个想法没有完全实现，因为我在采访过程中有了一个更为重大的发现：邱兴华很可能是个精神病人。这个发现归功于我找到的另一位人物：精神病专家刘锡伟。

在我接触刘锡伟之前，他已经在网上发过几篇文章，并曾去北京为邱兴华呼吁。但包括媒体在内，没人理他，有人还怀疑他是不是本身就有精神病。

但是，当我发现刘锡伟的行为与中国司法精神鉴定体制乃至刑法 18 条密切相关时，我想我找到了新的核心人物。于是，我修正了起初的主题，用邱兴华的精神病将刘锡伟和邱妻串起来——事实上他们在我介入之前已经有了联系。这样，稿子有了一个新的主题——邱兴华的精神病，支撑这个主题的两个人物、两条线索。

而我原来的想法，现在看来也并非不可行。后来我发现，我的同事、前新京报调查记者杨继斌围绕着邱妻写了一篇非常棒的文章，他所写的正是当初我想写的。据说那篇文章获得当年新京报的年度奖。

以上便是我做调查新闻的一点点经验。当然，正如我开头所说，所谓的经验只代表特定环境下的产物，绝不代表放之四海而皆准。在我看来，要想做好调查报道，保持激情和好奇心，克服惰性和恐惧感，比研究一些所谓的经验方法重要得多。

（作者系南方周末记者）

充分利用新技术

□邓飞

邓飞

一、坚韧和灵活

2007年10月底，互联网上出现一个名为《中原油田发生特大领导干部嫖宿女中学生案件》的帖子，称：8月，一派出所发现中原油田艺术高中个别老师牵头联系，让女学生与油田某个别领导发生不正当的两性交往，导致女生怀孕，于是上报公安局，局领导指示由治安支队主办，派出所配合；后来发现牵扯的官员越来越多，并且很多人都来说情，公安局后改由刑警大队城区大队经办。

该贴称，该案涉案一百余人，仅女学生就有近20人，年龄在15到19岁，甚至有高一学生。此案还牵扯到濮阳市委和中原油田的官员，除第9社区书记和油田报社一个编辑等数人被治安拘留，其他大多都取保在家。

这个帖子很快引起各媒体注意。一些记者留言给发帖者希望能够联系，取得更多信息，但如泥牛入海，后来才得知该人迅速被中原油田公安局控制、拘留。而他举报的情况基本上属实，一个罗姓男子设法控制了20余名濮阳艺术高中的女生为中原油田的数十名官员提供性服务。

南方周末一记者在河南调查一个星期，发现无从下手，将该线索交给我。我来到中原油田所在城市——河南濮阳，发现这个调查简直是铁板一块——学校要维护自己清誉，指天画地赌咒发誓坚决不承认学生有任何卖春行为；学生们对该情况一无所知，尽管我在学校大门口先后成功邀请几名男女同学吃饭；中原油田反应激烈，直接指责这是对石油系统的恶毒攻击和造谣毁谤。

对于最后一块——中原油田公安分局，他们已经由油田划归地方管理，我觉得最有可能成为突破口，我甚至联系上新华社驻河南分社的记者来帮助他们做正面报道，我则充当他们的实习生进入中原油田公安局，试图浑水摸鱼。

但没有想到的是，中原油田公安分局和中原油田已经完成了非常成功的利益勾兑，他们宁愿失去这个飘渺的立功嘉奖，也不愿意舍弃既得利益。

所以，他们对新华社记者也是无可奉告，再追问，他们则回答称完全是造谣诽谤。

最后，我只有碰运气，再一个个打电话去找帖子里提到的所有人——我觉得这是毫无希望的，那名单上的两三个人谁会承认自己嫖过女学生呢？

但我们一定要去尝试，说不定里面就有奇迹——奇迹真的出现了。电话打到一个干部那里，他迟疑了一下，而不是像其他官员一样直接挂机、狂喊听不见挂断而我能听见他尿滴入厕的声音，也不直接开骂。我注意到他的迟疑，就提出和他见面，哪怕只是聊一聊。

该官员最后答应了我的要求，

凤凰网 www.phoenixtv.com　首頁　資訊　財經　娛樂　時尚　寬頻　直播　部落格　論壇　彩信　中文臺　資訊臺　歐洲臺　美洲臺　電影臺　鳳凰廣告　鳳凰週刊

鳳凰網 > 鳳凰週刊 > 2006年35期(總240期) > 卷首 > 正文

中原油田官員買春事件

2007年01月22日 15:14　字體：大 中 小

一個依靠資源開發建立起的城市，政府與企業上百名官員涉及一起數十名中學生賣春案件，案發後，只有組織者被逮捕，而官員們則被暗中罰款了事，但當地官方卻堅決否認發生此事，在網上散佈消息的“造謠者”被拘留，只有賣春學生和他們的家長獨自承擔著來自社會的道德壓力。

中年婦女將門打開了一條縫，手仍然緊抓著門邊，臉上顯現出驚恐的表情。這是河南濮陽中原油田一個尋常職工家庭，約八平方米的客廳狹小零亂，茶几上擺著一個鏡框，俏麗的女孩側著頭偎依在父母身邊，一家三口其樂融融，這個女孩是濮陽市某藝術學校的學生。

2006年9月的一天，這位40歲的母親被中原油田公安局治安民警叫去，聽到一個讓她發抖的消息，自己在濮陽某藝術高中讀書的女兒李靜和她的幾個女同學被一個男人帶去賓館為油田和本地官員賣春。

在接回女兒當晚，她一夜白頭，第二天匆匆又將頭髮染黑。她不敢告訴孩子的父親，她擔心暴怒的丈夫會殺了孩子。

李靜是《鳳凰週刊》在警方一份訊問文件中看到的藝術高中三個女生之一。李靜的母親告訴記者，警方當時稱要對孩子罰款，但後來沒有執行。她在辦公室裏最害怕的事情，就是聽到同事們興高采烈地討論女學生賣春事件，她害怕有人說出女兒的名字。

李靜的母親是中原油田系統中一個最普通的職員，月收入一千多元，上班從不遲到早退，不折不扣完成上司的所有指令。女兒的遭遇突然改變了她的生活，她很多時候神思恍惚，經常會離開辦公室，坐在家裏發呆。

藝術高中學校就在家的附近，在學校自習的孩子每天晚上22時許才能回來。在母親的眼裏，李靜一直很善良溫順，天天晚上回家，到底是什麼讓孩子變成了賣春女孩，母親一直沒有想明白。她曾考慮找個機會和孩子仔細溝通一次，但她還是開不了口。孩子一度消瘦沉默，她不得不在孩子面前表現溫和細膩。

墻壁上的時鐘指向十點，李靜很快要從學校晚自習回家，母親開始坐立不安，乞求記者不要繼續留在家裏，“她現在終於開始有說有笑了”。記者下樓的時候，照片中的女孩子背著雙肩包衝進樓道。

李靜的母親是惟一一個願意接受採訪的受害女生家長，記者聯繫到的幾位受害者家長幾經反覆最終拒絕採訪，“一提到這個傷心事，他們就哭，沒有想到這麼觸及他們的靈魂，出我所料。”牽線人感嘆說。

中原油田共有包括涉案藝術高中在內的各類學校38所，負責油田職員子弟的教育。《鳳凰週刊》查訪的四個當事女生均是家境貧寒。一名家長說，富裕家庭往往不惜支付額外費用而幫助孩子選擇重點高中，謀求上大學的機會。進入涉案藝術高中的較多是貧困職員的子弟。

賣春事件案發後，一些被捲入賣春旋渦的女生被迫轉學，回到了她們父母的原籍地繼續生活，最遠的一個去了寧夏銀川。

“藝術學校的女生很可能叫那些男人叔叔或者伯伯，因為她們正是油田職員的子弟。”孩子在藝術學校讀書的一位石油工人說，他無法保持平靜，“這個事情的本質是，我們的領導糟蹋我們的女兒”。

他是被中原油田公安局罚款的少数官员之一。他不服气，在律师的鼓动下，他决定行政复议，试图推翻警方对他的罚款治安处罚。

对任何愿意维权的当事人，我一般是支持他们的正义之举，并还注入更多的正义之气，让他站立起来直接去战斗。事实上，我也愿意提供帮助。

两人一番慷慨激昂后，他给我看一些资料，我第一件事是迅速记下上面那个女孩的名字——我们不能预料后面还会发生什么事情，需要第一时间找到自己最需要的信息。后来，这个官员反悔，不再给我承诺的复印材料。

但这已经足够，我已经阅读了材料，有了一个基本面，我现在需要找到另一个核心人物。我就给一个朋友电话，要他查出该女孩的住址信息。作为一个调查记者，需要三教九流的各种各样的朋友。

女孩的地址找到了，但城市变化太快，当年的街道都被改名。最后，我走进当地一个派出所，就说来这里专程看望一个朋友，但她手机无法接通。然后，我找到了女孩住的那栋楼。

我敲开了女孩家的门，女孩不在家，父亲在上夜班，母亲迷惑不解看着我。我介绍自己的身份，母亲就开始不安，要我出去，否则她就叫孩子父亲回来，她警告我，孩子父亲很暴躁的，会杀人的。

我在妇联报纸的经历很快就帮上了我。在这时候，我们如何说服一名有抗拒之意甚至敌意的重要当事人，这就需要功底——我首先支持一个母亲应该主张自己的权利，此外，我选择了妇女儿童维权的这个角度，我告诉她我曾在湖南省妇联工作过，我可以提供一些建议，帮助到他们。

那位母亲在我的引导下，一点点说出了她的故事。我一边听，一边像一部扫描仪一样，开足马力拼命搜集更多信息——他们家的摆设，他们的合影，他们家的生活状况、精神状况等等，这些都是我需要的东西。

10分钟，这位母亲说完后，担心我写出去孩子名字，又哭泣起来。为了宽慰她，我发下毒誓。

出门在楼梯间，碰上了晚自习回家的那个女生，但我没有拦住询问她。我觉得信息已经足够，更不应该去打扰她的生活，让她再次遭遇伤害。

通过这个母亲的讲述，我们知道组织女生卖春的是当地一个下海经商的电视台工作人员罗某，为了和中原油田做生意拉广告，他为官员们找处女学生。我再通过当地一个律师朋友找到了他的起诉书，较为详细介绍了学生卖春的整个情况。

至此，事情开始清晰。

第二天上午，我去找其中一名买春者。该官员是中原油田的一个油品销售部负责人，有一个宽大办公室。他看见我来询问，很客气，但很快就走进卫生间打电话，听见他在说，在俺房间里，你们快来快来。

我紧张起来了，不管是谁来，终究会有一番曲折，我们只是来采集信息，尽量避开任何没必要的争端麻烦——我在任何地方采访，尽量谦让谦和，可以和官员有辩论理论，但绝不和门卫、保安和当地农民发生任何口角——和他们吵架就显得不灵活了。

我正准备开溜，该官员出来，要我坐，喝茶。我见他办公桌上没有一个烟灰缸，判断他不会抽烟，就故意要他烟抽，他果然说没有。我就说我下去买，他说要办公室的人送，并开始拨电话。我说只抽一个牌子，他说啥烟都有。我故意说了一个他不可能听说的牌子，让他拿着电话很迷惑，不知道怎么说。我就表现不耐烦，说算了算了，我自己下去买一包，要他务必在办公室等我。

我出来了，飞奔。

二、QQ 群：让同行变战友

我 2000 年大学毕业在湖南《今日女报》，2002 年在《南方周末》发表三篇调查报道，编辑万静波给我巨大帮助，训练我建立思维模式和如何进行追问式的递进调查。

在湖南，我一开始就单枪匹马进门对公检法的监督报道。这种充满危险的报道——有关部门随时都可以利用一个纰漏找我们报社的麻烦，逼迫我一开始就需要缜密采写。在文本上，尽量多用事实、证据描述推进，找到和展现双方的冲突之处；在情感上，我同情悲悯任何一个弱势和受害者，有一种我天生俱来的关怀意识。此外，我竭力学习法律知识，培养自己对一个事物的快速洞察和准确判断。

如此，我写出的一个报道，无论是事实、趋势和判断基本上不会出现问题，从来没有惹过投诉、诉讼。

2004 年初，我进入凤凰周刊，发现一个人调查已经变成不可能完成的任务——我们在名义上已经是一份境外杂志，在大陆采访需要得到外宣办的同意。这样，我们的记者面临一些风险——外宣办可以找到我们然后很客气要求我们离开。

2004 年，我在湖北潜江采访姚立法，就被当地人员跟踪。外宣办干部很快敲开我的房门，宣读一份不让我看见的文件要求我离开，却拒绝出示该份文件，称是国家秘密，你看就是窃密。

2005 年的某个午夜，我和谭人玮、曹海东等几名好友突发奇想，建立一个调查记者的 QQ 群，聚合一些志同道合的调查记者，相互交流和支持。很快，我们发现这是一个伟大的创意——中国各地媒体的调查记者很快就团结在一起，因为所有调查记者都面临恶劣新闻环境，需要倾诉、交流和相互帮助。

我将该 QQ 群取名“小刀”，意在小刀子割肉，低调却结实有力，一点点挖剖中国社会的腐烂肌体。很快，这个 200 人的群就满员，几乎天天在一起交流业务、闲聊和分享任何好玩有趣的东西。

我信奉做事先做人的道理，一直在努力公平对事、温爱于人，帮助我和中国大部分的调查记者建立了深厚的友谊。这样，我得到了一个遍及全国各地的记者网络和更多外援支持，一个新闻线索的收集、调查开始变得顺畅。

《南中国贩婴调查》、《湘西州长的北京一夜》、《死刑犯器官捐献调查》等多篇调查报道均得到其他媒体记者的帮助——有的是记者有很好线索，担心无法发表而找到我一起合作；有的则是自己采访完毕，将材料录音发给我支持我接力跟进。

很多时候，我们所在单位是竞争关系，但我们记者之间却是很好的朋友，实现了一个大融合。

2008 年，腾讯 QQ 群有了 500 人群，我们将调查记者群升级，聚合更多地区和媒体的调查记者，并吸引在京的境外媒体，记者之间的协

同互助进一步拓展。但腾讯公司无法提供一个千人群，这似乎是遗憾，但有朋友玩笑说，如果一千记者聚集在一起，足以令一些人心惊肉跳。

据传，我们调查记者聚合的QQ群在有关部门的视野之中，但我们无所畏惧，我们在一起做的是正常、合法的新闻业务交流，磊落坦荡。

三、微博新工具：动员和利用所有可能的资源

2009年8月，新浪微博出现。调查记者们很快就聚集在这一平台上，交流和融合进一步加强。

今年8月6日，《瞭望东方周刊》记者王立三打电话说他被扣押在一个派出所，连上厕所都被叱骂，希望得到同行支援。

我也感觉紧张，记者要是碰上这种事情也只能无奈。我要他快写一个不超过140字的短息给我。我加上“两记者现设法发出求援信息，请全国同行关注报道”，发到新浪微博上，并给新浪微博管理员去了一个电话，请他帮助推荐。

一条求助信息被推荐到新浪微博首页后，数百名媒体同行在微博上斥责桦甸。记者们相互鼓励着，给吉林省公安厅宣传处和吉林省委宣传部猛打电话。

吉林省公安厅很快电话当地警方，要求把两记者送到县宣传部。最后，桦甸县公安局和宣传部分别向两名记者道歉。

自此以后，记者们开始在微博上形成默契，一旦遭遇不法侵害，同行们就在微

博上实现抱团，共进退，相互支持来谋求保护。我们调查记者之间的协同、互助和信息的流通变得更为快捷、有效率。

此外，新浪微博用户多是城市精英人群，分布在各城市的不同职业，聚集着大量社会、经济和文化等资源，形同一个世界。

宜黄事件中，我发出的县委书记率队围堵两上访女子迅速被传播，不停有博友提供新的信息，譬如县委书记邱建国的来龙去脉，背景经历，在抚州有一栋豪宅，还有当地网友寻到豪宅拍下照片，再次贴到微博上。

钟家母女被发现烧伤后遗症，可能危及生命。我们通过新浪微博，广泛动员全中国出谋划策出人出力，最后成功将两伤者送进中国最好的烧伤医院接受救治。

因为快捷、开放，微博上对宜黄事件的信息像滚雪球一样，越滚越多，令我目不暇接，调查记者拥有微博，我认为是如虎添翼，调查记者们迎来一个信息流通迅速、信息量异常巨大、大部分事件真相根本无法藏匿的好时代。

最近的一个个案是11月，我在云南昆明偶然得知《春城晚报》摄影记者黄兴能一直在跟踪调查宣威市一癌症村，拍下数百张怵目惊心的照片，奇异的是，肺癌原因一直还没有定论。

晚上，我在新浪微博上贴出数张病患者悲惨照片，并发出信息，称宣威市一些乡村肺癌高发，但至今真相不明朗，我们将去调查肺癌高发谜团。我给网友们设置了一个悬疑。第二天清晨，我得到了数百次转发、评论和私信——不同的人给我不同的信息，其中相当部分的信息颇具价值。

环保组织说他们愿意一起关注，需要我们提供详尽的资料和调查报告，他们愿意跟进。

大学的环保系学生说，美国国家环保局曾派员从遗传基因角度介入调查，并找到了他们的论文。

一阿姨说，那里的人真可怜，她一定要让她环保部的女婿知道这个地方，帮助那些人。

散布在外地城市的当地人批评说肺癌元凶是工业污染，他们列举所有知晓的电厂、化工厂、焦煤厂和冶炼厂等等。

甚至一名宣威市官员在微博私信里抱怨说，他的岳母就是死于肺癌，他主要告诉我，当地根本就不适合发展工业，而市委书记和市长不管当地自然条件，坚持要发展工业，如此，他们得到较高的GDP增速和可靠的仕途升迁。

一条条信息整理梳理下来，我得到了一个雏形，并形成一个基本框架。

在去宣威的5个小时路途上，我打开手提电脑，利用无线网络搜集几十万字的资料。

到了宣威，我基本上做到了心里有数，需要核实什么情况、需要调查哪些方面、需要采访哪些人，就很快速完成我的调查采访工作。

肺癌村继续在微博发酵。

云南省委宣传部副部长伍皓称，他注意到了这些病患，试图找云南一些企业，帮助村民获得水净化设备，一点点改善他们的生存环境。

有人注意到村庄里那些失去亲人的孩子们，表示愿意救助和定期探望，很快他得到了广泛响应——中国城市虽然生活成本昂贵，但终究还是有一批人有时间、有财力、有意愿做慈善工作，去帮助一些人。

在京的数个基金会愿意提供资金支持对该村庄的进一步调研，支持黄兴能来京展览他拍摄的数百张图片，激发更多人关注。

微博，这一新工具展现了巨大的社会组织和动员能力，帮助一名记者很快对接全中国甚至全世界，迅速找到知情者、专家等任何想找到的人，快捷获取有效信息，令话语权、影响力和成就感倍增。

对这一个癌症村的调查工作开始变得更加迷人，极大鼓舞了黄兴能。他决心在得到一些资金支援后，可以去做他最想做的事情——放下一些无关紧要的事情，更加专注调查癌症村和被工业污染伤害的人，完成一个中国摄影调查记者的升级转型。之前，黄需要每天在报社里工作，拍街头任何一个突发却琐碎的图片，尽管他的《拾磷者》去年就拿到中国华赛奖的金奖。

对我而言，我更愿意升级成为一名调查作家，纵深化充分发掘一个事件的价值，这或许是忠于文字的中国文字调查记者的一个方向。

（作者系香港凤凰周刊记者部主任）

证据第一，其他都是浮云

□褚朝新

褚朝新

9月下旬的一个晚上，在某个饭局上正喝酒，接到一个来自教育部有投诉性质的反馈。大意是说，华中科技大学向教育部投诉我在该校采访冒充教育部领导的秘书。

最近一些年，我还真的为了采访突破做过“秘书”。2007年，为了进入河北邯郸农业银行金库被盗5100万现金的案发现场，我端着茶杯夹着公文包闯进了被层层戒严封锁的农业银行。

此后，去大多数机关采访，为了减少看门人的骚扰阻拦，我都是这副派头，挺着肚子、端着茶杯、夹着公文包。有时候为了防止询问，还故意掏出手机大声接打电话，旁若无人地进入一些难进的衙门。

老实说，这些场合，我基本不自称秘书，但是作派介于官员和官员秘书之间，确实有时候能唬住一些衙门的看门人。至于我是否在华中科技大学冒充教育部领导的秘书，这里暂且卖个关子，按住不表。

在《武汉晨报》工作的时候，做过一段时间教育新闻，虽未必出色，却增加了不少对教育的兴趣。比如“华中科技大学将清退307名未能按期完成学业的研究生”的消息，被其他同行报道时就吸引了我。

最早报道此消息的，是9月4日的《长江日报》。随后，大量媒体跟进报道，杨威、高崚两位奥运冠军因名列清退名单，一度成为新闻主角，也成为报道的最高潮。

在媒体大都停留在关注奥运冠军时，通过调查，我揭开了这样的教育腐败的黑幕：众多官员和高企高管进入高校，以权力、金钱等与高校进行利益交换，获取硕士或博士文凭。学校则充分利用相关政策的漏洞，大量招收官家弟子，谋取项目、资金和收费等各种好处。在交易中，部分官员因缺乏学习诚意与学术研究能力，无法完成学业最终被淘汰。

此稿，被点名的在位厅官有3人，据说在当地震动不小。

调查中，网络给予我巨大的帮助，我从网络中获取了大量关键性的信息；"深喉"的帮助，让我了解了此教育腐败更深远的社会背景；细致谨慎的调查和求证，则是报道成功规避风险的唯一途径。

强大的网络搜索

部门例会报这个线索时，相关报道已很多，部门主编一度担心很难再有更好的角度和挖掘的空间。我当时也没太多把握，甚至动摇过，准备放弃这个选题。

在网上反复搜索查阅已有的信息，终于在9月7日新华社湖北分社的报道里找到些许信心。

该报道给出了这样一个信息：此次拟清退的307名硕士生、博士生中有自筹、非定向、定向、委托培养等多类学生，其中定向和委培的占73%，拟清退的硕士生中50%是定向、委托培养学生。

我的第一反应是，校方公布被清退的学生中定向和委培生的比例，显然是有用意的。这些人，一定有特殊的身份和背景，

华中科大清退307名研究生 多为混学历高官名人

2010年09月21日01:59 新京报 褚朝新 我要评论(290) 字号：T|T

9月16日，华中科技大学财务处，学生们排队交费。该校于今年拟清退300余名超时学习的研究生。本报记者 褚朝新 摄

华中科技大学管理学院被称为是该校最有钱的学院。

华中科技大学管理学院内，摆着"荣华富贵"的屏风。该学院90名研究生被清退。 本报记者 褚朝新 摄

8月30日，武汉华中科技大学研究生院在官网上公开发布声明，要求307名未能按期完成学业的研究生退学。此举引起广泛关注。

视频：华中科技大学拟清退307名研究生

此次被清退的学生中，半数以上属于定向、委培，并且相当部分是企业高管和政府官员，还有少数名人。他们长期不来学院上课，有些甚至已超时学习两三年。

记者调查发现，原本为照顾国企技术骨干而制定的研究生单考政策，如今已成为官员和企业高管获取文凭的渠道。而文凭背后存在各种隐性的利益关系。文凭能有助于官员晋升，官员、企业高管能为学院带来科研项目和经费。

■ 部分清退学生名单

学号199300032的博士生陈华奋

（现为武汉东湖新技术开发区经济发展局局长）

学号为2001583000014的博士生何慕彦

（曾任武钢实业公司党委宣传部部长）

学号为2004634070033的硕士生张其贡

（现为湖北省荆州市委常委、政法委书记、公安局长）

不然不值得特别强调他们的比例。

经验告诉我，这里面应该是有大量的官员。

9月8日，我赶到武汉。当晚，我在宾馆里仔细阅读清退名单，看有没有可能见过的名字，试图从里面找几个官员。显然，我的社交圈子有限，名单中的307人，没有一个人是我认识的。

枯坐在房间里，突然想到一个办法：利用网络搜索，去搜名单中的名字，如果其中有官员，不管是这些人开会还是视察，必定会出现在媒体的报道中。

第一个被我确定的搜索对象叫张其宽，之所以确定他作为第一个，是因为他的名字就紧排在杨威之前。

3秒钟左右，我兴奋了，网页上显示：湖北省荆州市市委常委、政法委书记兼公安局长叫张其宽。

此时，有两个问题必须弄清楚，第一、清退名单中的张其宽是否就是这个张书记呢？第二、即便此张其宽就是彼张其宽，还是否有其他官员在清退之列。如果只有一个张其宽而无其他官员也被清退，大量官员进入高校博取文凭就不能成为事实，只能是一个猜想。

第一个问题稍微棘手一点，需要更多途径核实。第二个问题，张其宽是否只是一个孤例，很快就解决了。按照网络搜索的办法，继续搜了近20个不易同名的名字，这样可以保证所搜索到的结果就是名单中的人。

按此思路，很快确证70%的被搜索者可能是官员。

网络在此次采访中的巨大作用，让我

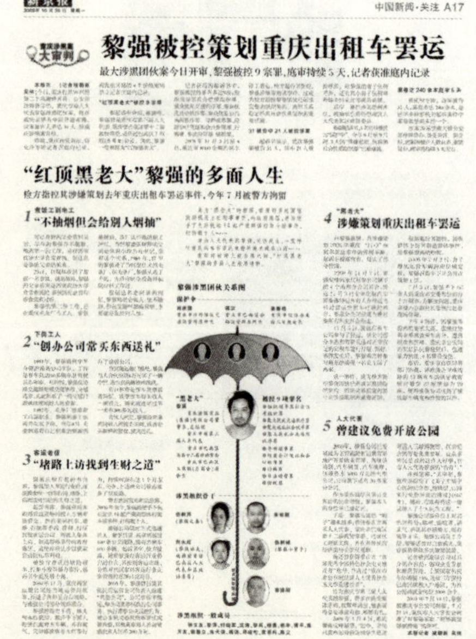

新京报　　中国新闻·关注 A17

大审判

黎强被控策划重庆出租车罢运

最大涉黑团伙案今日开审，黎强被控9宗罪，庭审持续5天，记者获准庭内记录

“红顶黑老大”黎强的多面人生

1 “不抽烟但会给别人烟抽”

2 “创办公司常买东西送礼”

3 “堵路上访找到生财之道”

4 “黑老大” 涉嫌策划重庆出租车罢运

5 人大代表 曾建议免费开放公园

很感叹。感谢网络时代，没有网络我不可能轻松找到张其宽等官员的真实身份，以及后来发现的诸多校方和官员弟子的合作信息。

这么说，但愿不会误导那些初入行或准备入行的同行。要强调的是，网络只能成为信息源和线索源，所得信息必须在现实中进行求证，得到印证和证实才能放心使用。

必须寻找到的当事人

我开始利用在武汉的人脉资源，最后选取了三个湖北省内、职务相对较高的官员：张其宽，疑似荆州市政法委书记，陈华奋，疑似武汉市东湖开发区经贸局局长，另一个疑似原武钢宣传部长，叫何慕彦。

很快，拿到了这三个人的手机号码。首先打通的是张其宽，他很痛快承认他就是名单中的张其宽，并反复强调，自己工作忙没时间读书，是主动放弃的。挂掉电话，我又短信他，想起什么要说的，随时联系我。

他立即又给我打了一个电话，再次强调，自己 2009 年就主动跟学校表示了放弃的意思，确实是工作太忙。

陈华奋和何慕彦，都痛快地承认了自己就是名单中的“他”。陈华奋对自己被清退表示意外，很轻松地跟我开玩笑，“我每年都带华中科技大学的研究生做项目”。

我还轻松找到了另一个被清退的官员，他表达了对被清退的不满：被招收时一次性缴纳了数万元的学费，但是没人通知他什么时候上课、在哪里上课这些消息。

这位官员认为，学校只管收钱，收钱后的服务太差，自己年纪也大了，不读了。遵嘱，报道中没有公开他的身份。

交叉求证“深喉”的信息

到武汉之前，我已经通过当地的朋友知道华中科技大学宣传部门的态度。

该校宣传部一名副部长在网上抱怨：学校并不想宣传此事，但媒体为了抢新闻“绑架”了学校，此消息被报道后学校很被动。

这种抱怨，毫无道理。从这个态度看，宣传部不太可能配合采访。在正面努力突破校方的同时，必须找到该校知情又敢于出来说话的老师或者官员，才可能掌握更多的信息。

很幸运，我找到了一名教授，他成为我的“深喉”。出于保护他的需要，如何找到他在这里不便写明。

有时候，记者需要公开信息源，但也需要保护对自己有帮助的信息源。

这位教授证实，确实有大量政府官员、国企高管和高校教师在高校读定向、委培的硕士或者博士。因为文科好混，在华中科技大学的公共管理学院、管理学院、法学院等偏文科的学院，想混文凭的官员比较多。

教授还介绍了这些官员进入高校的渠道，比如硕士主要是通过学校自己命题的“单考”考试。而国家最初设立“单考制度”降低招生门槛，主要是为了让各单位需要深造的技术骨干得到继续学习的机会，但这种优惠制度逐渐被各级行政官员看中，变味走形成为他们混文凭的“绿色通道”。

我又到该校管理学院办公楼“扫楼”，逐个办公室敲门。敲了十多个门，只有两位老师接待了我，谈了他们对此事的看法，交叉印证了上述教授提供的很多信息。

我还电话采访了该校原校长杨叔子老人。杨老证实，“官员当然应该深造，但是确实有很多人不是为了学东西而是混文凭。”报道中，我如实报道了杨老的客观态度。

暗访获得重大突破

考虑到“深喉”的身份不能公开，通过他证实的信息仍然需要校方的正面证实。9月9日上午，我去了该校公共管理学院。

去之前，“深喉”指点我，不要公开记者身份，可以说自己是某个被清退者的朋友，是帮朋友打听情况，或许学院的工作人员会告诉我一些信息。

于是，再次想到了张其宽。在该学院，我以某个特殊的身份见到了该院一名有职务的教授。他告诉我，张其宽这个人很少到学校上课，他都没什么印象。

“书记怎么啦，到我们这里读书的书记多得很，鄂州的市委书记、汉南的区委书记……”这位有职位的教授对我进行了“批评教育”。

这个信息，成为此次采访的一个重大突破。循着这位教授提供的这两个官员职务，再次通过网络找到了这两名官员的名字，以及该校与这几名官员弟子“合作”的信息。

比如，我在华中科技大学官网上查到一则消息，汉南区委书记曾作为评委考核公管学院院长徐晓林的一个科研项目。而该书记，曾是该院一名副院长的弟子。弟子当老师的评委，耐人寻味。

网络上，还查到鄂州与华中科技大学有诸多项目合作的新闻。该市市委书记多次出席相关合作项目的会议并明确表示支持。

更细致的工作是，查清这两名官员在校获得文凭的时间与其职务晋升的时间是否吻合。很巧，两人在该校获得硕士学历后相继得到了职务的晋升。

校方与官员学生双赢的局面，十分明朗。

按照惯例，在采访中提供重大帮助但可能危及其安全、利益的采访对象，要重点保护。报道中，我隐去了这位官员教授的职务和姓名。

曾想关起门来采访

因为该校宣传部的生硬拒绝，我不得不短信校长李培根先生，表达了一些疑惑。他很热情，答应帮我联系该校研究生院副院长冯征和管理学院院长张金隆。

事实证明，李先生是一个宽厚的长者。稿子见报后，他打电话给我进行了一次交流，很坦率。我答应他交流的内容不公开，这里就不多说了。

此后，我三次面对面采访该校研究生院常务副院长冯征。冯院长异常谨慎，但也介绍了一些信息。

顺道，我找到该院一名也在清退名单里的部长金凌志。金老师的办公室与下属的办公室一门之隔，我担心问及其

A18　核心报道（一）　新京报

少年班30年探秘：“神童”教育尴尬现实

13所高校仅剩中科大坚持为早慧孩子提供特殊教育；目前仍面临教育专才匮乏、择生标准不完备等问题

被清退的问题会让他难堪，进门后主动关上了门。不料，金老师要求开着门谈。

他很爽快承认，自己工作忙，没时间读，服从学校的决定，放弃继续读博士。

信息对有心人而言无处不在

金凌志的办公室，独立于该校研究生院，在一路之隔的一栋老楼里。去找金凌志的路上，我路过该校财务处，看到缴费的学生排成长队，拍了几张照片。

突然想到，在财务处找到一些有价值的信息呢？

采访完金凌志，我返回财务处，发现里面有一个查询机，可以根据学号查询任何一个学生的缴费信息。

兴奋激动中，我很快查询到张其宽、何慕彦等所有关注的官员的缴费信息，包括金凌志、杨威和高凌。除杨威和高崚缴费数额为 0，其他官员基本都缴纳了数万元不等的学费。

收费窗口的工作人员告诉我，杨威和高崚是特殊情况，学费全免。

我把查询到的缴费信息电话告诉了最初帮我的教授。他介绍，各学院经费的来源渠道没有学校那么多，主要靠收取学费，因此各学院招收官员学生的冲动比学校大得多。

这一信息，让高校与官员之间的利益交换呈现得更立体。

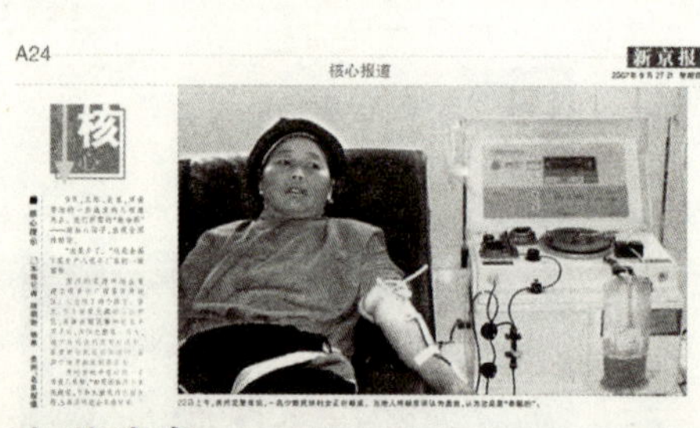
A24 核心报道 新京报

血浆告急

作为献浆主力军的农民因外出打工等原因不再献浆和血浆使用的浪费成为浆源紧缺主因，业内人士呼吁非贫困人员也要参与献浆

地方利益保护之嫌

保护“举报”我的人

稿子见报当日，报社白班评报会评价：这是近期最好的核心报道。

最后，揭晓我究竟有没有冒充教育部官员秘书之谜吧：没有，我真的没有冒充教育部官员的秘书。

不难想象，最后诬告我冒充教育部官员秘书者，极可能就是我后来极力保护的那位该院有职位的教授。

不管他如何编排教育部官员秘书之类的故事，我坚持继续保护他，不透露他的身份和姓名。必须说明的是，上述所有被保护、没有被保护的采访对象的采访内容，都有录音。

我信奉一点，尽力保护每个需要保护的采访对象，但必须留下证据。我不能保证我尽力保护的每个人会像我保护他一样保护我，只有证据是最可靠的，其他的都是浮云。

（作者系新京报记者）

沟通，妥协，步步为营

□鲍小东

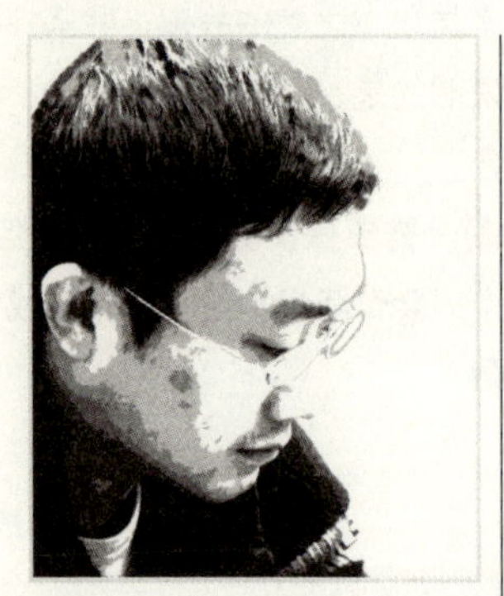

鲍小东

小心你的电话被监听

下午，宾馆的电话响起来，一个陌生的声音问：你是不是南方都市报记者鲍小东。然后他说，他是L市委宣传部副部长。过了一会儿他又打电话进来说，他就在宾馆楼下。

我和他闲聊了几句，他提到我以前写过的作品，汶川大地震、赖昌星等等，显然，他在来这之前就做了不少功课。

这时候，我以为这次采访必败无疑。

他们是怎么知道我的行踪呢？我到L市之前只与受害人联系过，并再三嘱咐他不要跟任何人透露我的行踪。到了L市以后，我除了和他见面外，没有和其他任何人联络。因为他经常去北京上访，又经常被地方政府接回来，在特殊时期，他还会被跟踪，为了不让别人看到我和他在一起，当天中午我一个人吃饭。

我只能怀疑他的手机被监听了，因此暴露了我的行踪。

曾经，某省公安部门的一个高层给我爆料说，作为一种刑侦手段，公安部门在使用监听设备时需要经过严格的审批，并且有相当规范的使用程序。

无论他说的是不是真实情况，但谨慎一点是必须的，尤其当你的采访选题涉及到强势利益集团时，一方面他们掌握了很多信息，另一方面他们会千方百计阻止你的采访，甚至通过关系找到报社，或者找到相关部门，让你的单位撤回你。

我有时候会受电影情节的影响，哪怕在坐飞机时，也会担心身边的某个人凑巧和我要揭露的事情相关，所以聊天时，出言谨慎，不肯轻易说出自己的身份。在住宾馆时，我往往让别人先登记好房间，然后入住。不过，因为现在所有宾馆规定都严格了。

这说起来像是在做间谍，或者把强势集团描述得太黑了。但是，趋利避害是每个人的天性，谁愿意别人来揭自己的短呢？所以，捂盖子、阻止采访等行为都是可以理解的。如果你选择了记者这个职业，就必须接受这些，并找到解决这些问题的办法。

2009年11月4日 星期三

南方都市報

深度周刊 A

六盘水

"警察开枪"事件迷局

枪击命案背后的3年曲折

不能暗访，就充分暴露

接下来的事情印证了我的猜测。

那位宣传部副部长说，是政法委书记将我的手机号码告诉他的。

晚上，我和L市政法委书记等人一起吃饭。我很直截了当地问他，你是怎么知道我的手机号码呢？他答，是公安局副局长给的。可是我和这个副局长素未谋面，他怎么知道我来了L市，并获得我的手机号码呢？受害者说，他盼都盼不到记者来，怎么可能会将我的手机号码告诉警方呢？

我没有再追问下去了，但半开玩

笑地对政法委书记说，我在一个记者的QQ群里公布了我来L市采访的信息，你可要确保我的安全啊。书记说，没问题，你和我住同一个宾馆吧，这样最安全。他的家在另外一个市，调任L市后，一直住招待所。他立即打电话到宾馆给我安排好了房间，并在一张餐巾纸上写下房号，我只需要报上房号就可以入住了。

采访的方法有时候来自于对现场的判断，或者来自于灵感。因为我知道，事已至此，已经没有暗访的可能了，还不如充分地把自己暴露出来，这样做的好处是，避免他们的猜疑，如果他们派人对你进行跟踪、盯梢，那么也有可能暗地里把你打一顿，所以这首先是出于安全的考虑；另一方面，让对方充分信任你，让他们感受到你是一个坦诚的人，或者让他感觉你并不是一个有力量的人，这样可以消除他们的对抗力量；还有一个目的是“妥协”，假如你拒绝吃饭、喝酒，拒那就是对抗，可是核心信息掌握在他们手上，对抗能获得信息吗？不能！但“妥协”或许能。

当然，假如你还未来得及和受害者接触，那最好是拖延一下，至少要和受害人接触了，掌握一定的素材后才能这样做。

那一次，我和受害人已经充分接触了，包里已经装好了所有能够获得的文字和音像资料，每次出门时，我都会将所有资料背在身上，绝不让它单独呆在宾馆的房间里。

沟通的力量无比强大

我们在年轻的时候，总是四处寻找方法，等年纪大了，才知道很多方法是雕虫小技。

我现在年纪大了，就不大使用方法，我以为，使用的方法越多，对抗的力量就越大。我更愿意沟通。事实证明，沟通的力量无比强大。

第二天，我来到政法委书记的办公室里，表达了几点看法：第一，你可以通过公关手段，通过省与省之间的相关部门下指令给我单位，我就可以回家了。但这不能保证别的媒体不再来采访。如今，网络如此发达，已经没有什么东西可以掩盖了。他说，是的，受害者也跟“凤凰”的记者联系过。

这个小细节让我窃喜，我觉得可以大胆借题发挥了，因此提出第二点想法。

“我只做一篇完整的调查报道，假如别的媒体来了，可能今天报道一点，明天报道一点，做追踪式的采访，这样，你们根本无法招架。”我态度诚恳地说。

第三，我的报道会做到平衡，展现完整的案件，将“枪杀”的焦点缩小范围。我这次采访的内容是关于警察开枪致人死亡事件，警方已经结案了，我的采访很有可能会导致翻案。

而我说到“平衡”，并非一种欺骗言辞。平衡，是一篇报道客观与否的重要条件，因为世事并非简单的非黑即白，人性并非完全非善即恶。即使在同一个事件中，某一个人的人性也是善恶交织的。面对同一个事件，同一个部门的不同的人，也有分歧、对立的。平衡，就是找到整个事件中矛盾交织的东西。这与其说是方法，不如说是世事的本质，记者只需客观呈现即可。

最后，我说：对于这次采访，你们可以将你们担心之处说出来，我们逐条协商，从技术上，找到可以处理的方法。

实际上，“技术处理”其实多少有些欺骗性。新闻的无情之处就在于“客观”，是什么就是什么。所以有些人喜欢利用媒体，却往往适得其反。他以为他可以掩盖对自己不利的信息，可以瞒天过海。但是记者寻找的是“证据链”或者“逻辑”，并非支离破碎的信息。

唯一安慰自己的是，这个是为了私利还是公共利益？是为了粉饰还是真相？

妥协，使人放松

政法委书记有些被打动了，他和相关部门商量后，当天下午表示同意接受采访，当即提供了不少卷宗，并答应安排相关办案人员接受我的采访。

第二天上午，继续看部分卷宗。显然，他们提供的卷宗是经过筛选的。

A02-03 深度周刊·重磅

贵州省民政厅公告

28届奥运会盛大开幕

“把有父母的婴儿强行送到孤儿院，然后送养到国外的情况，经过我们调查，完全属实”

湖南衡阳

福利院买八百婴儿送养国外牟暴利

但我不能表现得过于精明。精明往往让人紧张。示弱，有时是一种技巧。

在看完他们提供的资料后，我和政法委书记开玩笑说，我越看越糊涂，甚至想放弃这个题目了。但是他也笑着说：不行！你一定要做，我们信任你，你不做，还会有其他记者来，反正我们也要将此事向本地媒体通报，做个了结。

欲擒故纵是一个好办法，让人放松警惕。

我在L市的那几天，领导们每天中午、晚上都有饭局，某个单位有招待活动，就会请别的单位的领导“作陪”，相互之间，你来我往，饭局不断。估计平时也都这样。我每天跟着政法委书记一起参加各种饭局。

打成一片的好处是消除猜忌，否则你一个人鬼鬼祟祟干什么呢？我要竭力做到公开、坦诚。因此，在政法委书记出短差之际，在他们暂时提供不了更多材料和采访对象时，我电话告知政法委书记，我要就相关情况回访死者家属。

如前所述，这样做的目的是，消除对方的顾虑，并确保我的安全。他回信说，好，让肖科长陪你。

我回信说，我希望独立采访，以免让对方感觉我成了你们的人。

他立即回短信说：是陪你吃晚饭，而不是陪你采访。

我得以一个人采访了受害者和受害者找到的十几个证人。受害者

南方都市报

深度周刊 A增叠

“制造”弃婴

■ 贵州镇远县福利院将交不出罚款的超生婴儿强行抱走——在公告中称之为“弃婴”——送养国外牟利——每送养一名孩子，福利院可获3000美金赞助；

■ 本报记者调查发现，父母们的窘困和麻木，也是造成这种怪象的原因之一

交不起罚款，就抱走孩子

今天起，《深度周刊》上路

家属说，前天，有公安人员找到他们说，鲍记者是我们的人了，中午喝醉了，现在在宾馆睡觉，你们跟他反映问题，有什么用呢？事实是，前天中午我确实喝多了。

受害者提供的证据、证人证言，并非完全真实，而他们则要将他们描述成绝对的受害者，任何细节，即使对事件性质不起影响的细节，都被他们描述成他们是“绝对正确”。而这描述是违背事实的。这种现象，我们在采访受害者时经常会遇到。处理的方式是不露声色，免得受害者也对你保持警惕。

我对他们确实有些许失望，但我只把这种情绪传递给了政法委书记，这是让他对你保持信任的细节处理。

晚上，我到他房间坐坐。

采访，如果仅仅是你问我答，能够获得的信息其实很有限，而且并不利于你对事实的判断。与其说采访的手段应该更加丰富些，不如说，将采访行动表现得随意些，不要表现出过于明确的目的。有时候，我会抓住机会说说自己的故事，这是调动别人讲述自己的故事最有效的方法。假如你只一味地追问，就会使得采访变得居高临下。而我往往使得双方的身份变得十分平等，就像交心一样。偶尔我会抓住机会谈谈人生、谈谈价值观、谈谈你对新闻职业的看法。这些东西并非生硬地插进你的谈话，而是利用双方谈话的内容，找到一个好的契机。

如果你适当表明你的采访行为是完全独立的，并非“帮助”那个受害

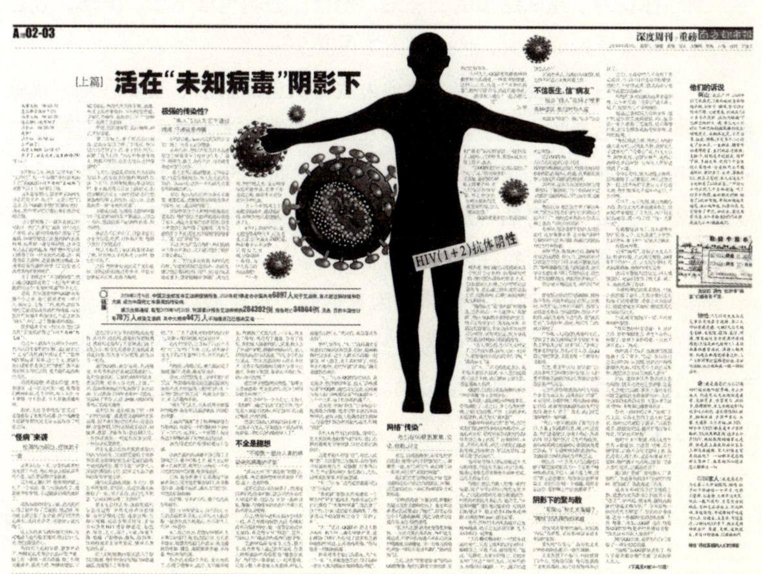
A02-03

深度周刊·重磅

[上篇] 活在“未知病毒”阴影下

极强的传染性？

不信医生，信“病友”

他们的诉说

HIV(1+2)抗体阴性

者，你坚持的立场是客观、公正，并且秉持法制、民主、科学的价值，那么至少会让对方对你肃然起敬，尽管他对你还会有戒心。

对你有所尊敬，就会有继续交流的可能。每个人做错了事情，在内心中都会有不安、有反思，甚至渴望倾诉，就看你是否能找到让他溃堤的方法。营造一个契合他内心的氛围是一个非常有效的方法。

稳扎稳打，步步为营

到政法委书记的房间常坐，使得我们变得更像朋友，毕竟那是个带有一定隐私的地方。

他的房间很大，40多平方米的客厅，木地板光亮照人，沙发、彩电等家具电器一应俱全，还有厨房、卧室。房间设计得十分人性。他把空调开得很高，穿着衬衣等我。

我一边吃着苹果，一边闲聊，我首先感谢他为我提供了很多卷宗和采访对象，但我话锋一转说，但目前证据链不完整，假如就这样成文，结果会让读者怀疑，假如网友们在网上提出了质疑，那就会变成一个网络事件，事情会越闹越大。这不算是危言耸听。

书记一想言之成理，他答应为我完善其中两个证据。我没有提出更多的要求，尽管我还有很多要求。不要急于求成，最好是一步一步地走。假如在这时候你要求的是最核心的东西，可能会使他彻底放弃合作。

而当你获得了越来越多的信息后，他就已经骑虎难下了。果然，我在最后提出要看原始证据时，他已经无法再回头了。

他先联系好刑侦支队政委，让他为我提供全部卷宗。政委不允许我做摘录。但一个后勤的小伙子看我在茶几上看得很辛苦，就主动说，到隔壁办公室吧。小伙子不知道该事件的严重程度，也不知道我此行的目的，所以他虽然一直站在我身后，却未阻止我进行摘录。那些证据足以证明当地警方在办理涉警案件时存在明显的包庇行为。

可见，成功中含有很多偶然的因素，假如这个政法委书记没有从事过新闻工作，就不会自信地认为自己可以驾驭记者，就不会和我做如此耐心的沟通，我的采访也不会成功。就我个人的经历而言，挫折如同家常便饭。

（作者系南方都市报记者）

开掘真相的两种思考路径

□叶铁桥

叶铁桥

调查性报道并不是一个很严谨的概念，因为几乎所有好的报道都需要经过调查。然而，现在，无论业界还是学界，调查性报道都被当作一种特殊的报道形式，来概括某一类具有共同特点的报道。但在我看来，这类报道冠以“深度调查性报道”之名更为贴切。

此类报道，要挖掘的信息经常是被刻意隐瞒、遮蔽的信息，这就要求记者付出比日常报道多得多的努力，才能把潜藏于公众视野之外的真相揭露出来。这种努力既体现在勇气、韧性及想象力上，也体现在不断创新的采访手段和思路上。

有没有挖掘出核心事实，是此类报道成功与否的标志。表面的、边缘的甚至外围的信息都不足以支撑此类报道，记者的努力应体现在对事实内核的不断掘进过程中。但这个领域竞争也很激烈，独家性依然重要，没有独家内容的深度调查性报道，只能用这样一句话来形容：“第一个用花来形容女人的是天才，第二个是庸才，第三个是蠢才”。

因此，作为这个领域的记者，只有全力以赴，才会有所创造。在我的报道历程中，谈不上有什么创造，但有一些操作理念让我受益匪浅，在此拿出来跟大家交流。

一、寻找“敌人的敌人”

对于深度调查性报道的线索来说，来源大致可分为主动型和被动型两类。被动型往往意味着有人爆料，而且，在大多数情况下，提供线索的人就是掌握或接近核心事实的人，他们向媒体爆料，正是为了寻求媒体的救济或者揭开捂着的盖子，因此，他们往往能对报道起到关键作用。

但也有一部分爆料人，虽掌握情况，却出于自身安全等因素的考虑，不愿意暴露身份，只是抛出来一个线索，让记者们循之而去，自己却藏匿得很深。

主动型线索，大多只有模糊的核心及不那么明确的边缘，核心采访对象及核心事实都需要记者主动出击。

当然，在深度调查性报道中，一个靠谱的“深喉”都是记者们所期待的，但“深喉”并不总是存在。在接到选题时“两眼一抹黑”，这种情况下该如何开展调查呢?

寻找“敌人的敌人”，这是我经常用到的一招。因为他们往往就是你最重要的采访对象。

湖南省纪委的一位朋友告诉我，他们查案，百分之七八十都是依靠被查对象的“敌人”查出来的。这些“敌人”，一直紧盯着被查对象，手里经常有绝佳的证据或线索。

他说，纪委办案也跟你们记者一样，去调查之前也没什么了解，没什么头绪，我们跟你们一样也是时间紧任务急，这个时候，我们经常会找跟

特别报道

被免职当晚调动上百名农村教师进城——

一个教育局长的“职务后”突击

被查对象有矛盾的人，他们常常成为了突破口。

对于我而言，当找不到核心采访对象时，了解采访对象跟谁闹过矛盾成了重要功课。这样的操作手法，效果最佳的一次，是在采写河北省武安市教育局原局长冯云生突击办调令一稿中。

2009 年 9 月，中国青年报特别报道部主编吴湘韩在网上看到《最牛教育局长惊现武安，退居二线前一天一夜签署调令 150 多》的帖子，当即决定操作这个选题，派我和同事来扬一同前往。

此事件找不到爆料人，只能靠自己努力。为避免打草惊蛇，我们在一个周末悄悄潜伏到武安市，开展外围调查。

网上的爆料很简单，只是说当武安市教育局局长冯云生得知自己要退居二线了，在免除职务前一天，招集人事科和财务科人员加班加点签署调令，将 100 多名农村教师调入城市。这是一场权钱交易，调入 1 人敛财数万。

此前，新快报做了报道，但由于没有进行实地调查，报道主体是由网帖构成，因此，此报道在当地几乎没有引起反响，却使当地知情者的口风更紧了。

此事件的核心事实在于，第一，冯云生是否行使了已经不属于他的权力；第二，行权过程中是否存在权钱交易。

已经成功办理调令的老师不太可能说出实情，由于操作得较保密，外围人士又不太可能掌握内情。切入口只有放在寻找“敌人的敌人”上。

我们先在当地找了一些教育界人士，了解当地教育系统的种种怪现状，并着重要求他们介绍了当地教育系统人事之间的微妙关系。

根据这些信息，我们联系多位被认为在当地教育系统内跟冯云生有过龃龉的人士，但是，这些人要不离核心事实太远，要不对我们怀有警惕，都没什么帮助，甚至还有人向教育局通风报信。

前期的阻滞让人沮丧，但我明白，要能找到突破口，只有坚持这一采访思路。持续努力下，终于，我们又打听到教育局内部有人跟冯云生闹过矛盾，抱着试一试的态度，我拨通了此人的电话。他犹豫了一会，终于同意见面深谈。

在一家偏僻的洗车店，此人第一句话就让我们一震：“如果我拿出证据来，肯定能把冯云生送进去！”

事实果真如此，此人不仅亲自帮人办了调令，还在此前向冯云生多次行贿。他的亲友中，也有在他的陪同下向冯云生行过贿的。他详细讲述了这些情况，并介绍了更多“敌人的敌人”接受我们采访，使核心内情一下子豁然开朗。

2009年9月16日，中国青年报推出报道《一个教育局长的“职务后”突击》，全面揭露了冯云生利用办农村教师入城的调令之机大肆敛财的事实。该报道被各类媒体广泛转载，并入选了中国青年报2009年年度最佳报道。

此后，河北省纪委迅速介入，很快查出此事由冯云生一手操作，其中存在大量弄虚作假、徇私舞弊及权钱交易问题。转交河北省邱县人民检察院调查后，冯云生的贪腐渊薮进一步打开，检方发现，冯还有大量未能查明来源的财产，光通过招商银行转移的金额就高达400多万。

在我看来，中国复杂的人际关系生态，尤其是明争暗斗的官场生态，往往蕴含着采访良机，这也是为什么“窝里斗”是中国许多问题得以曝光的重要原因。从另外一个角度来说，有不当获利方，相应就会有利益受损方，他们构成了矛盾对立的关系。“凡物不平则鸣”，只要在恰当的地方找到的恰当的人，比如“敌人的敌人”，就会如庖丁解牛般让核心事实“磔然已解，如土委地”。

特别报道

李海明网络文章惹祸事件调查

“准军事化管理”见闻

枣矿集团10人因发短信受处分

二、追求“附加值”

作为记者而言，既然做非独家报道像第二个甚至第三个用花来形容女人的人，因此，做独家就成了不可避免的挑战。中国青年报原资深记者殷红也说：“写稿子应该有三独，独家材料，独家视角，独家技法，总有一独你的稿子才可以读，所谓无‘独’不丈夫！”

但在网络时代及媒体竞争激烈的大背景下，要找到独家的深度调查性题材越来越难。由于现今的报道线索经常来自于网络，而成天盯着网络的媒体人士又不在少数，也许当你看到网帖时，报道已经出来了。

事实上，为了应对网络时代的冲击，媒体也在积极改变新闻呈现形态。从报纸来看，像南方都市报在2006年创办“网眼”版，就提出很多新闻事件都是源自网络，后来变成媒体盛宴，他们要在“源自”和“后来”之间楔入一种报道样态，其操作手法是，一旦网络上有爆料，即让记者对爆料中的事实进行简单的电话等求证，然后以网帖内容为主体部分撰写报道。类似的版面还有新快报的“热辣网事”等。

这类报道的优势在于反应快，能迅速抢占第一落点，形成轰动效应。缺陷在于反应太快，来不及进行深入细致的调查，往往不能最大程度地开掘真相。

与此同时，电视、广播也在做相应调整，像中央电视台的“新闻1+1”和中央人民广播电台的“中国之声”，就是采取连线记者或新闻当事人等方式，最大限度地缩短与新闻发生时的时间差，以争取对当天发生的热点事件的报道权和评论权。

在这些节目中，媒体自己的现场采访已经很难实现了，连线其他媒体的记者、新闻当事人再加上嘉宾评论，成为了主要的呈现形式，作为传统广电媒体，它们也事实性地抢占了第一落点，并获得了领先的评论权。

在此情形下，独家深度调查性报道已经越来越难了，对坚持“用脚采访，用笔还原”这一理念的媒体来说，挑战越来越大。因为往往一个线索刚被发现，它的主干事实很快就被报道过一遍了，再经过电视、广播的传播和评论，事件的评论方向、价值判断也基本成型了，想深度开掘的记者变得非常尴尬。

我在做“出国考察门”事件系列报道时，就深刻地感受到了这一点。2008年11月23日，一个题为《晒晒咱们公务员的福利》的帖子出现在了天涯论坛上，帖子里张贴了几十张图片，揭露江西新余和浙江温州两地公务员打着出国考察的旗号出国旅游的事实。当我在27日看到相关内容时，原始帖已经被删除了，只能看到网友转发的帖子。

鉴于该帖所反映的新闻事件意义重大，我决定操作。11月28日，从北京乘飞机赴江西新余采访，结果还在南昌到新余的大巴上，就收到了编辑的短信，说南方都市报的“网眼版”和信息时报“E网天下”当天都报道了此事。

上述总结的媒体反映机制在此事上也得到了反映，当晚，央视的“新闻 1+1”栏目主题正是事件。

一切都让人沮丧。到了新余以后，经过调查和采访，我在 11 月 30 日才写完报道，11 月 31 日得以刊发。尽管有许多增值的内容，但由于主干事实已经不是独家了，因此该报道反响平平，我觉得十分遗憾。

中青报副总编辑毛浩对我的报道的评价也只有两个字“晚了”，值班编辑辩解说：“在今天，我们做新闻，怎么快也快不过电话采访”，毛浩提醒说，“做附加值”才是我们的优势所在。他认为，曝光此事件的网友“魑魅魍魉 2009”一直未现身，但公众都关心他的身份、动机和诉求，可以考虑从他着手做报道。

但这样又谈何容易，由于他害怕打击报复，他穿了个马甲在网上发帖，然后迅速隐匿。不过我高度认同毛浩“做附加值”的看法，因此，采取了种种努力，最终功夫没负有心人，成功找到了“魑魅魍魉 2009”，从而做出了一系列极具反响的独家报道。比如对他的报道，全国就有数百家媒体转载。

“魑魅魍魉 2009”还告诉我，他有一份文件，看了以后没觉得有什么价值，因此就没有发到网上去，我让他发过来，仔细审视，结果发现有这样一行字：“客人性质：张家港市长夫人和市政府领导夫人等”，我因此又

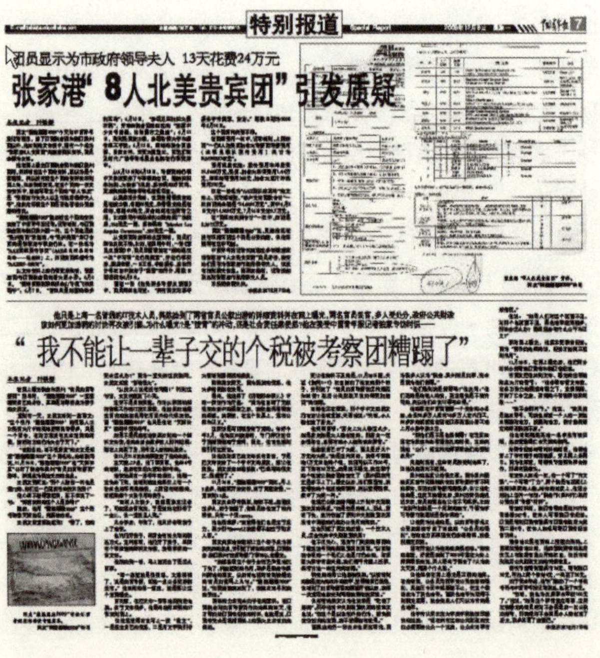
特别报道

团员显示为市政府领导夫人 13天花费24万元

张家港“8人北美贵宾团”引发质疑

“我不能让一辈子交的个税被考察团糟蹋了”

做了一篇《张家港“8人北美贵宾团”引发质疑》，同样反响很大。

后来，我又继续掘进，挖掘了这两个出国考察团的中介机构“美洲集团”，并且采写了美国西北理工大学等国内考察团定点培训机构的反响，整个“出国考察门”的利益链条都进行了关注，一个月内，做了近20多篇报道，大部分都是独家报道，“附加值”得以大大延伸。

曝光“出国考察门”事件被视为公民报道的崛起性事件，《晒晒咱们公务员的福利》也成为了南方周末2008年致敬之年度公民报道。在当年度年终盘点时，新闻晨报等许多媒体也将此事件列入了年度事件。

此后，“做附加值”成了我操作此类报道中经常提醒自己的一根弦。那就是，当独家报道已不可能，第二落点也被抢占了以后，需要再重新审视构成此新闻事件的各环节和各元素，看哪些环节已经被放大，被挖掘干净，又有哪些环节还没有引起足够重视，里面却蕴含着巨大的新闻富矿，或者可以枝蔓出另一个关系不大却极具独家意义的选题来。

总之，既然主干事实不能重复，就做附加的，附加的做好了，也许就形成了更受关注的主干。这是因为，做主干是容易的，而附加的往往更具挑战，需要你在不太受关注、不太具可行性的方面有所突破，但“世之奇伟、瑰怪、非常之观，常在险远”，如果做成功了，反响往往会更大，成就感也往往更高。

（作者系中国青年报记者）

做好基本的调查
——以“华南虎”报道为例

□丁补之

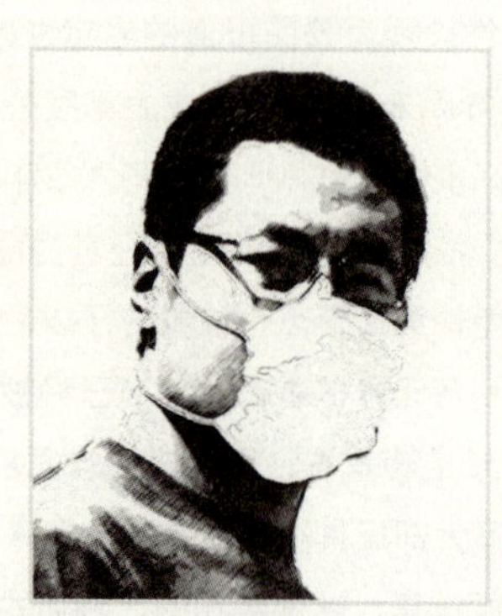

丁补之

“华南虎”的故事已经过去很久了。距2007年10月12日陕西省林业厅宣布周正龙拍到了野生华南虎照片，时间已经过去了三年；2008年11月17日安康市中院以诈骗罪、非法持有弹药罪判处周正龙缓刑也是两年前的事情了。“正龙拍虎”持续喧嚣一年，在这场大众狂欢中，公众以极大的热情高度参与，使得故事有了拨乱反正的可能。

但求诸事实本身，华南虎事件最后以公众的胜利收场，却不是调查记者的胜利——数百记者在镇坪弹丸之地前赴后继实访一年，其功用除保持公众热情、持续质疑外，直到公安机关介入时，仍未能还原基本事实，亦并未能找到确证造假经过的任何旁证。

当然，新闻媒体和记者不是权力机关，缺乏调查手段和强制力，事情似乎情有可原，但最后我们会发现，调查记者其实本可有为，这在最后成为一大遗憾。

文后再表。

想到“华南虎”的时候，除了“纸老虎”、“假老虎”，你还会想到什么？华南虎事件其实至今未了。“挺虎派”仍心有不甘，不时发布零星言论；“打虎派”庆功之外，其实仍心有存疑。时至今日，仍有这样一种印象或曰观点大行其道：“华南虎事件”压根就是镇坪县政府和陕西林业部门的一起策划，周正龙不过是被选中后实际执行的“棋子”，他一个人为整个权力系统背了“黑锅”。

事情果真如此吗？在今天，华南虎事件仍值得重新审视。直到今天期待周正龙站出来“勇敢说出造假团体”的人仍然不少。回到 2007 年年底，这一质疑更是作为主要观点存在。这一质疑能否站得住脚？事件中的基本事实是什么？换句话说，调查记者在这一事件中何为？

中间派

我在 2007 年 11 月底作为南方周末记者介入这一事件。以美剧概念为计，当时可以称之为“正龙拍虎”第三季。我把当年 10 月 3 日拍到虎照到 10 月 12 日陕西省林业厅公布整个照片并鉴定为真前后的时间作为第一季，在这一季中，网民和纸媒提出了质疑；第二季掀起一个小高潮，以“年画虎”的出现为标志，当时很多人扬眉吐气以为这个事可以结束了，但是没想到还有第三季；第三季包括陕西省林业厅副厅长去周正龙家打气，随后是网易公布照片，邀请多方进行民间鉴定，但陕西林业厅坚持既往态度，12 月 4 日的国家林业局新闻发布会则打起了太极；之后是一段长时间的静默期，很多人担心事件会不了了之。

当时南方周末已经在第一时间——2007 年 10 月 24 日发表记者潘晓

4 社会

明星猎人 周正龙

□本报记者 丁补之 发自陕西镇坪

猎人

谁上了山？谁拍的老虎照？

——陕西镇坪华南虎事件追踪

在陕西省林业厅的新闻发布会上，周正龙展示自己当时拍摄华南虎时用的照相机。 CFP/图

质疑者认为，拍虎者并非周正龙本人，同时照片背后，一干挺虎者和事件有关人员被怀疑参与“造假”。事实究竟如何？

□本报记者 丁补之 发自陕西镇坪

照片的产生

工具：相机和胶卷

另有拍摄者？李骞、覃大鹏、关克、谢氏兄弟与×

照片出炉时间表

凌的报道《华南虎背后的利益链条》，涉及一个农民的致富梦、华南虎背后的经济模式等内容，阐明了地方政府在华南虎之上的利益寄托，已点出事情的关键所在。但照片真假未有定论。

我们当时收到消息说周正龙已被警方带走，初步判断这个事情有可能要结束了，所以我被派去做一个调查，还原整个事件，希望能够把造假全过程、风波当中政府官员和周正龙本人行为进行还原，但没想到的是，到镇坪当地后发现这是一个假消息。

那次我在陕西待了半个多月，调查细碎而繁琐，前一周基本上耗费在和事情涉及人员的接触上，但没有指向。这其中的焦虑不止属于我，也属于当时仍同在镇坪的数十位记者。

当时的大背景是一片热闹，"打虎派"、"挺虎派"各执一词，"挺虎派"且不表。"打虎派"既已认定照片为假，一心挖出整个造假策划团队。当时被怀疑参与拍照、造假者包括镇坪林业局野生动物保护站工作人员李骞、镇坪林业局局长覃大鹏、镇坪县谢氏兄弟与陕西省林业厅关克乃至副厅长朱巨龙等人。在"打虎派"声势日隆中，这一怀疑被很多人私底下作为事实看待。

在这种情形下，做出怎样的报道才能在自己这里说得过去？展现两边的口水仗不是我想做的报道。人们议论纷纷背后，其实是对事实的饥渴感。

在一周多的接触和了解后，我发现大家对这个事件的判断完全基于对照片的分析，因为缺乏具体拍照过程的细节（周正龙作为讲述者其自述太多矛盾，但基于其身份，也只能无可奈何），这其实是最直接的大家最能想到的方式。也就是说，大家更多基于从照片本身去判断事情的真假，判断集体拍照造假者是否存在，而不是从事实上去审视这一过程。

由于在职业生涯中养成的对人对事的天然距离感及自我约束，我希望自己独立于"挺虎派"、"打虎派"，作为一个"中间派"亦即"事实派"，不为许多推测和假定所左右。

我在心底确认虎照为假无疑，但同时又对集体策划拍照造假的可能有所怀疑——一个常识是，如果有这样一个造假集体，由于涉及的长官意志、人物、事件之多，使得这种造假不可能像一场少数人的暗室密谋一样可控，总有某个环节或者某个参与者会成为这场造假的破绽，乃至存在有人主动爆料的可能，尤其是在这样一个信息社会，在全国数百媒体上千记者亿万公众卷入的情况下。

就这样，在跳出对照片、对周正龙的单一审视之后，我发现，在照片是如何出炉这一问题上，当时已有媒体报道对此一笔带过，长篇累牍的更多的是对照片的分析，对口水战的津津乐道。当我发现在镇坪的同行也不能回答这一问题时，我意识到，我们忽略了最不该忽略的——对事情的基本调查。

所谓“基本调查”，指向的是基本事实。而基本事实所指的，却是每个新闻人最初就要接触的事件五要素：时间、地点、人物、事件、原因。

怎么样才能拍出一张照片？将整个过程肢解审视，这涉及到相机从哪里来，什么人、什么时间、什么地点拍这个照片，照片又在哪里、怎么冲洗出来，最初是谁在哪里看到？

这种想法的逻辑起点是，既然是一场策划，就必然有策划者，有实施者，有时间，有地点，有道具。“阴谋论”可大胆假设，但一件事情既然发生必有其具体细节，不会是虚无缥缈的存在。

回到事情的开始

一张照片出炉的过程，是整个事情的开始。在当时，对周正龙等相关当事人来说，打死也不会承认照片是假的。我逐渐意识到，当我们在调查无以为继时，不妨回到事情的开始。

在还原这个照片产生的过程，就是逼近真相的过程。关于照片出炉的过程，此前均被“谢坤元提供相机”一笔带过。抛开照片本身的真伪分析，在走访了数十人，甚至调出相关人士的通话记录之后，每件事情均多人印证条分缕析后，一张照片出炉亦即一件事情发生所必须的各基本要素被厘清。

谁上了山？谁拍的照？是这样一张时间表：

10月1日中午，镇坪经贸局丁副局长从家中将CanonEOS400D相机取出交给谢坤全。

10月1日晚上，城关派出所所长邓明山将从安康市谢坤元处带回镇坪的长城牌1800D型相机，转交谢坤全。

10月2日早晨，谢坤全将两台相机转交周正龙并教其使用方法。

10月3日下午，周正龙称在山中神州湾拍到野生华南虎照。

10月4日早晨，谢坤全称在周家看到数码相机中虎照，并取走胶卷，和经贸局副局长罗品龙一起从镇坪送往安康。

10月4日晚上，（彩印店老板称）胶卷在安康洗出并彩扩。

10月5日上午，谢氏兄弟与罗品龙一起，从安康驱车返回镇坪。

10月5日上午11点，周正龙带着底片和相片来到镇坪林业局李骞的办公室，展示其拍到的野生华南虎。

10月1日至4日李骞在医院照顾妻子；10月3日当值的副局长陈鸿美在办公室碰到局长覃大鹏。在陕西省林业厅新闻发布会之前，关克未到过镇坪。10月3日谢坤全在喷绘店中，10月1日至10月4日，谢坤元则在安康市度假。安康与镇坪相隔近200公里山路，自驾车需三小时以上。而从周正龙家到神州湾山林拍虎处，须徒步前往，要走近5个小时。

换句话说，他们不可能在10月3日单独或者与周正龙一起上山，拍到“华南虎”。

在这些基本调查之后，我的结论是，虎照为周正龙一人拍摄；“打虎派”对一干人等直接参与造假的指控是不公平的，亦不符合事实。

“虎照为假”和“并非集体造假”，两者间并不冲突。在当时的全民狂欢中，这种基本调查，因为事实上缩小了怀疑范围，并不为“打虎派”重视；甚至令人啼笑皆非的是，它有时会被“挺虎派”使用，认为“打虎派”棍扫一片，伤及无辜。

但我决定较一回真。我不头脑发热，只遵从事实。虽然最后的调查结果，并未迎合与讨好大众狂欢心态，甚至过于冷静与谨慎，不啻于一盆冷水，

“‘6·28事件’看似偶然，实属必然，迟早都会发生”

瓮安溯源

编者按：“瓮安不安”，贵州省委书记石宗源在瓮安“6·28”事件后如此评价。一个少女的非正常死亡，如何演变成一座县城的骚动；在这座“不安”已久的城市，群众的不满因何长期积郁？事件处置工作领导小组组长、贵州省委副书记王富玉分析：“瓮安县党委、政府在长期的工作中，没有正确处理好当地经济发展和社会稳定的关系，没有正确处理好群众正当的利益诉求的问题。”长期治理失当，正是群众对当地政府失去信任甚至产生对立的原因所在。正如石宗源指出：“我们必须对这一事件进行深刻反思。”

□本报记者 丁补之 发自贵州瓮安

从一个初中女生的非正常死亡，到县城骚动，举国关注，中间不过短短六天。

在贵州瓮安县三中初二六班女生李树芬6月22日死亡当天，法医初步鉴定后，其家属被告知死因为“自杀溺水身亡”，三位现场当事人被释放。

第二天，其父李秀华提出质疑，提请再度全面尸检，并呈上急案侦破申请。

李树芬死后第四天，小城里传言四起。她的幺叔李秀忠在县公安局和民警发生冲突后，在路口被多名不明身份人员殴打，案件至今未破；其父加急申诉，要求政府“破案惩凶，以平民愤”。

死后第七天，从数十人高举条幅的游行，到瓮安县委县政府和公安局办公楼被烧砸，逾万人聚集现场。

李树芬的家人现在已不愿过多谈论她的死因。少女李树芬不会想到，她的死，会让贵州省委书记石宗源直指“瓮安不安，群众没有安全感，老百姓不敢讲真话。”

在这短短六天中，围绕一个女生的死亡，逐渐累积的冲突和随之四起的流言如何引爆了一座城市？在这六天背后，又是怎样一座“不安”的县城？

沉默的西门河，四起的传言

事件的发生在最初并无征兆。李树芬死亡当天，她的家人并没有更多的质疑。同一天上午，三名事发时在场的当事人因被警方认为没有作案嫌疑，而被释放。

当事的家属去派出所找当事人时，发现都已经不在派出所。几乎同时，这三个人开始出现在传言中：“元凶是县委书记的亲侄女，另两个男生和派出所所长有亲戚关系，死者是被奸杀”。

“亲人都陷于沉痛的悲哀中，一直没考虑到死者溺水前的关键性疑点，故没有提出剖腹及对下部分身体尸检。”李秀华如此描述最初的状态。

为保存遗体，李树芬的“干爹”谢青发为她租了一口冰棺，每天120元。冰棺被摆放在出事的大堰桥桥头。这座宽不到1.5米的水泥桥，两侧护栏高约半米，桥下约数十米宽的西门河流过，河中水草摇曳，最深处超过两米。河边并没有开阔地，冰棺被放在一个临时搭建的油布棚内。

有围观者信誓旦旦说暗夜里听到过令人毛骨悚然的凄厉“救命”声；有人说在岸边看到避孕套和血迹；河沿的一处青草地，被认为是作案现场。

少女李树芬之死，和官员、无良警察、冤情的传言裹挟在一起，传遍了这个不大的县城。

李树芬的家人开始认为有冤情存在，他们在6月23日提出再度尸检。现场见证尸检过程的外婆陆素珍肯定地说，尸检时“肚子里没有水，喉咙处有药丸”。

越来越变形的传言，流传在瓮安的大街小巷：“16岁的李树芬，因考试没给同班的一个女生抄写而被杀害”；“死者肚子多处伤痕！显然是被掐死的”；“瓮安副县长的儿子伙同另一个社会青年把瓮安县三中一女生强奸并残忍杀害丢入瓮安县西门河……”

这个遥远的地方，成为了一个舞台。从早到晚，闻讯而来的人群络绎不绝。人们带着自己生活中的不满来看这个死因不明的女孩。

他们慷慨解囊，在她的身上寄托了寻求公正的愿望，拿出或多或少的钱捐给李树芬的家属。多位市民对记者称，他们所说有人最多捐了三千。“那人对她的亲属说‘钱你拿去打官司，我们支持你到底，不打官司的话就退给我’。”如同亲眼所见。

捐款者包括贩夫走卒。“有的农民，卖一天的菜，也没有多少钱，十块八块的全部拿了出来。”一位目击者说，捐款总数过万。

6月28日，发生了新的意外。在公安局，李树芬的幺叔李秀忠和民警张明发生冲突。事后，官方的材料说“两人发生扯皮李被打伤并不存在”，而李秀华在申诉上却说，他的弟弟李秀忠“在接受公安干警询问前就惨遭警察施以警棍与脚击伤”。

下转第2版

陷入悲痛和无助中的李树芬家人。 刘震/摄

有冒犯大众的可能。即使如此，当时我已打定主意以为这种冷静独立尤为可贵，因为它唯一倚赖的是事实本身，而不是对照片的主观分析与指控。

2007 年 12 月 6 日的《南方周末》上，这篇名为《谁上了山？谁拍的老虎照？》的报道刊出。

只有在事情水落石出之后，这种冷静、不偏不倚的调查才有正位之时。到 2008 年 6 月底，我正在贵州采访瓮安事件，陕西省人民政府新闻办公室召开发布会确认周正龙所拍虎照为假，并披露造假细节，确认了周正龙单独拍照造假的事实，其中对拍照过程的描述，呼应了我半年前的报道。

当然部分“打虎派”仍旧希望乘胜追击，挖出整个“策划内幕”，即使到今天也不乏这种声音；但同样即使到今天，所谓的“策划”却依然是一个虚无缥缈的存在。

事实与责任

那么追问一句，为什么“阴谋论”会大行其道？除了公众对公权力的普遍不信任，其中还有一点，最紧要的是分清事实与责任。周正龙一人造假的基本事实，其实并不影响对地方政府和林业部门的责任追究。而这也是事情演变的实际逻辑。

这是因为，虽然猎人周正龙一人造假，但其以一己之力，不期然间，就完成了对整个权力系统的绑架。他找到了权力系统的“G 点”——利益，宣称发现“华南虎”，由此可能带来的利益，足以像一条绳子，将周正龙和地方政府、整个林业系统绑在了一起，使他们成为一条绳上的蚂蚱。

也就是说，起初，周正龙意识到“发现华南虎”对个人的好处，初始作俑。紧接着，好大喜功的基层政府和林业部门由此主动卷入，以为发现了一座金矿。政府部门既然有人说了话，其他人说的话，按照惯性，就要跟原有的话保持一致，这种情形很常见。层层递进，县级利益绑架了地方政府，而省林业厅的官方发布由此绑架了整个国家林业部门。

要意识到，让公权力低头认错以及自查自纠是如此之难，这花去了公众的整整一年的期待和持续质疑。但不能不说，如果摒弃“集体策划造假”的阴谋论，事后官方的处理至少在形式上遵从了以上的演进逻辑，卷入事件中的诸人，下到镇坪林业站护林员，上至陕西省林业厅副厅长均受到了处罚。

故事的最后，是一个不能不说的巨大遗憾。

2009年5月，汶川地震一周年，在四川成都我见到了曾一起在陕西镇坪采访的记者大孙。席间谈到“正龙拍虎”事件的前因后果与走向，两人都有所感触。话到中途，他偶然提起，在当时的入户调查中，他曾一度问到为周正龙提供老虎年画的彭姓村民，但由于对方支吾说找年画是在虎照发布之后，他追问未果，也便未持续追问。

我随即惊到了。华南虎事件棋到中盘及之后，我一直以为，除非公权力介入，否则事情本身将一直是笔糊涂账；我也一直安慰自己，调查记者不是有关部门，缺乏手段和强制力，找不到作假铁证也情有可原。但原来，曾有那么一个机会和可能，但不经意间被忽略了。华南虎事件给了调查记者足够大的空间，也曾经在这里给调查记者开过一扇窗，虽然只是小小的一条缝，但足以将事实引向光明。

遗憾的是，虽然这仍然属于基本调查的范畴，但我们错失了。

（作者系财经杂志法治组主管编辑）

专题「21世纪经济报道十周年」

专题
「21世纪经济报道十周年」

“新闻就是不断回到常识”

——专访21世纪经济报道执行主编刘晖

□南石 刘晖

刘晖

十年路：
在雾中行走时找到路标

南石：《21世纪经济报道》最近推出十周年特刊《发现真实中国》，其中不知有没有关于媒体行业十年来发展的内容？您怎么看待过去十年中国财经媒体的发展？

刘晖：策划《21世纪经济报道》十周年特刊时，用了一个概念：发现真实中国。回头看过去那些年的年终特刊，发现以中国命名的特别多，比如说《中国年》、《中国，向上》、《中国世纪》、《中国道路，全球价值》，还有《道寻现代中国》，可以说，这是我们长期坚持的问题意识和观察框架。

这次十周年特刊分为两个部分，一个是连续刊出的专业板块部分，从产业的视角来透视这十年的变化机理，里面虽没有专门设定媒体行业的板块，但相关的内容会涉及。另一部分，是将在年底推出一个大型特刊。

过去十年，以《21世纪经济报道》为代表的财经媒体有了很大发展，这是因为中国在全球经济方位中的变化，有句话说中国是“全球化最大的实验室”，那么财经媒体就应该是这个实验室的忠实观察者、记录者、推动者。

我个人觉得，这十年中国财经媒体的贡献在于，通过一个个样本，一个个公共事件，对普及宪政法治的市场经济常识做了不少事情。另外，通过专业报道，给读者提供投资和商业管理的价值。

我一直说，新闻就是不断回到地面，回到常识的努力。比如说政府权力应该受到限制，就是通常所说的有限政府；比如说公民拥有一些与生俱来的基本权利，这些权利是“风能进，雨能进，国王不能进”；比如说，发展应该拥有自身的伦理和目的，以自由看待发展，才能拓展国民的幸福。这些话看起来很抽象，但其实都是常识，但常识并不易得，财经媒体就是通过一个个事件和案例来普及这些常识的。

之所以这次特刊以“发现真实中国”为名，就是希望通过对各种剖面进行考察，从而引发对中国发展的思考，大国善治和国民幸福是最基本的价值取向。

南石：《21 世纪经济报道》十年来的发展对于中国报业来说，最大的贡献体现在哪里？

刘晖：《21 世纪经济报道》这些年的发展是一个典型的“中国成长”故事，它的成就和奇迹来源于此，它的挑战也同样存在于此。这份报纸的成长，证明了价值观的胜利，也证明了方法论的重要。正如 21 世纪传媒总裁沈颢所说，这十年，21 世纪经济报道一直“把公信力作为生命线，把市场化作为驱动力”。我们在出发的时候有自身的想法和梦想，但同时在具体

The 10th Anniversary
21世纪经济报道
¥2元
《21世纪经济报道》十周年盛典
鲜活21
21世纪经济报道
入场券

操作上符合市场规律，对个人读者和机构读者平等对待，并且不断适应市场的变化，抓住市场扩大与细分出的机会，很多理念和运行模式在传媒领域都处于领先地位。首先这来自于创始团队和领导团队的远见，对愿景有着相对清晰的地平线，同时在创新试错过程中，能够在雾中行走时找到路标。同时，也是来自于全体员工的不懈努力，正是有了整个团队的持续努力，才有今天的成长故事。

南石：从一周一期到一周五期，从报纸到报系，《21 世纪经济报道》十年来的成就有目共睹，不知道有没有经历过感觉最为艰难的时刻？

刘晖：创业不易，守业艰难，或者说，没有单纯的守业，只有不断地创业。从个人的角度来说，自己一直有战战兢兢，如履薄冰的心态。可以说，每个阶段都有每个阶段的及时而重要的问题，创业的时候，是需要把这份报纸迅速地做起来，而现在做了十年，必须要解决持续发展动力的问题。

在第一个十年，《21 世纪经济报道》可以说是应运而生，但这十年也遇到了不少挑战。套用一句俗话，没有最艰难，只有更艰难。财经媒体在中国的境况，既有全球经验的部分，也自身地特殊之处，一方面，财经媒体领域并没有完成在成熟市场经济体中的整合，比如说欧洲的《金融时报》，比如说美国的《华尔街日报》，但另一方面，又面临互联网尤其是移动互联网，以及类似于微博这样自媒体的挑战，这是一个机遇和风险叠加的问题，也是下一个十年需要面对的基本竞争格局。这样的竞争格局确实是更为复杂，但巨大的机会也孕育其中。

南石：在人们的普遍印象中，南方周末这种时政类报纸，风险应该才是最高的。作为一份财经报纸，《21 世纪经济报道》对于风险管理的重视出人意料。在《南方报业之路》一书中，21 世纪报系是唯一一个提及风险管理的，并且将其作为首条提出。是什么让《21 世纪经济报道》这么重视风险管理？

刘晖：在 21 世纪经济报道内部，风险管理本身就是品质管理的一部分，只不过在不同的时空阶段，风险的排序有些差别。比如说，在操作中一直强调多方求证，对冲平衡，零度情感，这本身就是新闻操作的基本伦理。还比如说，在一些特定的阶段，必须要保证安全生产，这也是为了持续发展做出应有的技术应对。风险管理绝不是一个被动防范的过程，更是一个主动进取的过程。在内容供应链管理方面，品质、风险和流程是一个目标组合，我们就是要在这个目标组合中进行平衡。

这些年，21 世纪经济报道一直强调“专业性”和“国际化”，其实，这句话完整的表述是：“面向公共问题的专业性，基于中国意识的国际化”。首先要明确的是，专业性不是小众化，更不是术语的堆砌，那是装专业，而不是真专业，深入浅出才是专业，内行人看了有道理，行外人看了有收获。而国际化，不仅是海外记者的安排，还包括全球比较的视野，在基于国家利益的立场上，对全球的重大经济政治事件进行第一手的报道，不是大而化之地谈论西方或者所谓的“国际主流意见”。

从具体操作上，《21 世纪经济报道》这些年一直在尝试，通过对新闻报道进行类型化分工，按照采编个体的资源禀赋进行资源配置，在报道组合方式进行创新，以期取得更好的传播效果。价值观是需要落地的，需要方法论的。风险管理问题或者说价值观问题，不是高音喇叭喊出来的，而是需要通过润物细无声的方式去融化的，只有这样，才能建立更具有粘性的认同感。这些问题不是抽象的，而是涉及到每一期内容的操作。

业务模式：建立公信力至上的价值中枢

南石：从诞生之日起，21 世纪经济报道就严格遵从国际化商业纸的游戏规则，实行采编和经营完全分离的管理模式。同时，却也认为媒体产品的策划生产与销售不仅体现在常规的发行推广环节，更体现在产品制造这一环节，这和

3

国际

美政府否认中国操纵汇率　国会恐难善罢甘休

专家警示：美财政部下一份汇率评估报告出台日期恰逢中期选举，议员不会放过炒作人民币汇率问题的机会

执政联盟难保多数　日参院或开启群雄时代

一旦民主党和国民新党执政联盟失去参议院多数，政权运行很可能因为在野党在参议院的阻挠而陷入困境

“西太平洋大学”前世今生

唐骏的同学们

“新闻就是新闻，经营就是经营”是否有冲突呢？

刘晖：按照新闻学的观念，媒体既是学校，也是公司。最基本的发展模式也是构建在公信力之上的。新闻和经营分开，这是《21 世纪经济报道》一创刊时就确定的理念，这个理念对于报纸发展起到了很好的作用，也应该是继续发展的宪章。媒体怎么协调学校功能和公司属性，这方面的实践屡见不鲜。我觉得在内容操作上，必须要建立价值中枢，那就是公信力至上。

当然，从另外的角度来看，其实市场的需求是多元并急剧变化的，一方面，市场对一些功能性的产品有长远的需求，在维护基本宪章的前提下，主要是一个内部协同的问题，并怎么解决发展共享的问题。正如刚才谈到的，一些价值观理念的推广，像企业公民、社会创新、国民幸福指数等等，还包括我们与企业合作所开展的一系列的公益活动，都是这方面的多赢尝试。

南石：有人说，《21 世纪经济报道》每天的版面有二三十个版，且多数是两三千字以上的文章，一般人通读需花 3 — 4 小时，即便是选择性浏览也要 1 — 2 小时，目标受众每天能抽出多少时间来读报？对这个问题怎么看？

刘晖：最常见的办法就是各取所需。其实，相对于互联网产品，纸媒提供的是一种组合：价值组合和信息组合。正如此前多次强调的，这种组合其实提供的一种公信力的支撑。

而具体到内容生产，媒体从业人士必须从各个环节降低阅读成本，增加阅读收益。我们常说，争夺高端读者，最重要的是他的阅读时间或者说注意力，而不是买报纸的那点钱。尤其是《21 世纪经济报道》这样的专业化和深度化的媒体，除了在议程设置和新闻报道方面要一直处于领先地位外，另一方面还要通过叙述、包括图表、图片等方方面面的手段来降低阅读的难度。形式就是内容，这是媒体组合的重要部分，需要我们不断地去努力。

南石：2006 年 9 月《华尔街日报》“时尚版”增刊的推出，对《华尔街日报》来说直接的收获就是将开辟更多新的广告，尤其是奢侈品广告。21 世纪经济报道在关注经济硬新闻的同时，对生活、文化、教育等软信息方面有没有考虑扩版？

刘晖：奢侈品是《21 世纪经济报道》广告增长很快的一部分。一方面，21 世纪有自己的生活、人文版块，但更重要的是，21 世纪的定位是靠整体的内容组合吸引到的高端阅读人群，我想这是奢侈品广告商之所以投放的重要原因。当然，我主要是从采编的角度这么设想，广告部门为了拓展，也进行了很多努力和创新。

人力资源：管理这双“鞋”需因时而变

南石：《21世纪经济报道》最大突破性创造，就是将工业制造的一些标准融入到报纸运作中，创造“新闻流水线”的概念，这种矩阵式管理的利弊何在？

刘晖：矩阵式管理是《21世纪经济报道》创刊时就设置的一种管理模式，这种管理模式较好地推动了报纸的发展，作为一份全国性的财经媒体，后来还在海外安排了特派记者，必须要找到一种能够适应这种特性的管理模式。这要求既能贴近新闻现场，提升对重大事件和突发事件的应急能力，又能相应地缩短业务决策链条，降低管理成本。从实践来看，总的来说是正效应的，但同时我们也要注意到，矩阵式管理也有自己的缺陷，就是存在一些中间地带，沟通成本会比较高。因此，现在也在试验，包括对一些板块实行直管，增加战略单元的弹性。

报纸发展了十年，怎么适应新的传播环境和介质变化，怎样孵化出更多的创意，或者让更多的创意能够得到生长，这需要新的管理制度来匹配。既有相对规范的制度和流程，又能增加弹性和活力，管理这双“鞋”需要因时而变。

南石：人才是报社基业长青的基石。最近有份研究报告出来，说8成以上的报纸从业者是抱着边走边看的态度。21世纪经济报道的流动性也是非常大的，记者又大多远离总部。21世纪经济报道怎么维系员工对于报社的忠诚度？对于员工的可持续发展有没有一个长远的规划和制度安排？

刘晖：《21世纪经济报道》之所以当初之所以能够兴起或者说创造报业领域的奇迹，靠的就是一批既有新闻理想又有专业能力的团队。没有人，就没有一切。采编队伍是重要的价值创造部门之一，也是媒体发展的核心动力之一，这是持续发展的基础。媒体需要一大批以新闻为志业的人才，新闻理想是支撑新闻人不断前行的动力，也是在穿越隧道期时的火焰。

但是光有新闻理想是不行的，也需要专业能力和职业精神，更需要激励制度的保证。我不想把做新闻搞得那么自我神圣化和戏剧化，其实做新闻就是不断回到常识，回到地面。做新闻很多时候很苦，尤其是做调查新闻和深度报道，但是做新闻也是有乐趣的。我到21世纪经济报道的时候，首先是做一线记者，而且这些年从未间断看版，说实话，焦虑的时候不少，但是在新闻中找到乐趣更多，这些乐趣平衡了焦虑。每个人都有自己的黑暗的隧道期，能否穿越来自于内心的动力。

同时，大家都是凡人，都需要生活，养家糊口，新闻既是志业也是职业，也应该得到合理的回报。媒体应该提供在市场有竞争力的薪酬和福利套餐，不然就吸引不了人，也留不住人，尤其是激烈竞争的市场中。

《21世纪经济报道》的发展带有这个时代的烙印，快速变化，迅速成长，流动很快。可以说，目前内部有不少忠诚度很高，既有新闻理想和专业能力的人才，同时也要承认，有一些优秀的人才也离开了。一方面我们祝福他们有更好的发展，同时，我们也要反思和完善目前的激励制度，应该不断地增加投入，并根据发展的要求进行结构性的变革。从培训方面，要进一步推进，现在也有从新人培训到骨干培训，再到高管培训的安排，但需要更进一步加强力度。除了硬件的建设外，还需要进行组织文化的建设，有时，一个组织的集体记忆非常重要，就像很多人包括离开的人还记得几年前的采编年会，那些记忆现在谈起来还非常温暖。所以在十周年之际，

5
特别报道
Special Reports
政经
Political Economy
30省医改方案盘点

6 特别报道
30省医改方案盘点
三峡账单:2015年-2017年收回成本

我们都在组织这样的活动。我们希望这些活动能够常规化。

展望未来：
为社会的建设做出更多有价值的事

南石：21cbh 网站目前的营运状态如何？新媒体的战略构想是怎样的？

刘晖：随着门户网站等“新闻大卖场”的兴起，包括像博客、微博这样自媒体的产生，尤其是正在发生的移动互联网浪潮，监管环境和传播介质都发生了复杂的变化。这种类似于“冰川期”式的变化并不完全意味着毁灭，同时也意味着机会。

在新兴市场或者具体到中国，传统媒体仍然有巨大的成长空间，而除了自身增长潜力外，也许还面临一次全球内容产业转移的承接机会。具体到21世纪经济报道本身，无论是采编资源的配置，还是产品类型的安排，抑或在新的介质上的试验，都需要创新。

新媒体因为有专门的分管领导和部门负责，我主要从个人的角度谈些看法。我觉得在新媒体发展方面，必须要认识到趋势已经呼啸而来，拥抱变化是必须的，拒绝变化是愚蠢的。类似于纸媒这样的传统媒体，它首先是靠公信力支撑的，同时它自身也是一种平台，而具体呈现出来的，是内容提供商。相对于别的介质，纸媒存在自身的缺陷，比如不能多元互动，版面有限，有个比喻说，“货架”不能延伸，到达读者的链条偏长，而且

4 全球市场

21世纪经济报道

专访WEF全球成长型公司中心总监蒋睿杰

天津夏季达沃斯力推可持续增长

道指破万上证破 2400 中美股市二次探底

复旦大学经济学院副院长孙立坚：股市下探并不等于中国经济二次探底

美放弃银行税 金融监管改革法案改期7月中

今日21cbh.com

警惕经济形势分析回私利变形

别把第三次大萧条警告当笑话

热点排行

存在出版周期限制。但是同样也必须认识到，互联网也有自己的成本，包括海量信息处理的碎片化状态，人们经常会陷入无所适从的状态。

更重要的是，类似于门户网站的大卖场其实就是传统媒体，还是依靠专业媒体来进行公信力的背书。而对于一些自媒体来说，固然有瞬间到达的优势，但是很多方面还是依靠个人化甚至是匿名式的处理，对于重大事件，人们还是依靠更权威和专业的媒体。至于基于移动互联的运行模式应该是怎么样的，包括像手机和 iPad 这样的介质，对于全球来说，都是一个挑战。理想的模式是，有不同介质，可以在变化到来时进行切换。但问题是，变化是雪崩式的，因此必须迎接变化。

而回到报纸本身，其实还有很多任务没有完成。我们也准备进行改版，更好地满足读者的需求。我们听了太多的关于纸媒的诅咒，也看到了很多纸媒的葬礼，但是无论是从全球环围还是中国本土，其实有很大的机会，有不少纸质媒体增长惊人。还是那句话，关于报纸，我们还能做很多事，而对于新媒体，我们需要做更多的事。

南石：《华尔街日报》发展的历程经历了一个“窄众—大众”的模式转变过程。1903 年，《华尔街日报》称自己是“投资者的报纸”，从 1991 年起，《华尔街日报》教室版一个月出版一期，培养未来的读者。《21 世纪经济报道》的受众群在下一个十年有没有考虑扩大？还是坚持做精英报纸？

刘晖：《21 世纪经济报道》有自己的核心读者群，政府和商界的决策

5

特别报道 Special Reports

21世纪经济报道 | 5-6

政经 Political Economy

中国教育的转折之年

新教改“鸣枪”

深度还原教改实施前，在重大关键问题上各方利益主体的明暗博弈

1 新教改“破题”：稳妥是基调？

2 4%的全民拔河赛

者和管理者，以及商业方面的研究人士、对商业投资感兴趣和学习的人士。这些人群一直在扩大，从我们报纸的发行的结构就可以看出来，订阅的人群占到一半以上。

从国际的经验可以看出，很多报纸是区域化的，而财经报纸一定是全国性的和全球化的。因为全球化首先是商业的全球化，这是一个最基本的观察角度。因此，对于《21 世纪经济报道》，它一开始就是全国性的，现在也在海外配置了记者，同样也会在美国乃至更多的成熟市场经济地带进行拓展。随着经济总量的不断扩大，从事商业和关心投资乃至于财富管理人群也会越来越多。因此潜在读者人群只会不断扩大。

正如此前提到的，对于个人读者和机构读者和客户，这些年其实面临微妙和深刻地变化，而《21 世纪经济报道》比较前瞻地洞察了这些变化，并进行了应对。《21 世纪经济报道》首先是一份专业的商业报纸，但也是一份公共性很强的主流媒体。

南石：《21 世纪经济报道》，或者说中国财经媒体和全球财经媒体的差距体现在哪些方面？

刘晖：我们曾经考察过很多全球顶尖媒体包括著名财经媒体，我自己也到类似《华尔街日报》这样的地方做过现场考察，我觉得中国媒体人应该有自己的自信。其实我们很多操作方式是国际化的，有些理念是相通的。

"新农村"流变（5版）

从城镇化到过度城市化，再到新农村建设，再回归到新型城镇化，中国的这一重大公共政策一直在城市和乡村之间摇摆，并形成两大决策阵营，城市派和农村派。

动物凶猛：豢养 PE 的创业板"豪门盛宴"（7版）

屡陷召回泥潭：强生"道德暴行"引全球谴责（11版）

美国众议院监管和政府改革委员会资深成员达雷尔·伊萨向在听证会上表示，强生公司销售缺乏质量监管的药品属于"道德暴行"。

21世纪经济报道

21st CENTURY BUSINESS HERALD

星期一 2010.7.12

¥2元

毒奶粉何以卷土重来

两年前全国销毁三聚氰胺奶粉的运动中，不少中小企业因财务压力及赔偿机制不顺畅而选择了藏匿，如今保质期将到，有人选择再度铤而走险

我看过新闻史，包括一些新闻历史上的具有传奇性的主编，那些“守夜人”的很多工作方式和我们差不多。也许是这个行当都需要这么做。当然，中国的新闻工作可能面临更多的特殊性，这是现实，需要改进，也需要时间。但不是不能做事的理由。即使面临同样的约束，也有好报纸烂报纸。

要说差距，存在不少地方，举一个具体的例子，一些国际领先媒体对用户的阅读体验非常重视，像一份报纸的阅读节奏的安排，具体到版面和字体，这些精致细微的定量研究，在中国还比较缺乏。但反过来说，国际上很多媒体同行的也很羡慕我们能有那么多新闻。在急剧变化的中国，一日甚于百年，时空高度压缩，这些变化既带来焦虑，也带来记录的空间。能记录这个时代，是一件令人骄傲的事情。

南石：《21 世纪经济报道》十年办报，领跑中国商业报纸，下一个十年，准备开创一个怎样的局面？是继续“梳理演进的逻辑”，还是做“变革的动力”？

刘晖：这两句话是我在十年专题开篇中提到的，无疑，对于一份媒体，这两点都需要。我觉得沈颢最近讲的有个观念非常重要，如果说建国 60 年来，首先是政府的设立，市场的发现，那么下一步将是社会的建设。国家、市场、社会将会构成一个现代国家。21 世纪经济报道需要在这方面不断掘进，而且现在也在做不断地尝试。我们相信，在未来的十年，我们会做出更多有价值的事情。

采编进化论

□左志坚

左志坚

一、周报时代

最初的年代，充满草莽气息。

《21 世纪经济报道》的周报年代，正是财经媒体的蓝海时代，市场几乎空白，宣传部门对财经报道相对开明，这成就了《21 世纪经济报道》的“野蛮生长”。

在周报时代，内部的记者们，也是“野蛮生长”，短短的几年内，成就了一大批记者。

这个阶段的管理，有几个特点：

第一，是自由。这种自由源自南方报业的基因。

采编的同事，上班不用打卡。每周只需要来报社开一次会，还老是有人迟到早退。总之，只要你能在 deadline 之前交出稿子，就没有任何人会管你。

再比如，出差采访应提前申请。但实际上，新闻就是命令，很多时候已经上了火车，扑向新闻现场的路上，才补上出差申请。领导也不会怪罪，因为只有一个标准，稿子。

那时候，只要你能按时交出稿件，其他一切都可以不理会。

但如果稿子不好，记者自己会无比羞愧，所以也无需特别的驱动。

房价拐点隐现
住建部官员否认调控放松

半年新增7088亿元
12家险份行信贷减速

郭台铭胞弟火线入股立讯精密
富士康影子浮现A股

21世纪经济报道

21st CENTURY BUSINESS HERALD

¥2元

世界是圆的
世界杯与足球资本主义

FIFA入账80亿美元：
南非世界杯乘数效应

"西太平洋大学"来电：
唐骏是博士

全球"采购"：德国战车是怎样炼成的

西班牙拥有了现在，但未来或属于年轻的德国队。不仅教练和国家队，即使是最低层次比赛的球队，都呈现多种族球员兼收并蓄的状态——德国足球的这一走绿化变革，已让世界惊呼。

世博82天光谱：3000万人次的商业拉动力

谁将受益于世博

看上去虽然自由，但其实每到周三、周四，都有无数人要在办公室熬夜。

最初的无为而治，令当时报社内部，啸聚了一大批五湖四海的能人异士。他们呼风唤雨，长袖善舞，神出鬼没，尔后又或有惊人之作，一战则名动江湖。

第二个特点，是平等。

平等首先是对外，对任何采访对象，不管是总统还是农民，采访对象一律被称为"你"，而非仰视的"您"。

平等也是对内，可以对领导拍桌子，破口大骂。所以叫"野蛮"成长。

最能体现平等的，当属工资。

不论你是从业十年的资深前辈，还是如我这种初出茅庐，一篇新闻没写过的毕业生，大家的工资都差不多。在考核上，大家都是低底薪＋高稿费的模式。

2002年，当时我的底薪是1500，一篇稿子的稿费将近2000，每个月写4篇的话，就有近万块的工钱。这对新人来讲，有足够的诱惑力，对资深记者来讲，却又不公平。

不管怎么说，南方系的自由与平等，造就了一个乌托邦式的企业文化，令很多人上瘾而无法自拔。后来离开的人也在许多场合回忆说，在21的时候最快乐。

二、周三刊时代

回头去读2002年下半年的报纸，深感其中任一篇都可放在如今的报纸头版，而且没有与任何对手比较的意义——差距早就拉开了。那是一个独步天下的年代。

然后，就是周二刊和周三刊了。

自由和平等的基因并没有什么变化。但是新的问题层出不穷。

周报虽然辛苦，但管理难度相对较小：一是因为周期偏长，稿件有充分的操作时间;二是人员不多，可以自由散漫;三则层级扁平，管理架构清晰简单。

周三刊之后，人手需要翻番，岗位需要翻番，垂直管理改为矩阵管理。效率也就必然降低。

最大的问题，还是记者的考核问题。原先在周报时代，记者的操作时间相对较长，稿件获得的精神激励相当大。而在周三刊时代，因为记者的操作时间大大缩短，单篇稿件的平均水准难免下降。

此时，外部竞争对手看到了财媒市场的机会，纷纷进入，大举挖角。一些资深采编流失。

三、日报与后日报时代

周三刊时代的问题，在日报时代被放大，而整个行业，正面临着互联网的挑战，日报则首当其冲。尽管整个报纸的收入仍然在增加，但新老问题叠加，似乎每个人都能感受到来自未来的压力。

对于现在的采编管理，可能需要重新洗脑，以及脱胎换骨的变革。今年以来，个人主要思考的题目包括：

1. 产品变革。财经日报，只是一种财经信息产品。我们看到了万德咨询、Bloomberg、新浪财经、金融界等等一系列的中外财经信息产品，财经媒体未来

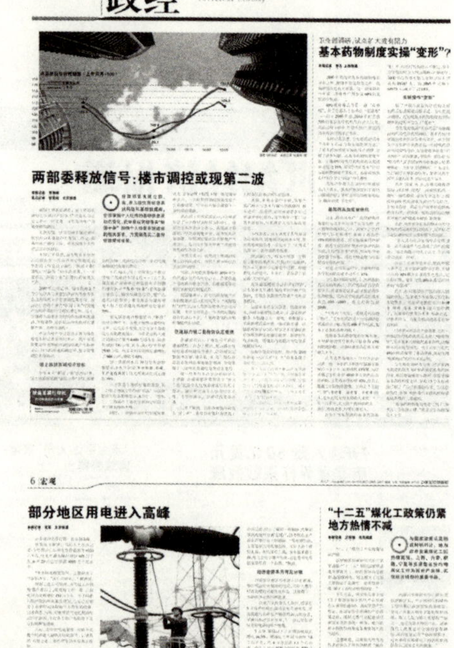

5 政经 Political Economy

两部委释放信号：楼市调控或现第二波

基本药物制度实操"变形"?

6 宏观

部分地区用电进入高峰

"十二五"煤化工政策仍紧 地方热情不减

供需缺口300万吨 发改委加快投放储备糖

的商业空间并不小，我们现在的采编力量当如何参与?

2. 采编考核。现有的薪酬体系，仍然和十年前没有本质区别，但这种工分制业界已诟病太多。尽管编辑岗位已经逐步转为年薪制，但管理层仍需认真考虑如何平衡新老记者的待遇差别，尽量延长记者的职业生命，因为媒体的品质与记者的平均年龄正相关。期权也是一种激励方式。

3. 基础设施。南方报业一向自由，但作为一个商业组织或事业单位，仍然很有必要为采编提供足够的基础设施。何谓基础设施? （1）采编设备，比如 iPhone 之类；（2）业务操作指引；（3）业务操作奖惩条例；（4）作为一份有影响力的报纸，也应对员工炒股有所规范，避免不必要的麻烦，等等。队伍大了，草莽已不足取，规范的现代企业管理制度中，诸如 KPI 考核等都是可以引入的基础工具。

4. 采编流程的再造。整个报系，全媒体气象隐现，但兄弟媒体之间如何共享人力，让报系资源如何物尽其用，让记者如何获取更多收入。最核心是报网之间，采编流程有没有打通的空间? 从选题管理到最终稿件的呈现，能否全部在内部网络中完成?

5. 基因重组。无论是产品、流程，都需要一个传统媒体企业主动转型为现代信息企业。能够和互联网媒体竞争之前，必须基因重组，学习那种有利于创造、冲锋的基因。其实互联网的精神和南方报业高度吻合，但是传统媒体卡在了特殊的产权制度之下。如何解决基因问题，是新一代媒体领军人必须承担的历史使命。

（作者系 21 世纪经济报道新闻总监）

贵报记者的多样脸谱

□陈小莹 伏昕 衣鹏

陈小莹

一

贵报的游戏规则和它那些最著名的报道一样风格，说得书面一点，叫充满“丛林法则”，说得直白点，就是赤裸裸的“用稿子说话”。

——陈小莹

“这个稿子究竟有什么价值？”这是著名的汪生科老师的“汪氏终极追问”。这位彼时还在头版任职、永远西装革履一丝不苟到不像圈内人者，是我进入贵报之后的大力助推器之一。每次接到他派题的电话，我的肾上腺激素都会经历一个瞬间升高的曲线，放下电话就拎起行李直奔选题而去。

而部门领导左志坚的才华横溢，已近似“妖”。某次一起去见落马富豪刘根山的副手，他慵懒地落座在沙发上，一直一言不发。良久，突然口吐烟圈冒出一句，“你说吧，你们究竟有没有给官员行贿”。语惊四座，一扫此前缓慢的谈话进度，直接导入快车道。

副主编王云帆的著名，除了帅，还有强势。每次选题执行发生困难的时候，他会指点一条最直接的突破之路击退我的畏惧心理。当“你为什么不直接如此如此”的话从他嘴里说出，在那个狭长的办公室绕梁至走廊再传回来重重撞击我的耳膜的时候，我只好低头摆弄桌上一只四腿活动的瓷乌龟，默默点头并循着他指点的方向继续奋斗。

即便是心理强大如他，也有焦虑的时候。2008 年 5 月某晚成都传闻有强烈余震，作为汶川地震报道的负责人，王帅哥在作出撤离宾馆的决定后，用最原始的方法，一遍一遍让我们这些散漫惯了的记者列队报数，直到数到第三遍，三十几号人无一拉下，才宣布撤离。

有这些同事在，自然岁月如刀如白驹如苍狗般飞逝。不过在贵报待得久了就知道，宴席常常是要散的，这是一个常态，是一种需要自己挠挠的暗痒。

已经不记得吃过多少顿的散伙饭了，跳槽的同事们离开贵报之后的新工作个个有期权有年薪，很给力。他们这种奔向新生活的光明自然会成为留守者的痒，而且慢慢累积百挠不止。

这些跳槽同志往往会念旧地回来，跟大家把酒言欢，回忆在报社通宵写稿的过往，蹦出一句“我爱你们”。这种场合往往可以止住他们怀念青春的痒，但止不了其他。尤其是在看到新媒体的生猛和纸媒的灰暗前途时，这种痒就越来越盛。

比如那个投奔新媒体而去的杨磊。他任职头版的第一个封面和最后一个都是我写的。作为回报，他在《南方传媒研究》第 22 期上，曾把我包装成了一个“温柔的恨嫁女人”，做过一次很不成功的兜售。

虽然在编完他在职的最后一个头版之后，杨磊一个人凌晨 1 点还默默坐在他那个最靠墙壁的格子间里，一言不发，抽着烟，但他还是喊着“有一种胜利叫撤退”的口号撤退鸟，留下阵阵浮云。

二

如果说汪老是浓烈的朗姆酒，谭老就是红酒，看起来不烈，骨子里却杀气逼人。而贵报人一个共同特点就是——气场比较强大。

——伏昕

时光回溯到 2009 年。研二暑假，我投了南方报业暑期实习计划，落选了。在笨鸟网上看到 21 上海政经招实习生，投了一份简历，后来短信给招聘的老师，这位老师冷冰冰发过来几个字“早结束了”。

某一天，我脑袋一缺氧，就一个人背着包去了广州。

广州之行的目的地，就是广州大道中那幢令无数人朝拜的旧楼。我带了几份简历挨个投，人物周刊的一个好心的美女把我安排到了上海站实习。

但是，我离开那天才知道我走错了楼，去的是南都那幢。

虽一开始就知应届生无留下的可能，仍在人物实习了几个月，但是到了11月工作压力开始降临，投出去的简历皆石沉大海。某日在闵行采访“钓鱼”事件时接到一个电话，是华西都市报打来的，让去笔试。没考虑，我就买了全价的机票去了，没有考上。

从成都回来没几天，接到一个电话，是理财周报。

当时招聘我进去并打算留我在理财工作的是贵报前任首席记者汪恭彬，当时汪老在理财做副总编，他的口头禅是“必须的”。每次稿子采访不到料，他就会冷不丁地说“你问那些鬼人怎么会知道呢”，接着他会从手机里翻出几个大佬的号码来给我。

一个周一上午，上海办公室来了个身材并不高大，还有一圈小胡子的男人，此人从广州来，是理财的另一名副总编，他的名字叫谭昊。接下来三四天与谭老、汪老还有跑基金的王小静一起采访了上海7个私募大佬。

后来才知道其曾是贵报前头版老大，看到他的一篇文章中写到“我的梦想就是/虔诚地生活/带着谦卑的杀气/我的梦想就是/日行一善/日扯一蛋”。当时我想这个谭老师扯得还挺好。

如果说汪老是浓烈的朗姆酒，谭老就是红酒，看起来不烈，骨子里却杀气逼人。而贵报人一个共同特点就是——气场比较强大。

2010年1月，一次采访的时候和一位穿着土黄色长大衣的男记者交换名片，一看其姓名，我惊诧极了。因为他就是当年给我发了那条“早结束了”的短信的人——范利祥，我嘴里蹦了几个字：“真是冤家路窄啊”。

3月底，老范打电话问我：“21政经这边有个记者走了，你要不要过来试试”，然后他补充说：“自己稍微准备一下，面试有个比较严肃的叫汪生科，是政经总监，你好好准备一下，否则肯定过不了他那一关。”

后来我常想老范推荐我过来是不是对我存有愧疚（我自己YY的，哈）。

几天后在东亚大厦20楼第一次碰到贵报上海站站草——王云帆老师以及传说中比较严肃的汪老。汪老果然不是盖得，他坐在那里一边看简历一边问：“你的职业规划是什么？你从高中开始关注什么政经话题”。我懵了。还好站草比较潮，穿着连帽卫衣，手上还戴了根绳子，让我压了压惊。

在政经的三个月天天如坐针毡，总是为没有选题而苦苦发愁。结果，三个月下来，还是没有能达到汪老的要求，彼时快要毕业了，还有两本企业家杂志约我谈谈，当时我想要不就走吧，反正写财经人物也是我以前所喜好的。

此时，传说中的“是个谜”的小莹出现了。

7月底在苏州出差，最重要的一块仍无法突破。那天晚上我很焦虑，拉着风尘仆仆的小莹聊天，久经沙场的小莹童鞋很淡定。临睡前小莹童鞋还给我喷了喷她出差常带在身上帮助睡眠的“圣水”（这估计是写猛稿的阿拉丁神水吧）。

经历几个头版稿，终于留在了贵报。10月初某一天夜里，我从睡梦中醒来，忍不住嚎啕大哭，说起来理由有点可笑，只是因为7月、8月的稿费还没有收到，一想到马上要交下一个季度的房租了，该怎么办，其实我知道稿费总会来得，大约是几个月来的艰辛一触即发了吧。

现在回想起来过去半年，忽而觉得沉重起来，张雨生有首歌里唱的是“爱恨交错人消瘦”，然而这几个月我却胖了很多。

三

一次王云帆老师拍桌子说，报社近60岁高龄的杨瑞法如何在半夜带病出差跑突发，他的腰间还挂着沉重的护具，“你们第一板块从业人员情何以堪”。

《约翰·克里斯托夫》里写的好，这是我们将来的日子。

——衣鹏

去年三月间，上海刮起罕见的大风。我得得瑟瑟地走了一里路，从地铁通道的摊贩手里买到一张手机卡。初到第一天，这就算有了将自己和这城市相联的物件。

东亚大厦不难找到，它的标志是楼顶的广告位没人买。我在20层见到了范利祥，自从在王云帆处听来他的名字，我搜遍了他写的博客。

孙小林还没出现前，范指着一则他的报道说，他也是外语大学出来的，他做你的老师。那报道写的是南汇并入浦东一事，孙在一次会后堵住浦东区委书记，书记不得已说，“此事还在研究。”书记在穷追不舍的记者面前默认了传闻。

不久，我又从行为学的角度上理解了这种风格，孙拎着包带我去吃饭，步履奇快，衬衫浸汗。他一边刨那份真功夫肥牛套餐，嘴上还能不停说快点吃快点吃，还要上去码字。

我在“政经”就这样呆了下来。4月11日WHO宣布甲流防控升级，我独立写了第一篇稿子，“4岁的墨西哥男孩正加剧这个世界的恐惧”。这让我逐渐熟悉张凤安和邓丽。

套用接近范的方式，我钻进了张的博客，其中有一洋洋洒洒的万字篇章，那构成我对上古先贤们的印象：他们不用吃饭，不爱睡觉，整天业务，“办公室曾有一张神奇的沙发，睡过的人先后都红了。”张凤安写道。他之后甚至让我写过周五的特别报道。张不久去了头版，至今是派题给我最多的编辑。作为回报，他仍时常遭遇我慢吞吞的交稿，还有那种弯来绕去的导语。

邓丽则直接为当时那些报道承担风险。因为那种以猪为名的病毒，我至今要以师生礼节面对她——这也方便把她精心挑选的实习生都揽为师姐师妹。

4 月末，我开始为一个素未谋面的女人四处打电话。她的声音甜美，尤其第一次听到前，王云帆先给我打了一通电话。这种印象进一步加深，是在一次凌晨 2 点的通话中，她用这种“前台音”讲起稿子，这是第一个在贵报拆解我写作的人。“一是文字基本没有什么新闻的感觉；二是用词立意总是偏大。”

这位陈小莹让我彻夜无眠。

和政经诸公打听起来，大多突然面露菜色，他们说小衣你要学习陈老师啊，但我们是难做到她那样拼命。当时那篇调查企业捐赠的报道，我一周里打了上百通电话，此后再也没有遇见过这样的选题。

这稿子后来突被阉割，从 1 版一路撤到 40 版，我想，这大约就是特稿。陈老师从灾区回来后，除了日常的新闻报道，还接手了我这么一个包袱。她开始帮我与编辑沟通，帮我修改稿件，在我无所事事时语调小心地询问。直到一位编辑问她为何越来越罗嗦，她恍然大悟，然后继续带教罗嗦的我。

在她之前，我只知道特稿部有位左志坚，因为我大三时关注中药该不该废除，那些节目里有位言辞凿凿的方舟子。我以为左应该中气十足，方能与美国博士来往交锋。

五月的一天下午，同批实习的女生一脸慌张地跑来，“那就是左志坚。蔫蔫的。”我抬起头来，看他默默地点上一支烟，然后缓缓地飘过。过了不久，我在王云帆办公室算正式面见这位领导，他慢慢地站起身，还是默默地点燃香烟。

那天晚上，左给我的第一个选题是上海 F1 赛道。它演绎过精英政客的权力兴衰，以及这座城市在世界舞台上的焦躁不安，也许还联系着上海特稿部过去的光景。虽然这都越来越像套话。我却迟迟写不出来，我开始了整个痛苦无力的下半年。

而北京“特稿”可能有另一种传统。2009 年上海年会，我从农村蹲点回来，在家裹着被子写稿，确认赶不上饭后，向杨磊请教起叙事的技艺。第二次长谈，是在无锡一个只能吃方便面的五星级酒店，杨说起那些过去的特稿人，还有他们喝过的酒，一副欲哭无泪的表情。第三次，在北京一个叫过客的酒吧，杨自己也离开了21。借杨磊鼓励田野取向，我继续跑农村。而至今遗憾的是，他在头版的最后一天，留下了我很拙劣的导语。

至于想念杨磊的陆振华老师，已经离开的许荻晔老师，两人虽星座不同，行文运气却皆已流觞曲水，又熟稔于三国杀、饭局、化妆品、电子产品等集体主义玩物。而从上海到三亚海滩，又从三亚海滩到北京的柯志雄柯老能将京沪两地特色串联起来，我在北京仅会过他一次便津津乐道。柯老面容和蔼，颇能笑谈，据传北京开会时常着红色铅笔裤入内，落定后却有一套严谨的业务演说。

抚今追昔，大概就有了身边2008年进入特稿的曾航兄时常为选题往返踱步的理由。这可能也是另一些名字离开的理由。

最新来的同事伏昕老师，在来贵报前已连续7年在众多媒体的实习，一位"90后"日前曾荒唐地预测她年逾三十。她刚来不久，就被未出走的打工皇帝使人恐吓，而后又因不熟财务而自己掏了出差车费。

伏老师时常在半夜里惊醒，一是特约时被欠薪，二是要证明其仍处青春多愁之期，三则是选题折磨。但我们之于头版贾红辉、张凡等老师每日的刚性焦虑，则又不敢言任何压力。

一次王云帆老师拍桌子说，报社近60岁高龄的杨瑞法如何在半夜带病出差跑突发，他的腰间还挂着沉重的护具，"你们第一板块从业人员情何以堪。"

《约翰·克里斯托夫》里写得好，这是我们将来的日子。

（作者系21世纪经济报道记者）

财经媒体和21的天下观

□王长春

王长春

一年多前，中国大型民营书商之一新经典文库，历五年之久，推出了一套《德川家康》全本传记。作为风靡二战后的日本最具代表性的传记文学作品，书中提到统一了日本的德川家康，不断向对手和属下提到了一个词：天下！

德川坚韧，心怀高远，逐步实践的天下观，其实是日本国民性中最具魅力，也最令人敬畏的一种气质。

为何要在这样一个场合，提及邻国日本的一个古代英雄？财经媒体的天下观又在哪里？

总部在广州的财经媒体标杆——21世纪经济报道，明年将迎来它的十周年庆。其预热的推广活动，正在全国各地一一上演，并且大都由其创始人——21报系发行人沈颢亲力亲为主导。从公开的市场信息看，21报系为十周年设定的概念是：“鲜活十年”。

作为最早加盟21世纪经济报道的一位新闻编辑，我为这份报纸的十年风雨历程，感到骄傲和喜悦。记得不久前，也是最早参与这份报纸编撰工作的IT记者郭开森，在新浪微博上发了一张面目模糊的手机照片——这应是2000年底前后，21世纪经济报道编辑部最早一批编辑记者，在某个做完版的晚上，一道夜宵饮酒后的合影。我已经不能逐一分辨出都有哪些人，只隐约可见有郭开森、夏日、刘冬、沈颢、刘洲伟、王虎、林海、田毅……现如今这些人，估计一半以上，都已经工作在他处了——包括我自己。然而多年后，那种微醺后的新闻热情，依然超越微博而弥漫在空气中。

若要一一历数21世纪经济报道，在由中国经营报垄断多年的中国商业报道领域，迅速崛起的细节和故事，则这篇文章，肯定会吓跑读者。因为现在的年轻人，早已不再喜欢新出炉报纸那种淡淡的油墨香气，早已抛弃了面目可憎的“流水帐”，而习惯于从视频和个人网志中，吸取信息和滋养了。相比2000年，现在的读者概念，也已经被完全颠覆了。我个人还清晰地记得，那时候腾讯还挣扎在深圳福田区的一个小厂房里，艰难求生；那时候，手机刚刚从商务人士手中的炫品，缓慢向平民日常通信工具变迁；那时候，新浪、网易、搜狐刚刚摸索出一种聚合新闻和资讯的商业模式，并且在Nasdaq一上市，就遇到了美国科技股泡沫破裂；那时候，没有博客，没有论坛，没有微博，没有SNS，没有淘宝，没有网络银行……那时候，编辑还是一个隐含着太多“话语权力”的代名词。

星期五 1元
2007.1.12

21世纪经济报道

证监会紧急通报5公司

股指期货绝不许“带病入市”

中国人寿魅影 被遮蔽的另一半

猎食国寿：3年1个亿

上海医改的逻辑

不是遏制 而是“管理”中国崛起?

个税承载的义务与权利必须对等

所以，那时候的21世纪经济报道，能够一鸣惊人。从沈颢的睿智沉静，到刘洲伟的老辣进取，到夏日、刘冬的资本金融视角，还有刘晖从新华社带来的体制内判断力，还有匆匆过往的翁宝留下的产业报道架构……那时候，在北京的胡舒立和王烁精心打造下，5岁的财经杂志聚拢了一大批富有才华的编辑记者，其高水准的新闻制作能力，至今仍被传媒界引为经典。

那时候，经济观察报至少在形式上，做了英国金融时报的模仿者，凭借新锐，深度的新闻分析和评论，在北京同样开始抢夺中国经营报的市场份额。

那时候，财经媒体的天下，刚刚有了一个完整的雏形。

天下从一开始就乱了

然而，从一开始，财经媒体的天下，就不太平。

以个人视角观察，21 世纪经济报道之所以能迅速建构新闻影响力，取得全新的财经媒体市场份额，除了延续南方传媒阵营一贯自由、市场化运作思路外，其有限却宝贵的体制创新，应是最重要的推动力。现在回过头看，沈颢带领的来自南方周末的几名创始人，在财经新闻形态上，创刊前做了当时媒体界很少做的周密市场调研，据说甚至为此还支付了不少银子给调研机构。因此，《21 世纪经济报道》在创刊前，就获得了截然不同于中国经营报模式的清晰市场判断，为后来迅速拓展市场，提供了重要战略依据。当然，更要紧的还在于上海的复星集团，通过长期的谈判，最终被南方报业和主管部门获准参与 21 世纪经济报道的运作和投资。后来的发展过程证明，尽管复星在日常运营方面，并没有给报纸带来突破性的革新。但在激励机制上，几位创始人一开始就能明晰股份，这至少在很长一段时间内，都是南方报业独一无二的试水。这使得报纸的核心层有足够的动力和耐心，真正花心思运营内容和广告，同时还无需在创业最初时期，受到成本投入方面过度的制约。

现在，明晰股权，已经是中国创业者们的共识，但在十年前，能走出这一步，并真正实践它，仍然是沈颢团队最智慧的举措。可供对照的一个最新例子是，就在前不久，胡舒立团队和财经杂志控制人联办集团轰轰烈烈地分家，本质上仍然也只是在走 21 已经走过的路径——致力于一劳永逸地解决媒体的激励和控制问题。当然，最成功的例子，并不在 21 身上，同处于广州的周末画报创始人邵忠，才是一个最经典的媒体运营成功范例。周末画报不仅在媒体形态和渠道运营上，独树一帜，在资本和人才运作上，邵忠也有独到之处——周末画报在香港上市后，不仅其新刊优家画报也迅速获得成功，还笼络了原南方都市报总编辑程益中等一批人才。

这就生动说明了，除了富有前瞻性的市场化运作机制，其创始人的“天下观”和实践能力，也是成功的另一重要因素。因为堆积在我们案头的，更多还是失败案例：比如诚成文化的刘波，不仅媒体王国梦想只是其资本市场忽悠投资者的谎言，个人也更是在操纵市场和掏空上市公司被查后，黯然逃亡日本。

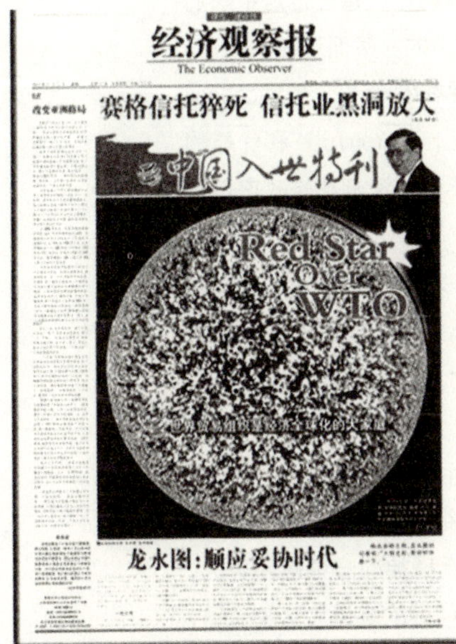
经济观察报
The Economic Observer

赛格信托猝死 信托业黑洞放大

中国入世特刊

Red Star Over WTO

龙永图：顺应妥协时代

21 的天下观，从创始人沈颢身上，可以得到持续折射。尽管在这十年当中，沈颢和 21 世纪经济报道也经历不少内部管理和外部管控上的震荡，乃至磨难，但其日常报道中所透露的对信息自由的不懈追求，对商业世界不法情事和财经名人的尖锐监督，对中国经济发展过程中自然衍生的全球性交融和冲突的深刻理解，依然是财经传媒中，最值得称许的。这既是毕业于北大中文系、曾经的诗人沈颢个人气质的延伸，同时更重要的也是 21 世纪经济报道编辑记者团队，在人才流动和新闻一线实践中，与蓬勃发展的中国经济，不断交互感应的结晶。

一个值得回忆的新闻制作范例是“9•11”事件。那时,《21 世纪经济报道》创刊还不满周年，“9 • 11”事件就在凤凰卫视转引的默多克旗下 FOX 电视台镜头下，用一种最原始，最迅猛的方式呈现在中国人面前。21 世纪经济报道在悲剧发生后的最新一期报纸中，由沈颢亲自操刀，做了 6 个版的专题：从头版倒塌的世贸大厦中国公司和中国员工的生死调查，到世贸双子大厦倒塌原理的详细图解，一直到后来在废墟中兴起的网络存储和废钢拆解等生意机会。这起悲剧，让习惯于传统线条化运作方式的编辑们，真正感受到了全球化冲击。事后回溯，“9•11”事件，不仅彻底改写了全球地缘政治版图，也彻底改变了新闻产业——因为网络化的影响力，不仅仅表现在本 • 拉登精心编织的恐怖主义体系上，也在开始改写新闻话语流动和影响力传播链条。

只是在当时，几乎所有的媒体人，

都仍然在隔岸看着，没有真切的“痛感”。

我们能掌握新的天下吗？

影响，掌握，控制……这一系列社会学的经典词汇，曾经也是中国的财经媒体所乐于用来形容自身影响力，并陶醉在其中的。然而现在的天下，已经不复是十年前那样局限于地球的一个角落。现在的天下，在Facebook的人际网络中流动，在Twitter和新浪微博中交互，在YouTube和优酷的网络视频中爆发，更在奥巴马竞选总统的过程中扩散并深刻影响政府日常运作。

与此同时，现在的财经媒体编辑们胸中的天下之气，那种自豪，进取，坚韧，铁面无私的监督和批评精神，却日益被渗透到毛细血管的、无原则的管制，和不断膨胀的商业利益所侵蚀，并且暂时还看不到良性逆转的趋势。

从这个角度观察，《21世纪经济报道》十周年提出的“鲜活”口号，更多是一种营销上的成功：固然，这是包括21世纪经济报道、第一财经、经济观察报等传统财经媒体，竭力对接互联网创新精神的一种最新努力，但同时多少也折射了那种一直“敢为天下先”强烈精神的衰退。这种衰退，不能仅仅归因于十年成长的自然衰退。

当然，这只是我个人的理解，希望21世纪经济报道的老同事们，将此作为善意的批评和敦促。

以21世纪经济报道的十年为新起点，我们理应试着提出这样的问题：十年后，21世纪经济报道和大大小小的中国市场化媒体，它们能继续保有和修补旧的天下吗？或者，索性从现在开始，用更大的热情和耐心，去参与和分享一个新的自由、民主、市场化的新天下？

（作者系第一财经网总编辑、原21世纪经济报道编委）

“我爸是李刚”报道的群体症候

□傅剑锋

傅剑锋

一

“我爸是李刚”的传播，无疑是微博时代的网络围观与传统媒体持续追踪的共同胜利。

围绕“我爸是李刚”，网友们极尽想象展开了妙趣横生的造句大赛，还以图片、戏仿、摇滚、民谣等方式挖掘“我爸是李刚”的戏剧性，淋漓尽致地发泄了对目前的“官二代”特权的强烈不满，呈现出目前严重的官民冲突现实。

这符合网络时代的传播特征，更是微博时代的传播特征。那就是，越合符当下社会情绪，传播越火热；事件越符号化与象征化，传播越火热；反之，事件越复杂，越不利于传播。所以，微博时代的事件传播，需要的是符号化、概念化、象征化、冲突化、片断化，若是复杂的事件，也需要从其中抽离出最符合以上特征的细节或片断，提炼出最符合以上特征的一个概念。

如宜黄事件，其传播的成功离不开记者邓飞等人提炼的“厕所保卫战”和“保持通话”这两个概念，还离不开记者刘长拍摄的那张钟如九被囚在汽车中绝望表情的照片——这是个成功的传播片断。许多最牛官话，如“你是为人民说话，还是为党说话”，也特别合符这类网络传播特征。“我爸是李刚”事件,更是如此，这“一句”顶了“万句”，网络民意共同将“我爸是李刚”从复杂的肇事车祸案中抽离出来，并共同完成了对它的“特权化”象征的塑造。

至今，所有已经发表的国内传统媒体报道，也几乎都是建立在这句由网络民意选择的话语基础上的。但这个基础是否牢靠呢，这可能是个问题。

我之所以产生这样的担忧，是发现“我爸是李刚”实际上有多个新闻报道的版本，哪个版本更准确、更接近真相，却莫衷一是。

需要说明的是，我提出这种担忧，完全无意否定网络对这一事件的巨大监督作用。我想要提醒的是，对事件的精准传播负有更大职责的传统媒体，不应简单地成为网络民意的应声虫，而应做更冷静、中立、深入的高质量调查，从而发扬网络传播中对的与好的一面，纠正网络中错误与非理性的一面。

二

下面，来辨析一下各个版本。

燕赵都市报、新京报、中新社等多家媒体称：肇事车司机是一名年轻男性，被保安和同学叫下车后并无任何歉意。在场有多名学生证实，听到这名男子大声说：“有本事你们告去……我爸爸是李刚。”当时的网络传播基本采用了这个版本，因为这最符合网络情绪的需要。

然而，记者王克勤的调查，却与这个网络传播最广的版本不一样。在王克勤的这个版本中，没有那句“有本事你们告去”，而只有“看把我车刮的……我爸是李刚”。王克勤的描述如下：撞几位目击者形容肇事司机当时很“嚣张”，下车时“一身酒气”，甚至和门卫“有说有笑”。一

“我爸是李刚”精彩造句

1、世界上最遥远的距离 不是生与死 而是我就站在你面前 你却不知道我的爸爸是李刚。

2、如果上天能够给我一个重新来过的机会，我会对那个女孩子说五个字：“我爸是李刚”。

3、窗前明月光，我爸是李刚。

4、我爸是李刚！24K纯金打造！镶嵌36颗南非真钻！双卡双待，60天超长待机！只要998！是的，你没看错，只要998!!! 黄金李刚带回家!

5、桃花潭水深千尺，不及我爸叫李刚。

6、风萧萧兮易水寒，我爸李刚兮不复返。

7、不是每一杯牛奶都是特仑苏，不是每一个爸爸都叫李刚!

8、前世五百年的回眸，才换来今生的我爸是李刚。

9、老夫聊发少年狂，我爸爸，是李刚。

10、七月份的尾巴是我爸，八月份的前奏，叫李刚。

位在场的同学质问他："把人撞了还这么淡定？""碍你们什么事？"肇事司机回答。肇事司机甚至说："看把我车刮的……我爸是李刚。"这个版本的"恶少"比最初的传播版本要逊色一些。

在同类报道中，南方人物周刊显得比较清醒："李启铭（即李一帆）"我爸是李刚"之语是在怎样的语境中说出的？他是在嚣张地恐吓现场群众，还是在向熟人求助，或仅仅是对恐惧的本能反应？要回答所有这些疑问，也许，只要调取当时的监控录像就明白了。然而，校方却迟迟没有公开相关的监控录像……"可惜的是，南方人物周刊并没有在这个点上继续掘进。

在这方面，评论作家笑蜀显得比大多数新闻记者理性与深刻，他说："肇事者李一帆到底说过"我爸是李刚"没有？如果说过，到底是在什么语境下说的？受害女生张某是否真的因利益牵连而在镜头前三缄其口？事件的诸多关键细节，至今云遮雾罩，以致流言四起。建立在流言基础上的粗鄙的道德裁判，也就颇有市场。"

李一帆说这句话时的语境，媒体是不是可能还遗漏了什么？若按"我爸是李刚"流传最广的版本，李一帆当时的表情应该是很嚣张的，但网络上流传的李一帆撞人后坐在车中的照片，却显得神情惊惶。

目前之所以造成这样的传播疑局，主要责任当然应该由河北大学、李刚本人还有河北有关部门来承担，他们必须自食缄默与封杀带来的苦果。但是，从新闻专业主义的角度，对有责任感的媒体从业者来说，把传播疑局的责任完全推给权力者也是不对的。即使在这样的逼仄空间里，坚持理性精神的新闻从业者，仍有接近真相的更多可能性。

三

南方周末编辑部在讨论这个选题时，就提出了不应只像大多数媒体那样只采访受害者家属与寥寥几名目击者，还应把李刚本人、看守所中的李一帆、李一帆的同学、李一帆的老师、河大等纳入采访计划，搞清楚李一帆是个怎样的"官二代"，他到底是在什么语境下说出那句话的。南周记者陈鸣与多名实习生，尽管无法突破对李刚、李一帆、河大的采访，但采

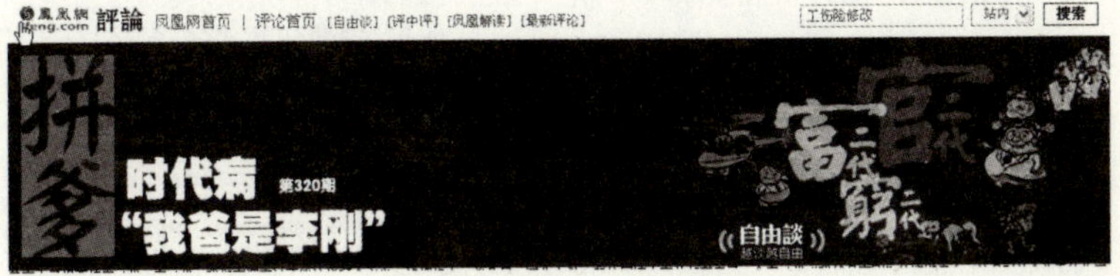

访到了李一帆的大学同班同学，李一帆的大学老师、高中老师及若干河北大学的教师。

陈鸣的这个调查发现了与主流网络舆论有所不同的李一帆。

李一帆的河北传媒学院同学提供了李家的辩解称：撞倒人后的李一帆看到了一个认识的保卫科长，于是向他求助："叔叔，我爸是李刚"，"因为无权的保安竟然要抽他的血（验检是否酒后驾车），哥哥真的吓坏了！"。河北大学副教授彭焕萍也认为这句话被歪曲："加不加'叔叔'二字，这句话会有截然不同的效果。"

李一帆的大学同学魏生说的情况也和网络民意认为的恶少形象不一样。魏生称，李一帆在和大学同学相处时，从来不提自己是什么出身，对同学也友善。他举例说自己大学时候经济比较困难，晚上经常出去卖饼。有一次晚上很冷，李一帆看到魏生身上衣服少，就把自己身上的马甲脱下来给他穿。

李一帆的王姓大学同学还向南方周末记者抱怨："一条人命没了，李一帆必须负责。但问题在于，不要把这东西放大到官二代、社会责任感、社会现象，甚至娱乐化。这事出了之后，从来没有哪怕一家媒体采访过李一帆周围的人，花时间去了解李一帆到底是什么样一个人。现在南方周末的记者算是来采访了。"他与李一帆同属于河北传媒学院08级播音主持专业学生。

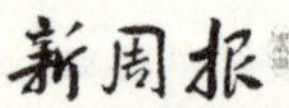

首页　天下传媒　时政　社会　经济　评论　文化

当前位置：主页 > 评论 >

我爸是李刚，撞人不用慌？

时间：2010-10-23 16:00 来源：新周报周末版 作者：张明伟/文 点击：420次

酒后肇事口吐狂言

"我爸是李刚"——河北大学新校区的一场惨案使这句话迅速蹿红。

10月16日晚，一男子驾驶一辆黑色轿车，在河北大学新区易百超市门口，将两名女生撞出几米远。

撞人后，该男子驾车行至学校门口时被学生及保安拦住。肇事者嚷了一嗓子："有本事你们告去，我爸是李刚！"

另有一个帖子称，"当时车速很快，大约80—100码……被拦下后，肇事者竟然说：'看把我(的)车(给)刮的！你知道我爸是谁吗？我爸是李刚！'"[illegible]心受煎熬！晓凤惨白的脸一直在我眼前晃动，我若不管，我怕我会夜夜被噩梦缠绕！晓凤、晶晶都是我所在社团的部员，她们甜甜地叫过我学姐……"

依法惩办带血的嚣张

纵观网上舆论，主要观点共有四个方面：其一、李衙内必须受到谴责；其二、李启铭的这种特权思想来源于李刚，有关部门应该调查李刚；其三、大学教育的虚伪；其四、伸张正义也要避免"误伤"。也有人认为，目前真相并不清楚，"我爸是李刚"有多个版本，在特定的语境下，这句话也可能不是在炫耀权力。

先看第一个观点。南京大学教授景凯旋说，"我爸是李刚"这句话却必须受到社会的谴责。权力感是一种社会毒瘤，它会破坏社会的起码道德，让全社会奉行丛林法则。

再看第二个观点，敬一山等时评人称，从这句飞扬跋扈的话就可以大致推测出"李刚"平日里的行事作风。不能放过了对李刚的调查，李刚也无权沉默。

其三、大学教育的虚伪。首先，李启铭刚刚毕业于河北传媒学院，显然，学校要么是没有人文主义的教育，要么是这种教育在官二代身上失灵。此外，案发后，河北大学有关领导要求学生不得接受媒体采访，这样的道德素养让人鄙视，又怎能指望他们培养出有用之才？一位大学生称，学校领导的一句话就能影响同学们的考研、入党、毕业，目击者失语实在是有苦衷。

其四、伸张正义也要避免"误伤"。时评人邓俊懔认为，把这样一起偶然发生的案件，上升为对整个"官二代"的批评，说服力并不强。儿子的品德与父亲的为人并无必然联系，现实生活中也有父亲因忙于工作而没有时间好好教育孩子的事情。在伸张正义的同时不妨多一份冷静和宽容，避免偏激和偏颇。21日的《燕赵都市报》报道《官二代的表妹发帖称事实被歪曲》。这个"表妹"的帖子称，他当时在喊保卫科长，因为他认识那人。他的原话是"叔叔，我爸是李刚"，那是他在求助啊，因为无权抽血的保安竟然要抽他的血，哥哥真的吓坏了啊！每个人都不是圣人，公安局长也一样，当他的儿子犯错你们紧紧抓住不放时，有没有想过多少次是我的舅舅亲手把河大的同学从绑架者手里救出？

我们以为，李刚醉驾撞人后还驾车逃逸，仅凭此一点，已足够惩办肇事者。至于那句"我爸是李刚"的雷话，公安机关也应该查清来龙去脉，给公众和当事双方一个交待。我们非常关心，既然李刚是河北大学所在地的保定市北市区公安分局主管刑侦工作的副局长，此案由保安警方查办，是否合适？至少北市区警方应该回避此案。只有严格依法办案，才治得住带血的嚣张，才对得起社会公众，才能让亡者闭眼、伤者心慰。

网络舆论还出现了非理性的一面。高中教师王强教过李一帆高三一年的历史，只是因为在博客曾经加了李为好友，便被网民搜索上门，其中不乏人身威胁。

网络主流舆论甚至还以无形的压力促使传播者自行过滤掉可能会让网络民意不高兴的资讯。

记者陈鸣在调查中发现李一帆的这些鲜为人知的一面后，曾非常担心，如果发表出来，会不会被网络民意痛骂，被网民“人肉”。但新闻部总监郭光东认为，越是在这种情况下，传统媒体越有责任提供更多样、客观的资讯，为舆论认清真相提供更多的可能。我作为编辑也力挺郭的观点。陈鸣的这个调查，由于李刚父子的缺席，仍难以调查清楚李一帆说出“我爸是李刚”的具体语境，但至少采访了事件的对立双方，可使公众对该事件的认识更接近真相一些。令人遗憾的是，来自上级的报道管制要求，使这篇报道最后未能发表。

但陈鸣的这个调查表明，负责任的媒体人，其实是有可能更接近“我爸是李刚”事件的真相的。陈鸣的这个调查还表明，除了南方周末，其它国内媒体几乎没有去采访李刚的同学、老师等外围知情者。在新闻事件中，应采访利益冲突的双方及中立方，本应是媒体人的基本采访守则。为什么在这个报道中，大多数媒体却忽略与放弃了这个原则呢？因为他们急于站立场甚于查清事实吗？

在微博时代，由于它强大的舆论场力量，可能正在使传统媒体的记者与编辑陷入这样的一种危险：对一条带有强烈社会情绪的新闻，站立场变成了第一位，还原与调查事实反而降到次要位置。甚至可能还出现这样的情况，如果记者调查的事实与网络民意的想象有所不符，媒体甚至不一定敢发表这类新闻。因为强大的网络舆论压力，会使这家媒体、这个记者感到害怕。

网络传播的这种草根性，是可以理解的。在当下的现实环境中，甚至也是需要的。但对网络传播中的民粹化与非理性一面，专业媒体人应保持距离、作批判性的审视。

有新闻专业主义自觉的媒体与记者，是不会简单地被网络情绪牵着走的，他忠于事实永远高过忠于网络民意。从长远看，具有这样独立调查精神的媒体与媒体人，才会真正被舆论世界、乃至网络民意所尊重。因为最有情绪的人，在情绪落潮心头清醒后，他仍会尊奉理性、尊奉真相。

（作者系南方周末资深编辑、记者）

尝试把新闻作品的边界拓宽

——财经《高官贪腐录》由来

□陈晓舒

陈晓舒

高官贪腐报道一直以来是《财经》法治报道的核心领域。在编辑部看来，中国的改革核心，即在于权力的转型和公民社会的成长。而贪腐案件正是转型期权力拥有者非法攫取资源的一个典型现象，是转型期中国的媒体不得不记录、不得不分析的内容。

而对于贪腐案件，我们关注的目标更倾向于：落马官员的行政级别，一般为副部级以上；贪腐领域的权力重大，如郭京毅一司级干部，手握外资审批大权，对中国引进外资工作有很大影响。

也因编辑部多年对高官贪腐案件的报道与积累，使得如副主编罗昌平等人，对于贪腐高官的案情、甚至于轶事，了解深入。也积累了不少司法材料、报道，以及公检法系统、纪委资源，许多知名刑事辩护律师更是倾力相助。

罗昌平在今年4月的选题会上，提出一个想法，要不要以省部级高官的贪腐特征为主线，我们自己做一份报告，呈现高官贪腐的特征，给人们一个全面的印象?

当时我们讨论时，就有同事提出，这样的报告，事实部分太静态了，是不是不符合我们作为一份新闻杂志的定位。罗昌平回应，尽管事实部分是静态的，但形式上我们是创新的。如果之前没有人采取这种形式报道过，也没有人提出过我们要提出的观点，那么这就是新闻。

最终的讨论结果是，在这份报告中，我们并不简单罗列贪腐案例事实，更多是分析其贪腐规律，同时给出阶段性的社会生态背景以及反腐的制度背景，呈现贪腐规律外的形成因素以及制度上的缺漏。

一、贪腐样本的选择

随后的5个月中，从简单的提炼统计范畴，到分析归类的合理性，最终制成图表，给出解析，便耗费了大量的时间。这个近似学术研究项目，需要整理大量的司法判决书、分析案例、搜索相关法律法规，以及采访相关专家和业内人士。

我们统计的表格有20余个，这些表格有基于法治记者长期报道的理解，比如贪腐高官的贪腐领域，在我们平时的操作中，遇到更多的是商业腐败与地产腐败，更多的是代理过省部级官员案件的律师经验。

对这些规律的分析则仰赖对腐败有深入研究的学者和在贪腐制度建设方面有建议权的专家。编辑部在最初的构思中，甚至想简明罗列出我们采访过的近十位专家的观点。同时，以问卷的方式访问20位代理过省部级高官案件的刑事辩护律师。

最终，这些采访更多是融入

文章。

当然，贪腐样本的选择确实是一个难题。在大量落马高官中，选定120人，虽为冰山一角，但却涵盖了大部分可以公开的落马者。

50人的具体分析名单，我们更是找法律顾问反复确定。标准有二：A、我们掌握的司法材料是否充足，足以用于分析；B、落马者是否足够分量，其贪腐的时间跨度是否本身就具有时代规律性。

最终按照贪腐者的职位、贪腐领域、贪腐时间、贪腐方式、司法进程等内容整理了大量的统计表格。三名实习生一起参与了这项工作，在统计中，根据每条案情的归类更是与律师反复推敲。

最后，我们将整个内容分为4个分报告：贪腐的时代特征、贪腐高发带、案发导火索以及司法审判特征，将我们对高官贪腐案的分析囊括于内。这些分析，更多的是我们与专家碰撞而出的理解。

在具体行文中，我们注意事实和规范两方面的结合：即报告既是对于贪腐案件事实的分析，也是对反腐败相关法律法规、党内文件的梳理。前者是现象部分，后者是制度部分，二者结合起来，才是我们所要处理的全部事实。

二、克服新闻“碎片化”

这篇文章的初稿将完成时，恰是温家宝六谈政改之时。文章引用大量十三大以来，中央关于政改的一些决定性文件；在反腐败制度建设部分，适当补充内容，指出政治体制改革无法赶上经济体制改革，即导致大量腐败现象的出现，也是现行反腐败制度未能

封面文章 | Cover Story

反腐机制镜鉴

□ 本刊记者 臧博 冯夏华 陈晓舒 / 文

封面文章 | Cover Story

政改是反腐治本之路

□ 本刊记者 徐凯 陈晓舒 / 文

取得预期成效的核心原因。

与此同时，我们还配套了两篇辅文：采访法学领域、反腐败研究领域和实务界的权威人士，写成《政改是反腐治本之路》；此外，还采写了《反腐机制镜鉴》，介绍域外经验。

经过数月准备，我的同事徐凯与法学专家反复讨论验证每个细节与分析结果，以及涉及的制度背景，副主编罗昌平、主管编辑丁补之反复编辑、修改，10月25日这份报告以封面形式刊发，并且加入了五中全会公告关于“必须以更大决心和勇气全面推进各领域改革，大力推进经济体制改革，积极稳妥推进政治体制改革”的内容。

刊发后，首先认同此份报告的是学界与律师界。许多人对《财经》的勇气和学术气质表示赞赏。

在编辑部内部，更多是认可这份报告，认为文章试图把新闻作品的边界拓宽，使其更学术理论化，克服了新闻“碎片化”的问题。尽管现在看来，在学术深入方面，还存在缺陷。但无论如何，依然是我们的一次尝试。

（作者系财经杂志记者）

一次有争议的新闻实验

□方可成

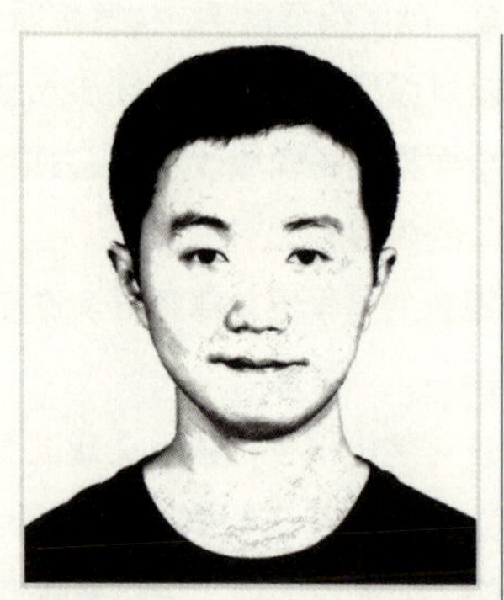

方可成

《红网：中国共产党官员被规定的纪律化生存》（以下简称《红网》）一文刊发于《南方周末》2010年10月21日B10时局版，这是一篇采用非常规手法操作的报道，或者可以称为一次新闻实验。

对于这次实验的效果，就我目力所及，受众给予的评价两极化趋势明显，既有赞者，也有反对声音。

作为写作此文的记者，我在此写下自己的采写过程和所思所惑，并求教于方家。

一、采写过程

9月底，我接到编辑马昌博的电话，他交给我一个初名为“共产党员的纪律生活”的选题，简单来说，就是研读中共党纪文件，梳理其庞大而细致的脉络，通过描述一个严格遵守党纪的人将如何工作和生活来展现这个纪律系统。

后来我才得知，此选题早在数月前就已被提出和讨论，但一直没有操作出来。为了避免延误太久，小博催促我赶紧买书，研读资料，他还给我开了一个书单。

其间，我和小博商量了几次，定下一些原则，比如将人物设定为县处级以上的共产党干部，因为大多数党纪针对的都是这一类人而非普通党员；再比如，尽管廉政纪律是大家最关心的，但它只是共产党纪律体系的一部分，我们在文中要涉及包括政治纪律、人事纪律、组织纪律、宣传纪律等等在内的各种其他纪律。

在初稿中，我将人物设定为一个叫严守纪且人如其名的县委书记。为了方便叙述，我在文中仅仅虚构了他一天从早到晚的工作生活，并从他在这一天中遇到的事情延展出去，最大限度地承载共产党的纪律体系。

小博对初稿给出的修改意见是：一天的容量还是太小，他希望故事能够足够复杂，比如这位官员经历过问责和复出，有挂职的经历，有更多关于出国问题、配偶子女问题的细节（因为近来中纪委正主抓这些问题），等等。于是在最终呈现的稿件中，时间跨度从一天变成了一生，承载的内容也更为丰富。不过，这也带来了一个问题：我们所展现的纪律都是以当下作为时间节点的，但主人公的一生是有几十年的，我们不得不将同样的纪律标准用于 30 岁时的他和 60 岁时的他，这是不符合逻辑的，算是叙述设计上的一个瑕疵。

在人物设定上，我提出了自己写完初稿之后的感受：这位严守纪的所作所为过于天方夜谭了，在现实中根本不会存在，以至于看上去有些滑稽。我们商量之后的解决方案是：将其略作调整，变为一个总体上严格遵守党纪，在生活上基本能做到清心寡欲，以做“本分官”为追求，但也犯过一

B10 时局

不是官话

□本报记者 方可成

红“网”

中国共产党官员被规定的纪律化生存

按照执政党的本意，这些名目繁多、细致入微的纪律文件将规范着每一位党员官员的工作和生活。无论八小时内外，任职还是退休，肉体还是精神，自己还是亲戚，无一不包。最终织就了一张由种种纪律文件编制的。

些错误的共产党官员。一方面，这可以使人物设定变得更合理；另一方面，也可以承载更多的党纪规定。

此外，小博提出多用一些贪官的事例作为对比，但我觉得这样会使得讽刺的意味过于明显，一方面会增加稿件的风险，另一方面似乎也不如不动声色的叙述来得有意味。

在稿件的标题方面，小博说很喜欢我初稿中关于“纪律之网”的表述，他由此联想到了“红网”一词。按我的理解，“网”自然是指纵横交错的党纪系统，而红色，是警告的颜色，也是共产党的颜色，带有原教旨的意味，应该说是一个挺贴切且有内涵的标题。

二、这是新闻吗？

作为一篇刊发于《南方周末》新闻版面的文章，通过虚拟人物的方法写成的《红网》一文所要面临的首要问题是：这是新闻吗？实际上，领导在审稿时将文章的字体从宋体改为了楷体，也正是对此文的性质有所质疑。

我想，要回答这个问题，得分两个步骤。

第一步是回答“介绍常识算不算是新闻？”

《南方周末》时局版面有一个不定期出现的“常识”栏目，其宗旨在于介绍民众本应了解但却基本不知道的政治常识，近期的报道有《部委出差：森严的等级，难查的漏洞》、《“领导批示”：微妙技巧与传阅逻辑》等。按我的理解，这个栏目的意义在于加强民众对政治的了解，提升民众的政治素养，更能使得政治祛魅化、透明化、日常化。

那么，“常识”是不是新闻呢？如果套用那些关于新闻的经典定义（比如“新闻是对新近发生的事实的报道”），可能的确不是，因为“常识”往往是静态的、长期存在的。但这样的套用显然过于机械，如果一定将此标准生搬硬套，可能一则揭露地沟油被长期广泛使用的调查报道都无法被称为新闻，因为那并不是新近发生的事实。

在我看来，至少有以下几个证据能够说明介绍常识的文章是新闻的一种：首先，这些文章所介绍的常识是人们很少了解的事实，起到了告知的功能；其次，这些文章将目光投向之前公众较少关注的角落，起到了监督的功能；第三，这些文章展现了政治运行中的一些现象、规律和趋势，起到了解释的功能。

单就《南方周末》的办报宗旨来说，这些文章也绝对能够对“在这里，读懂中国”有所贡献，理应成为这份报纸接纳的新闻形式。

第二步是回答"《红网》一文是不是在介绍常识?"

答案是显而易见的:此文虽然以故事的方式呈现,但其主题是展现中国共产党的纪律之网,这是民众理应知晓但却往往不清楚、不了解的信息,所以此文应归于时局版面的"常识"栏目下。

那么,结论就很明显了:《红网》是"常识",而"常识"是新闻,所以《红网》是新闻。

实际上,我们一方面要坚持基本的职业规范,但另一方面应该对新闻的内涵和外延保持开放的心态。从诞生之日起,新闻的范式就在不断发生变化。以前,商船的航期就是新闻;后来,黄小孩就是新闻;再后来,宣传又成了某些国家的新闻代名词;而现在,全媒体时代又给经典的新闻范式带来了严峻的挑战,唯有保持开放和包容才能应对这样的挑战。

三、虚拟等于想象吗?

在针对《红网》一文的批评中,有一种声音颇具代表性,那就是认为此文背离了被称为"新闻的生命"的真实性,是对"合理想象"的推崇。我想,这样的批评弄混了"想象"和"虚拟"这两个不同的概念。

什么是想象?是对原本不存在的事实或是没有采访到的事实进行无中生有的编造,这样的编造合理也好,不合理也好,都为新闻所不容。最经典的例子莫过于新华社长篇通讯《马特洛索夫式的英雄黄继光》中的那段话:

"黄继光又醒过来了,这不是敌人的枪声把他吵醒的,而是为了胜利而战斗的强烈意志把他唤醒了……他似乎看到后面坑道里参谋长在望着他,战友们在望着他,祖国人民在望着他,他的母亲也在望着他……于是,黄继光一跃而起,用身体堵住了敌人的机枪眼。"

什么是虚拟?是对客观存在的事实进行文字表达上的加工,可以简单理解为使用了英语语法中的虚拟语气。例如,南方周末前高级记者李海鹏的名篇《车陷紫禁城》中有这样一段名句:

"陶然亭的芦花,钓鱼台的柳影,西山的虫唱,玉泉的夜月,潭柘寺的钟声。在《故都的秋》中,郁达夫最怀念这些记忆。但这些闲情逸致对于今日北京人来说是非常奢侈的,如果崔钢林在交通高峰期到这些地点去,那么他花费的时间将分别为两个小时、两个小时、两个小时、两个小时、两个小时——去任何地方都需要两个小时。"

这就是典型的虚拟,而非想象。实际上,《红网》一文只不过通篇采用了这种"如果……那么……"的句式,讲述了一个共产党官员"如果严格遵守纪律，那么他的工作生活将会如此这般”的故事。

想象和虚拟的区别是明显的，前者是对事实的无中生有，而后者则是给客观存在的核心事实披上了一层虚拟的外衣，这层外衣的目的在于改善传播效果，而非改写事实。

所以，尽管我欢迎针对《红网》一文的各种批评，但如果有人说此文违背了新闻的真实性，是憋在办公室里天马行空异想天开出来的报道，我是断然不能接受的。

此外，也有人认为，《红网》是评论性、观点性的文章，不是新闻。这我也是不同意的，因为这篇报道是用客观叙述的语态写成的，并没有任何主观的评论在其中。尽管严守纪的经历是我主观设计出来的，但这只是表达上的虚拟，就如同李海鹏主观假设了出租车司机崔钢林要去那几个地方一样，这并不是评论。

四、此文可以做何改进？

在评报会上，郭光东老师提出了这样的观点："文章说这个虚拟人物一直严格遵守党纪党法，但是没有回答一个更严重的问题，就是这些文件真的这么有约束力吗？我们的直观感觉是没有多少约束力，但是为什么没有约束力，这篇文章没有体现。"

我个人认为，“为什么没有约束力”不是这篇文章所要解决的问题。要回答这个问题，大可以请一帮专家来谈——实际上这个问题也已经谈得很多了。就此文而言，解决“是什么”(What)和“怎么样”(How)的问题才是重点。

当然，此文依然有着非常大的改进空间。如果能够通过设计出更丰富的场景，引入更多的人物关系，展现出这些规定在现实操作中有无被异化消解，有无对付的办法，这些规定本身的荒谬性，对个人自由的侵犯，等等，会传达出更加丰富的内容，读起来也会更有味道。

简言之，由于个人能力不逮，《红网》一文仅完成了第一层面的内容，在这一层面的内容之下仍有广阔的开掘空间。

五、这次实验的意义在哪里？

对于一次新闻实验来说，成败是次要的，关键是能否从实验中得到启迪和思考。我想，《红网》一文所进行的文体探索和表达创新至少有以下几方面的意义。

首先，这是一次改进传播效果的尝试。

有朋友对我说，这篇报道令她有“眼前一亮”的感觉，我想，且不论此文的内容和写作如何，但是形式上的创新就是有利于我们吸引读者的。当然，好看的形式需要与精彩的内容配合。另外，我也承认，这种创新不可能在以严肃新闻著称的《南方周末》成为常态，甚至可能不会再出现，但其他类型和定位的报刊未必不受用。而且，就《南方周末》而言，这种探索背后的创新精神是值得鼓励的，尤其是在如今这种新媒体技术带来的媒体大变局之中。

其次，此文可能预示着一种媒介融合的方式。

《红网》刊出后，有读者提出建议：将文章的内容给出注释，比如出自哪份党纪文件的哪一条，比如哪个贪官曾经在这条规定上跌过跤，这样既能证明文章的真实性，又能让读者更加全面地了解信息。但就报纸而言，这是一项不可能完成的任务，因为此文的几乎每一句话都可以做出这样的注释，如果一一标明，那将会是一篇注释比正文还长的文章。

但是，包括“米兜大叔”在内的网络技术达人提醒我：这项任务在新媒体上简直小菜一碟。通过超链接技术，可以将文中每一句话链接至相应的党纪规章；甚至无需点击，单是将鼠标移至文字上面，就会出现相应的注释。这不仅能大大增强文章的延展性，还能为读者提供有趣的互动阅读体验。

此外，若往学理方面深入探讨的话，此文为新闻的真实性这个永恒的问题带来了新的观察维度。

新闻的客观真实是永远无法达到的目标，一种在学界和业界被广泛接受的说法是“渐近线”——我们可以通过改进报道手段来接近这个目标，但永远不可能触及。为了让报道尽可能地接近客观真实，我们创设了一套职业规范，形成了一些新闻的范式，以保证产品质量。然而，永远不可能有一种完美的范式能够表达出本质的真实，我们现在广泛使用的范式既有其先进的一面，也不可避免地存在这样那样的漏洞和问题。

在这样的背景下，我的一个朋友认为：《红网》这样的新闻其实更能传达出“深度的真实”，这种深度真实靠经典意义上的采访和写作是无法获得和表达的，而这种虚构文体则弥补了这一遗憾。我对她的这番意见亦有共鸣，客观真实是新闻人的永恒目标，为了接近这一目标，我们需要更多的探索和讨论。

（作者系南方周末记者）

到现场去，现场有神灵

——中国经营报“上海大火”采访手记

□叶文添

叶文添

11月15日下午2时左右，上海处于闹市的静安区发生了一场突如其来的大火，浓烟滚滚，半个上海可见，这也是建国以来上海发生的最大的、死亡人数最多的火灾。

11月16日上午，报社决定让我和同事何勇一起做这个报道，当时，死亡人数已经由最初的5人上升到了58人，这个火灾也引起了各方的关注，各种媒体纷纷介入，在这起惨剧背后究竟隐藏着怎样的真相？这也成为各个媒体探寻的重点。

抓住“黄金24小时”

在中国经营报5年多，其间，跑过2008年的汶川地震、2008年的山东死亡179人新汶矿难报道、2008年死亡上百人的T195火车倾覆调查、2010年8月的甘肃舟曲泥石流报道，每次在做这些报道时候，我总是心力交瘁，心情一直处于最低谷，面对着悲剧，我总是要控制自己的情绪，让自己尽量理性些去采访、去写作，每次灾难报道之后我几乎都会大病一场，心情总是持续相当长一段时间的低落，经常有无能为力之愧疚感，因为每次采访的结果似乎都是惊人的雷同，所有的天灾背后都隐含着不为人知的种种人祸。

这次上海大火也是一样。这个结论，在我们最初的采访中已经初步获悉了，11 月 16 日的采访表明，在火灾发生当日，消防救援不及时，理论上应该 5 分钟到场的出警事件，延迟至 18 分钟，而后诸如云梯、高压水枪等先进设备更是在大火熊熊燃烧一个半小时后才到，号称中国最先进的上海消防怎么了？而出事的大楼为上海静安区 3000 万元的节能保温工程，为何这样的大工程会有如此疏漏？而此次工程的总承包商根据官方消息为上海佳艺建筑工程公司，这家公司又有着怎样的背景？

2010/11/22
NO.47
中国经营报
CHINA BUSINESS JOURNAL
热钱暗算基金 ›B1～B2
上海大火调查 ›A2～A3

ECONOMY 经|济|大|势
EVENT 事件
再探上海大火

在 11 月 16 日晚上我们主要做了三件事情，一是理清我们的调查思路，只有清晰的思路和路径才可能保证报道的成功。当时分析了 3 个方面为最核心的、最值得突破的地方，第一个是从现场看，大火燃烧得如此迅猛，不可能仅为脚手架着火，竹片和尼龙网没有这么大的威力，很可能是保温材料出了问题，去年的央视大火也证明了保温材料是罪魁祸首，首先要弄清楚这个工程的保温材料供应商是谁；第二个是上海佳艺建筑工程公司的背景是什么，这个需要查详细的工商资料，虽然有工商资料会造假，但是从这些资料中我们可以看出这个公司的很多底细和虚实，这个是必做的功课；第三个是，为何上海消防如此姗姗来迟，目前上海的消防部队装备情况如何，在事发的当日，哪些环节出了问题，这个需要大量的采访来印证。

在确定采访思路之后，我和何勇进行分工，我主要负责保温材料的突破，需要迅速弄到这个工程的保温材料供应商名单，在现场只发现了几块黄色塑料板别无其他，时间非常紧，在当时看来这几乎是不可能完成的任务；何勇负责火灾现场的调查，包括消防、遇难者、目击者等，这是个需要非常大采访量的活；而最后一个就是，上海佳艺的背景，我们俩在主攻方向之外的精力来一同进行突破，在确定好思路之后，便分头行动起来。

多年经验告诉我，在很多突发事件的最初的一天之中，是最有可能在采访上获得突破的时候，我把它称之为“黄金 24 小时”法则。因为在事件最初的阶段，政府或企业忙于处理危机本身，而无暇顾及记者，而很多事件的核心人士也并未受到相关部门的“和谐”，他们警惕性不高，最有可能从他们这里获得需要的信息，而事故现场也保留着最初的痕迹，容易看出端倪。

为了查证保温材料的供应商，我找了静安区一家小型的房地产公司老总了解情况、找到了之前认识的一个建筑公司人士、还找到了某大型建材超市的负责人、找到了一家保温材料生产商、找到了曾在静安区政府建设部门工作后来调到某国企的人士、找到了与事发地点

中国经营网 WWW.　.COM.CN 商业　首页　商业　评论　格调　读书　社区　专题　《商学院》

公司热点　深度阅读　商业内幕　管理兵法　管理案例　领导力　管理新说　人物声音　人物动向　人物经历　创业案例　创业智

首页 > 商业 > 重磅推荐 >

上海大火真相调查：“惑”起分包谁主佳艺？

来源:中国经营报-中国经营网 时间： 2010-11-20 11:14 作者：叶文添、何勇 字体：大 中 小

11月15日，一场致使58人罹难的高层建筑大火，让这座黄浦江畔的特大型城市，笼罩在一片肃穆之中。

上海大火调查

叶文添、何勇

11月19日的上海，天气阴沉，4天之前的11月15日，一场致使58人罹难的高层建筑大火，让这座黄浦江畔的特大型城市，笼罩在一片肃穆之中。

从火灾发生的11月15日上溯一周，上海市刚刚举行了一场多兵种全方位的高层建筑应急灭火演习。然而，就在7天之后，当静安区胶州路728弄胶州路教师公寓大火已致58人遇难——这一天，仅仅是上海世界博览会闭幕后的第15天。

巨资采购的高层灭火装备、“演练纯熟”的大火救援方案，却并未能逆转“11·15”特大火灾事故的命运，一场大火所暴露出的城市应急指挥能力、消防基础设施配备以及工程建设的施工监管的纰漏与缺失，均无法回避。而这恐怕也不只是上海一个特大型城市，将要面对的诘问。

夺命4小时：城市安全应急答卷

只有一支高压水枪开始把水柱射向通体燃烧的教师公寓1号楼，而此时，这座28层的建筑，已经燃烧了1小时15分钟——这是发生在上海“11·15”特大火灾事故现场的一个场景。

这里是静安区胶州路728弄，是上海“11·15”特大火灾事故的现场。与这条街道一街之隔的胶州路397号，是上海静安消防支队的驻地所在，然而，即便如此，直到火警之后的第18分钟，方才有消防车辆出现在火灾现场进行救援。

截至11月19日，“11·15”特大火灾事故已经造成58人罹难。而就在一周之前，这座高楼林立的城市，还通过一场多兵种的高层建筑灭火救援演练，向外界昭示了自己面对高层大火灭火与救援时的足够信心。

上海交出的城市公共安全答卷成绩几何？

市民质疑：18分钟消防车才赶到

11月15日下午2点15分，与胶州路728弄3幢教师公寓只隔一条余姚路的上海恋家房地产经纪事务所员工童杰刚走出屋外，就发现对面1号教师楼中部已经开始燃起熊熊大火。

童杰意识到发生火灾了，立即拨打119报警。而报警后，他特意看了下手机通话记录，当时手机上显示的时间是15日14时16分，这与火灾发生后上海消防部门公布的“15日14时16分”接到火警的时间十分吻合。

童杰报完警后迅速用手机拍摄了一组照片，这组照片分别记录了大火先从1号楼中部着起，之后迅速往下蔓延，最后直至烧到大楼底部。“从大楼中部烧到一楼前后大概就15分钟，在我报警前，火已经在大楼中部烧了有两三分钟，最初的着火面积大概只有一个直径一米左右的桌面那么大。”童杰说。

据他介绍，在大火发生至少有十七八分钟后，才有消防车赶到现场，“最开始来了两辆，一辆停在余姚路上，一辆停在胶州路和余姚路路口，再过七八分钟才有近10辆消防车赶到”。

在童杰拍摄的这组照片里，最后一张清晰记录下了第一辆消防车抵达余姚路后消防员展开扑火的场景。而据胶州路和余姚路附近多位居民说，最开始来的两辆消防车人手根本就不够，消防员只顾扑火，而无暇去楼里面救人，并且消防车只能喷水到五六楼，再高楼层根本就喷不上去。

《中国经营报》记者也在失火1号楼看到，位于大楼西北方向的1~4楼几处楼层被火烧过的痕迹不是很明显，几处房屋的玻璃还保持完整。附近居民告诉记者，这是因为最先抵达的消防车在这里展开了扑救，所以较低的几个楼层火扑灭得早。

包括童杰在内的周围很多群众质疑，为什么在火灾发生近十七八分钟后消防车才赶到，如果能早点赶到的话，大火也许就不会从大楼西北面再烧向其他方向。

根据记者调查了解到，距离失火地点胶州路728弄最近的地方有三个消防单位：位于普陀区宜昌路216号的宜昌消防中队，位于静安区愚园路350号的静安消防中队，位于静安区胶州路397号阳光科技大厦的静安消防支队。

16日下午2点前后，记者分别从宜昌路216号的宜昌消防中队门口和愚园路350号的静安消防中队门口打车前往失火大楼地点，前者费时5分钟，行车里程1.6公里,后者费时6分钟，行车里程2公里。而这些时间包括出租车等待红灯的时间和胶州路交通管制而堵车的时间。如果这两个消防中队出警迅速，在路面管制的情况下，10分钟之内是完全可以抵达火灾现场的。而据消防系统内部人士告诉记者，接到出警的通知后，停在车库里的消防车必须在1分钟后立即出库。

一路之隔的工程队等等，11 月 16 日，我打了近百个电话，终于，从一个非常可靠的政府渠道弄到了三家保温材料供应商名单，之后又反复进行了验证，更为重要的是，我拿到了事发后被封存起来的这三家材料供应商原料照片和原料样品，至此，证据确凿，我们原先设定的三个突破点，最为重要的一点在 11 月 16 日深夜，被突破了。

这次快速突破为日后的采访赢得了时间。在 11 月 17 日早上，开始陆续联系名单上三家供应商，第一家日本聚氨酯株式会社刚开始是不接受采访的，后来我说拿到了照片和原料样品，他们才承认，并在 11 月 18 日安排了中国区总裁的专访；第二家上海大道保温材料公司为中国和新加坡合资企业，我联系到了他们的高管，她向记者承认了该工程使用了他们公司的材料，但表示事故原因还在调查之中；第三家为上海亮迪化工，这是一家本土企业，他们也承认了，一位员工告诉我们，老板消失 2 天了，高管也没出现在公司，可能因此事受到牵连了，目前该公司正被调查。

之后我又采访了很多业内人士，了解到了保温材料市场的混乱，2006 年出台的法律至今没有被履行，4 年的过渡期仍存在等种种乱象。

至此，关于保温材料的采访告一段落。

到现场去，现场有神灵

同时，另一条线索也在进行着。同事何勇几乎走访了现场周边的每一个书报亭、中介、百货店、小吃店，寻找并与能找到的目击者深入交谈，观看每个目击者自己拍摄的照片或者视频，最终从这些凌乱、复杂的信息中获取了有用的东西，这其中包括消防车具体的到场时间、数量，消防设备的进场时间等等。

采访火灾现场的消防中队，遇到了阻力、被拒绝之后，何勇从临近的 3 个消防中队在与火灾发生的相同的时间点来回打车到事故现场，测时间、测距离，来印证消防车当日迟来的原因，结果发现，最近的 1.6 公里，最远的 2 公里的路程，打车算上红绿灯时间也不过 5—6 分钟时间，而当日消防车的到达时间是 18 分钟。

此后，通过消防系统的朋友了解到消防迟缓、救援不力也可能与训练不够和消防栓水压不足有关。我开始了解消防系统的训练情况，也查整个静安区的消防栓数目、管理情况，确定了现场共有 7 个消防栓，又采访了周边大批的居民，了解当日消防栓接通消防车之后的表现情况，终于从几个方面证实了消防栓水压不足的问题。

此时，我们对上海佳艺的调查也未停止，查了它的工商资料，同时找到了几个跟该公司长期干活的民工和包工头，了解了这个公司经营和法人黄佩信的情况，得知这个公司曾因资质不合格被点名，而此公司也属于静安区国有企业，该公司一年盈利不足20万，而去年的招待费就有100多万，这也就意味着这个公司就是皮包公司，可能是官商勾结、获利的一个皮包公司，这样的一个小公司，这几年却接下了静安区近百起大工程，透过层层迷雾，这个小公司背后势必牵扯到若干官员、商人，在这个不光鲜的外表之下或将隐藏着一个个惊天的秘密，这也是我们今后继续调查的重点。

在11月15日火灾之后，我们真正的调查时间只有3天，但独家获得了三家材料供应商名单，并且采访到了供应商；同时，也发现了消防系统上的种种不利和弊端；也在上海佳艺公司背景和运行轨迹做了详细调查，时间非常短，但还是成功的完成了这篇1.2万字的报道，获得了良好的影响力，这多归结于拼命（努力是不够的）、合作（多人合作优势明显）、一点点运气（这点至关重要，不过如果不拼命，运气来了你也会错过）。

回想起来，对于突发事件报道，每次刚开始的时候，我都不去想困难、结果，因为这会让你畏手畏脚，每次都要第一时间冲到现场，在采访中积累信息、梳理思路、发现疑问、找出漏洞、进而突破。遇到这种事，我总是告诫自己，千万不要瞻前顾后，到现场去吧，现场有神灵。

（作者系中国经营报记者）

专题「新京报七年之痒」

专题「新京报七年之痒」

最难的是坚持

——新京报社长戴自更聊天实录

□朱学东

朱学东

转眼，新京报已经走过了7年。

婚姻上有7年之痒一说。但新京报这7年，每年都会有“痒”。

这种“痒”，在当下环境，是任何一个有梦想的媒体都会遭遇的。但新京报克服了各种“痒”的袭扰，一路蹒跚走过，在有限的空间内，一年一个台阶，不仅在经营上，更在报纸的品质上，渐渐确立了无可替代的地位。

新京报是我最喜欢的报纸，我毫不掩饰这种喜欢。从它尚未创刊到如今，我每年都写文章谈新京报，或褒扬，或批评，无论是褒扬还是批评，都是希望它行稳致远，沉潜入中国社会的肌理，大音希声，大象无形，为中国社会的进步尽一份绵力，同时，也为中国有理想的媒体人留一瓣心香。

如同字如其人，从棋品看人品一样，从一张报纸的品相中，无论作为读者，还是同行，我们都能看出这张报纸及其背后那些执业者的努力；而与执业者面对面的交流，也能让我们从另一个侧面，看到一份报纸成长的艰辛，以及被人尊敬的理由。

新京报社长兼总编辑戴自更，是我大学学长，也算是我的老熟人了，每次见面，相互戏谑之外，更有交流碰撞。12月6日我们将近4个小时的聊天也不例外。

我见戴社长时，恰逢他正为刚刚遭遇的中国式“痒”烦恼。我们的聊天也就从此话题开始的。但，在一个复杂的执业环境中，我一向恪守“时代允许的表达方式”，以免给他人带来困扰。故记录呈现的，是我认为能够与大家公开分享的新京报和戴自更社长的思想和经验。

以下，便是新京报社长兼总编辑戴自更的谈话实录，有删节。

一、新京报开启了都市报的新时代

在中国新闻史，或中国报业史上，新京报最大的成就，我个人认为，就是在转型期的中国，开风气之先，确立了都市报的主流地位。这一点都不夸张。

翻看中国都市报成长的历程，我们可以看到，早期的都市报，大多是党委机关报的子报，本质上是机关报的延伸，弥补机关报高高在上的不足。

随着社会分层愈益复杂，价值观日趋多元，机关报的性质，使它们远离普通人的阅读需求和习惯。作为机关报延伸的都市报、晚报，迅速获得了广泛的市民读者。

但是，即便都市报晚报拥有广大的消费者，在机关报领导的眼中，只是小金库钱袋子，是安排人员的“留守处”；而在管理部门的眼中，只是“小报小刊”，无足轻重。所以，也就有“管好了大报大刊，小报小刊泛不起什么浪花”一说。

即便那些在业内影响力较大的都市报，由于其偏居一隅，且严重受制于主报和地方有关部门，其报道产生的影响力之于权力中枢基本没有什么

A16/A17 核心报道

新京报

石家庄原团市委副书记涉嫌身份造假被查

王亚丽的年龄、身份、学历与履历均被指造假，中组部中纪委联合调查，其副书记职务已被免去

【上篇】

“身份造假”背后的遗产之争

为争夺富商的亿万遗产出现真假女儿，公司法人被离奇变更

【下篇】

激荡。最有影响力的大概就是南都报道的孙志刚案，但获得这样关注度的例子很少。

对于传统都市报的认可，除了读者外，更多来自业内和学界。

但是，新京报不一样。它是光明日报和南方报业联姻的产物，诞生于当年文化体制改革高潮时期。有光明日报号称知识分子报纸的政治背景，还有南方报业的人文传承，加上其市场运作经验和人才储备，特别是有南方都市报的全方位投入，使得它一出生就风华正茂，由于南方报系名声在外，加上出生的道路又比较曲折，因此就格外受到各方关注，特别是高层的关注。

不过让新京报引起高层关注的主要还在于报道。过去除了南方周末等个别全国性时政媒体的一些深度报道，对高层有一定影响外，其他都市报，不是说没有好的报道，但是因为地缘关系，加上过去网络传播不发达，影响力基本上没有得到扩散。

但新京报就在北京，它的读者除了普通市民，更有一些掌握话语权或者在党政机关工作的市民，我就知道有很多中枢机构和甚至高层领导都订有新京报，因为他们的阅读、关注，新京报即便不想有影响力也难，加上新京报的办报理念、新闻操作手段以及传播方式与传统都市报有很大的不同。

新京报存在于中枢眼皮底下，登高声自远。尤其核心报道和评论文章所产生的影响力，远非其他地域媒体深度报道可及。

无论是宝马撞人案之后新京报连发的8条评论，还是甘肃讨薪案连发的十几篇评论，以及黑龙江水灾那个令人震撼的手印、嘉和拆迁案、定州血案、周老虎事件、佘祥林案、赵作海案、石家庄王亚丽案、最近刊登的农民拆屋上楼以及对吕日周现象的讨论，等等，这样的报道，外地兄弟媒体可能也做了，但影响力有些边缘；这类信息，高层管理部门，过去只会在内参里才能读到。北京原来的几家报纸，很少涉及这类报道。但现在，新京报直接将它们呈现在读者面前，震动自然很大。

一点都不夸张，就是从新京报始，都市报开始进入高层管理部门的视野，其社会影响力被权力中枢认识。高层改变了看法，认识到，新京报开本虽小，但有主流报纸的范式，特别是一些门户网站的转载，使其影响力甚至比原来的大报还大。

管理部门渐渐改变所谓都市报是小报的观念，在管理方式上也开始进行调整。比如，开始举办都市报总编培训班，尝试了解都市报，当然也想着要把都市报纳入管理。

二、职业化保证了新京报的品质

新闻报道的职业化之路，是从南方都市报开始的。

从南方都市报开始，许多有理想的从业者，开始把报业当职业，专心办报，以办好报纸，作为立身之本。

过去体制内的传统报纸，办报者身在曹营心在汉，虽然身在报业，却心托远方，想的是曲线救国，做报纸是途径，主要是借此获得体制的认可，晋身于仕途或其他。

比如，机关报老总做好了，往往会成为管理部门的领导；把报纸做好，上级也可能会调你去其他岗位。现在我们也看到，一些都市报办好了，也可以晋身为机关报的领导（其实有很多都市报的社长总编辑就是机关报的副职领导兼的），在一些包括比较发达的地方，这样的情况更多。

对于他们而言，自己就像螺丝钉，放在哪里就在哪里立身，办报跟做行政工作没什么区别。作为一级党政部门的领导，他们考虑的是行政级别是不是相符，而不是你的专业水平、政治水平、职业优势是不是适合这份报纸。

既然办报是一种行政安排，就不可能产生职业报人，大家都觉得自己是过客，当然也有的正好赶上最后一站在报社，就在报社退休，享受相应的行政级别。因此报纸的掌门人很少会挖空心思去做长远的规划并付诸实施，有时也做

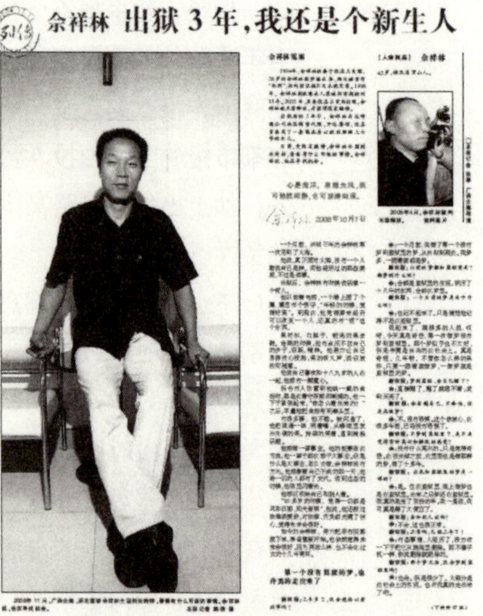
佘祥林 出狱3年，我还是个新生人

A20 核心报道
新京报

嘉禾"血铅事件"背后元凶

湖南嘉禾250名儿童血铅超标，污染源企业曾屡关不停；县环保局长表示，贫困县引进企业不容易

三年五年的规划，那主要是为了给上级一个交代，谁会专心致志去做一件你没有必要负责到底，除了这个你还有其他选择的事情啊。

于是，体现到报纸上，基本上就听上面交待的，领导不让做、不希望做、不肯定要不要做的，一概不做，为什么要多事呢？最后呈现给读者的报纸，可能就不是符合新闻规律甚至宣传规律和传播规律的。

应该让职业报人办报。

在新京报，新闻工作职业化，已经成了主流的选择。我和我的同事，都觉得办报纸是一种职业选择，跟做公务员、当教师、做科学研究一样。我们的有生之年，就是献身报业，把报纸做好，做得有影响力、有市场、有经济效益，是我们当仁不让的的使命。

职业化的新闻人，报人，总是愿意心无旁骛，全身心投入自己的工作。面对压力和挑战，也总是想法设法去解决，直接不行，那就迂回。

报业职业化，其实不会危害政治导向。职业报人首先一条就是保证报纸的政治安全，要在现有的体制下行使新闻媒体的权利，坚持党的宣传政策，坚持报纸看护好国家人民的根本利益。如果不能判断办报环境，不能理解落实好有关主管部门的要求，就不能说职业化。

当然作为职业报人，还要有判断局部利益和全局利益、地方利益与中央利益、个别人利益和广大民众利益的区别，要站在更高的法治和人文的

A16/A17 核心报道

核心

新圈地运动【调查】

河北"新民居"工程涉嫌多重违规

城乡建设用地增减挂钩范围远超指标，有县市未经国土部批准试点；个别地方占耕地后

被剥夺土地发展权

境界，对新闻事实做分析、研判、报道，而不是简单屈从于压力，放弃基本的原则。

如果碰到各种利益纠葛，作为职业报人应该在有限的空间之内，殚精竭虑，寻求各方面能够接受的方案，使报道尽可能地满足读者的知情权、参与权、表达权和监督权，这是职业新闻人应该做的。

新京报拥有一支职业化、专业化的新闻队伍，他们在操作重大核心报道，特别是一些舆论监督报道、热点和突发事件报道上，更负责任，更准确客观，技术上更经得起推敲，从而保证了新京报的品质，为新京报赢得了尊重。

而在很多传统的报纸中，职业化至今未能建立起来。

三、新京报的人文情怀

这些年，很多媒体都强调人文情怀。

新京报尤其注重，从创办开始，并把这种人文情怀真正付诸行动，融入报道。

我们一直认为，对生命的尊重，对人性光辉的褒扬，对人的权利的维护，能让读者在一个处在深度转型时期、纷繁复杂的、不时发生各种灾难的社会里看到希望。

新京报特别注重对弱势群体和社会底层民众生活命运的报道。北京没有一家媒体，像新京报这样，关注外来人口及其子女的生活、就业、受教育，关注行乞者、关注被城管追逼下商贩的境遇；也没有一张报纸，像新京报一样，关注那些上访的群众，关注被拆迁者，特别是那些受到暴力拆迁的农民的利益;关注“蚁族”、房奴、关注因没有生活费而去抢银行的大学生，即便如马加爵这样的人，我们在谴责之余也希望给读者留下一些思考。

做这样的报道，新京报不是猎奇，不是简单地呈现社会负面，而是为了最终意义上的公平正义，为了张扬人的尊严。每一个人从权利上都是平等的，当下中国社会尤其需要这样的意识，每个人不是一个数字或者符号，是鲜活的生命，生命没有高低。因此我们在汶川地震后，倾注心血制作了“逝者”和“活着”两个特刊，结果被相关机构授予灾难报道特别奖，我们的版式也获得了“SND”的认可——从版式中体现人文关怀。

人文和法治其实是一个整体的两个方面，尊重人的权利，关怀人的命运，也折射出法治的理念，我想这也是新京报赢得尊重的一个重要原因吧。

四、让经营团队对报纸充满自信

新京报今年的经营状况非常好，营收超越北京同类报纸，跃居北京市场第一，应该没有问题。

新京报能有今天的成就，除了报纸的品质，经营队伍的进取、特别是他们对报纸的了解是关键。

我说过，要办好一份报纸，采编人员必须有新闻理想，相应的，经营人员要做好业绩，就必须了解自己营销的产品，确立对产品的信心。

要确立对产品的信心，通常从两个方面入手。

一个是借助新京报的品质，传播新京报影响力。有好的报道，就会有好的口碑，好的口碑就会有好的影响力，先是业内的，只有业内人才知道其他报纸做得好不好，当然还有读者，同样的题材，别的报纸做得怎样，新京报做得怎样，一目了然，这样，报纸的影响力就有基础。

当然也有读者、客户对新京报的了解不是很透彻，他们可能有阅读惯性，习惯于以前看的报纸，主观地认为看惯的报纸最好，这样的情况下，就需要营销人员给他们讲解。

怎么讲解？我们的办法是讲新京报的内容品质，讲报道优势，讲报纸的好的形态。

采编部门定期会把近期主要的报道以及产生的反响，包括其他媒体如新浪、腾讯等门户网站转载的本报报道、评论以及相应的转载率排行等情况，简报给广告和发行部门。

而发行同事也会随时将新京报与其他媒体比较的市场份额变化、订阅和零售情况告诉广告营销团队。比如新京报在有影响力场所的销售情况，在有影响力的人群中阅读情况，以及相关的口碑等。

我自己在经营人员培训会上(这种会也是定期开的,每周或每月不定)，更多是讲新京报的优秀报道和评论。比如今年的王亚丽事件的报道，以及受到中纪委等部门的重视,最近的剥夺农民利益的“拆迁上楼”系列报道，以及随后的国务院常委会议要求对这类试点的规范，等等。通过这样的报道的宣讲，可以让营销人员了解自己所服务的报纸，并感到有尊严，有荣光。出去谈业务时，充满自信。

你不是说“总编是最佳推销员”吗？新京报就是让每一个销售人员，无论是做广告还是发行，都要懂得新京报是一张什么样的报纸，它的价值和存在的意义。

还有一个，就不用多说了，那就是经营团队的营销技巧，包括沟通能力，这是基础的，是所有业务人员都要具备的。只不过新京报有一套更好的激励机制、分配机制，有助于把大家的积极性调动出来，因此自创刊以来的新京报的经营业绩能保持20％的增长速度。

让懂报纸的人去营销报纸，与有新闻理想的人做新闻一样，战无不胜。

五、新京报是有理想的新闻人共同的平台

新京报创办以来，因为各种原因，人来人往。

即如你说的，一些人走了一圈之后，又回来了。为什么？

很简单，因为他们在外面转了一圈，发现在新京报相对还能做点事，还是能保有理想的工作平台。这样的平台不多，而新京报却是。

他们发现，第一，在新京报，确实还能做心目中的新闻；第二，做出来的东西，通过新京报还能产生一定的影响力。不仅对社会公众，甚至还有可能影响到高层。因此新京报算是为数不多的好的新闻平台。

新京报的人很单纯，理想主义者都比较单纯。

新京报没有传统单位的公司政治，人际关系比较简单，也没有传统体制的惰性。对于员工而言，做好了给奖励，出了问题承担责任，依靠制度，赏罚分明，不需要看那个领导的脸色，很简单通透。

新京报人来自五湖四海、各个媒体，但他们都有底色，底色就是新闻理想。这个底色，最初是从南方都市报带来的，现

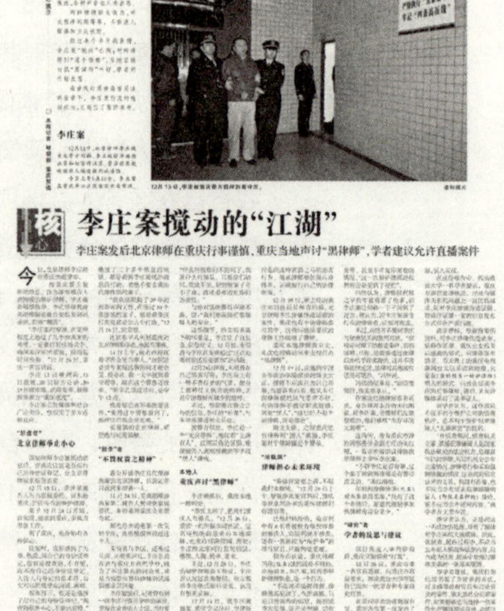
A28 核心报道
新京报

李庄案搅动的“江湖”

李庄案发后北京律师在重庆行事谨慎，重庆当地声讨“黑律师”，学者建议允许直播案件

在有了自己的积淀。有理想的人，只为理想而努力，不是为某个人某个派系，他们都是新京报的人，讲责任，有理想，我自己也一样。

在理想主义基础上建立起来的内部文化，是趋同的，有凝聚力的。

新京报人个性都强，但大家都怀抱共同理想。理念一致，才能步调一致。大家可以为具体业务问题热烈讨论，甚至严重争执，但不会伤害到情谊和合作。大家各司其职，各尽其力。而一旦面对违反基本价值理念的外部压力，大家会高度一致，一起承担。

新京报能取得今天的成就，归功于全体新京报人，我只是其中之一，说重些，算是领头的，很多决策确实是我做的，但我也只是做好一个“领头”的人应该做的事。这些年经历坎坷，但我对新京报这支团队从来没有动摇过，我也以我的以身作则、身体力行，让大家一起坚强、认真、负责，保持理想，脚踏实地，勇于担当。

这些年来，我依然很包容，从来不会用世俗的眼光来评价、约束我的同事和下属，理念一致，就是最好的伙伴，只有心胸宽广心底无私才能相处久远。

六、空间是自己争取到的

做媒体的人都知道度的把握很重要。就像你刚才看到的。

天子脚下皇城根前，固然有其优势，但困难也大。在新京报，度的把握是最难的，最磨人的。

比如朱厚泽去世，别的媒体做了可能没事，但新京报就会有困扰，这是一种说不出来的感觉，也是其他都市报和报社其他同事比较难以理解的。类似的情况很多。

我值夜班看稿子，都五年了！

不是说我不信任其他同事，更不是我要用什么权力，我的同事，特别是高层人员，他们在把关方面总体是驾轻就熟的，特别是经过这些年的磨练。

新京报人单纯，新闻理想、职业精神以及新闻专业主义都很好，但有时对中国特有的政治环境和相关潜规则的理解，相对弱一些。比较而言，我的嗅觉会好些，知道他们的命门和痒处在哪里，结合这份报纸该坚持什么，把握起来自如些，尽管有些时候也很纠结、无奈和绝望。

新京报由于其新锐、敏感，总是游走在底线边缘，但我不能采取传统的做法下个命令一禁了事，这最简单，也是传统报纸通常的做法，但大家的创造力会受到挫伤，这份报纸也就死了——这也是我跟主管单位领导沟通时，最讲不清楚的问题。

世上没有不能报道的东西，关键是如何报道，如何把握度。比如，上面有要求，某件事情“不炒作”，应怎么办？某件事情“不渲染”，又该怎么办？还有“妥善把握”、“适度关注”等等，又该怎么办？报道不报道？评论不评论？报道和评论的分寸在哪里？对于职业新闻人而言，法无禁止即可做，但结合现实政治，要做到既保持锐气，又减少摩擦麻烦，需要智慧。

对于新京报和类似媒体老总而言，在中国做新闻，度的把握，是最头疼也最考验人的，当然也是最能显示报人水平的。

空间是自己争取出来的。

传统体制内的媒体，解决此类问题很简单，不让做就不做，宁可执行过头，也不会去“冒险”，他们不用考虑报纸的生死。但如果想办一份真正的报纸，可能就得学会博弈，这是宿命。其实有些时候对上面指示的“创造性”执行，效果可能更称“上意”，比如汶川地震，要求不要派记者，不要自行报道，但很多都市类媒体做了，结果效果“出乎意料”的好。

所以偶尔的适度的冲撞，是非常必要的，也有利于生存空间的拓展。

相互博弈越久越深，无论是管理者，还是媒体，承受能力也会越大。其实，很多东西的推进与改变，都是循着这样的逻辑。媒体能够走到今天，管理者的容忍度与前十年、前几十年相比有这么大的改变，其实就是互相博弈的结果，舆论如此，社会也是如此。

七、最难的是坚持

对于一个职业报人，最难的是坚持，特别是在北京办一份有一定影响力的都市报。

你常态地、不得不花很多时间，去面对，去周旋，去处理那些无厘头但搞不好是致命的事，这也考验一个人的忍耐力。

做人，不能对不起朋友，做事，不能对不起原则，办报纸，不能对不起理想。但坚持做到，有时候实在很痛苦。

这就像《赵氏孤儿》里，公孙杵臼对程婴所说的，死易，把孤儿抚养成人复仇难。冲冠一怒，疾言厉色，然后甩手离开，虽然短时痛苦，却是一了百了，可能还能博个“江湖英名”。

但坚守者，却要时刻经受煎熬，甚至还要面对误解和敌意。我没有太多的奢望，只是想做一个报人应该做的事情，我对前途总还乐观。

我理解的新京报的办报定位是：不想拆房子，只是随时提醒主人注意打扫房子，以便更适合居住。这个定位与转型时期中国社会要求一份媒体承担的责任是相吻合的，是与改革开放并不断进步的中国现实相吻合的。

新京报愿意做执政者和民意之间的那道桥梁，让彼此知道对方在想什么。利益多元了，各方想法都不一样，有个平台来对话不是很好？求同存异，才能趋于大同。

一些官员总觉得媒体报道是添乱，总是怀疑媒体的动机，其实很不应该，媒体作为瞭望哨，提出警示是分内之事，不能因为这样的提醒让大众或者执政者知道而不满。封建朝廷还允许御史大夫的谏诤，知道是为了更好维持政权，更何况在现代社会？忠言逆耳，要给新闻人空间。要相信绝大部分报人是爱国的、是明白利弊得失的，是希望社会进步的。再说现在更有负面影响力的还是网络的传播，反而管理得不紧。

既然这份报纸，承载着我们的理想，又是一份职业，我们就要以职业的心态来做好它，才能对得起这份报纸，对得起自己。

所以，别人喝酒吃饭娱乐的时候，我在办公室看稿，更多的时候还是心甘情愿的，毕竟这里能够体现自己的价值，说实在些是考量自己的业务能力、专业水准，说大些也体现着自己把关的智慧——第二天与同城媒体比较一下，高下即定。

如果把一份看似平凡但如履薄冰的工作，做得快乐，做得得心应手，应该还是一件值得欣慰的事情。人生在世，能碰到一件自己喜欢的事情并不容易，要做好它就更不容易，如果我们所做的工作，不仅能让一份白手起家的报纸在在北京主流人群中有相当的影响力，并且还能为推动社会的进步尽力，应该是值得高兴的吧。

（作者系中国周刊总编辑）

新京报精神将成就新京报长远发展

□范以锦

范以锦

2003年11月11日《新京报》创刊出版，至今已有7个年头。快速成长的新京报，成了中国报业跨区域跨媒体合作的成功范例。说其成功，是从社会影响力和市场有效影响力两方面来考量的。从社会影响力来说，《新京报》这张报纸已成为北京市民尤其是中高端人士喜爱的报纸，而且名声已远播海内外业界、学界，研究这张报纸的人越来越多。从市场影响力来说，无论发行、广告和利润都取得骄人业绩。报纸创办之初，我们曾提出"第一年亏，第二年平，第三年赚"的目标，实操的结果第二年还亏，但第三年有了微利。经过几年的打拼，2010年的新京报利润已遥遥领先北京地区晚报都市类媒体，名列第一。

《新京报》是国家产业政策引导与优秀报业扩张冲动相结合的产物

《新京报》的创办，是国家文化产业政策引导和优秀报业"做强做大"扩张冲动相结合的产物，两者缺一不可。当时国家有关部门已提出新闻出版跨区域发展的思路，虽然媒体之外的企业进入媒体还有诸多限制，但提倡媒体之间的跨媒体跨区域合作。尽管在这之前，有个别媒体打擦边球，以各种方式稍稍跨区域发展，但由于未经官方认可，风险很大，事实上有的媒体在进入到某些地方时就受到“地方保护”的阻击，不得不撤退。南方报业传媒集团与光明日报报业集团合作创办《新京报》是经中宣部和新闻出版总署批准，名正言顺进入的。作为南方报业来说，不希望小打小闹，一定要做出规模做出气势做出成效。形成规模、气势一定会产生影响力，有了影响力尤其是这种影响力构成了对当地媒体的强大竞争压力时，离被封杀的日子也就不远了。因此，南方报业以及南方都市报管理层都明晰，我们要堂堂正正跨区域跨媒体发展，决不当“小媳妇”，不留下隐患。经过光明报业和南方报业的共同努力，终于获得了中宣部和新闻出版总署的批准，《新京报》成为了中国第一家经国家主管部门批准的跨区域跨媒体经营的报纸。

做强做大媒体产业，是国家倡导新闻出版跨区域发展的目的，也是媒体经营者的强烈愿望。光明报业的某些子报刊经营得不好，他们期待改变这种局面。南方报业不同于光明报业，经过一代又一代南方报人的磨练，已经有经营媒体多品牌的实力，在经营好自身的《南方日报》、《南方周末》、《南方都市报》、《21 世纪经济报道》等品牌报纸的同时，已有强烈的对外扩张的冲动。因此，南方报业与光明日报管理层不谋而合，也与国家的产业政策相吻合。中宣部、新闻出版总署主要领导亲自过问此事，广东分管意识形态工作的省委常委（后任省委副书记）蔡东士、省委宣传部副部长胡国华对合作给予充分肯定和大力支持，光明日报总编辑袁志发与南方报业高层多次协商并很快取得一致的意见。可以说，天时、地利、人和。

南方报业与光明报业合作，为什么要派出南方都市报的团队？合作的动议起于南方都市报管理层的总编辑程益中、总经理喻华锋与光明日报的戴自更。戴自更曾在广东任光明日报记者站长之职，他深知南方都市报的活力和核心竞争力，他与程、喻等人议论合作事宜，并得到时任南方报业的副总编辑兼南方都市报总编辑王春芙、分管南都的集团班子成员李民英的首肯，并具体过问了合作细节。正为某些子报刊经营状况不佳而犯愁的光明报业总编辑袁志发听了汇报后，表现出了浓厚的兴趣。他们的想法也正好与我们南方报业管理层的打算不谋而合，因为在这之前南方报业曾决定派21世纪经济报道的团队在上海与文新集团合办东方早报，但未能顺利进入，现在转战北京正合其时。我与王春芙、李民英、程益中、喻华锋到北京与光明报业总编辑袁志发、分管新京报筹办工作的光明日报编委薛昌词以及戴自更等人进行商谈，并签下了合作协议。双方很明确，合作要发挥各自的优势，即发挥光明日报有良好的政治资源的权威性的优势与南方报业有先进的办报理念和人才的优势。由于南方都市报在办都市类报纸方面有独到的操作经验，而在北京办的《新京报》实际上其定位也是要办成都市类的报纸，因此派出南方都市报的团队前往办报最合适。为了利用好南方都市报的资源，确保新京报快

速成长，无论光明报业还是南方报业当时都希望程益中、喻华锋要进入操盘一段时间，因此他们分别兼任总编辑和总经理，杨斌、李多钰、王跃春、孙雪东等几位高管人员进入任新京报的副总编辑，并从南方都市报采编和发行、广告等经营人员中抽调近 300 人进入新京报。光明日报方面派出了戴自更任社长，另派出一人任副总编辑，并聘迟宇宙任副总编辑。

支撑南方报业跨区域跨媒体发展的力量和生态

跨区域跨媒体发展，需要有自身的核心竞争力的支撑，也需要良好的社会生态环境作保障。

媒体要跨区域跨媒体发展，要有内在动力，而内在动力不是建立在一时的冲动之上，不是拍脑袋的决策。实施这一决策的单位，必须具备了对外发展的核心竞争力，首先是优秀的团队办出了优质的媒体，自身的媒体已形成了很大的影响力。如果连自身的媒体都未办好，却匆匆忙忙到外地去办报，多半是以失败告终。南方报业的《南方都市报》已培育成为品牌报纸，当时已成为广州地区报纸的第二赢利大户，且发展势头咄咄逼人，形成了“培育优质媒体的创新能力和把优质媒体品牌推向市场的创新能力”的竞争力，并且有了人才的储备，这样支撑对外扩张的冲动就有了牢固的基础，而不会成为无源之水。比如，当时南方都市报在北京已建立了 500 家广告客户的网络，由于在广东向南方都市报投放广告与在北京向新京报投放广告目标客户不重复，互相不打架，这 500 家广告客户同时变成了新京报的广告客户资源。如果不是利用南方都市报的资源，靠自己一家一家去见客户，要多久才能建立起自己的广告网络?

良好的社会生态环境包括如下几个方面：

第一，合作方的生态环境。合作双方要有真诚的合作的愿望，而不是利用别人的资源玩一把，玩完了媒体也完了。当时，南方报业与光明日报谈合作时，双方都表示不纠缠在无碍大局的细节上，立足于长远发展。光明报业出刊号资源，南方报业输出人才资源、品牌资源等，共同打造利益共同体。

第二，办报地的政治生态。要有适宜发展的媒体生态土壤。南方报业原本想先在上海拓展，与文新集团进行了几轮协商，决定由南方报业下属的 21 世纪经济报道派出团队进去与合作方共同办报，社长、总编辑双方选其一，也就是说如果文新集团派人当社长，那么 21 世纪经济报道派人担任总编辑，或者反过来。大家谈得很好，南方报业已选定 21 世纪经济报道的总编辑沈颢兼此重任。沈颢还参与了东方早报的人员招聘和出报的内容设计，但正要签正式合同时，对方却不再提谁担任社长、总编辑的事，后来又传出当地有官员说“千万别给南方报业控制了”。我们觉得只是要我们单纯进入资金合作，对我们来说意义不大。因此，决定退出，最终选择北上与光明报业合作创办《新京报》。办《新京报》当然也有阻力，因为北京的几家都市类媒体当时日子过得很滋润，无论是某些媒体自身还是其上级主管部门都出招阻挠《新京报》的创办，连报纸叫什么名称都干预，导致网上闹得沸沸扬扬。毕竟光明日报的地位放在那里，加上总编辑袁志发的开明和紧迫感，他又跑腿又打电话，与国家相关部门沟通，终于在中宣部和新闻出版总署的支持下，确定了“新京报”的报名，并很快投入运作。

第三，经济生态。跨区域办报要做强做大，与当地的经济发展要相配匹，因为目前报纸的经营依然要靠广告，如果当地的经济盘子太小，连支撑当地的报纸都不容易，盲目进去，不仅自己发展不起来，还会把别人拖死。这不是我们跨区域发展初衷。跨区域发展，可以通过竞争激活广告资源，也可以通过竞争激发创新动力，达到各优质媒体共同做强做大传媒业的目的。

新京报

克林顿拥抱艾滋男孩

●6年来第三次访华，胡锦涛、江泽民亲切会见

●昨在清华发表演讲，呼吁互相依赖抗击艾滋病

我驻布隆迪使馆遭炮轰

反政府武装追击炮弹误中办公楼顶层，无人员伤亡

《新京报》发刊词

责任感使我们出类拔萃

万元重奖新闻线索

SARS后骨坏死患者调查

冬贮大白菜10年价最高

烈士家属获偿逾50万

培育既有别于“光明”又有别于“南方”的“新京报精神”，才能确保合作项目的顺利发展

后来，南方报业在新京报担任总编辑

的程益中、总经理喻华锋，继任的总编辑杨斌、总经理韩文前以及有些副总编辑因各种原因离职，各部门的骨干也走了不少。因此，外界流传南方报业与光明报业已分手。其实，南方报业的股份并没有退出，新京报也并没有因为“南方”部分人员出走而衰退。任何合作，都不可能一帆风顺，矛盾和磨擦总会有的，有些难于预测的情况在南都和新京报分别发生了，但新京报已在北京扎下了根，新的办报理念支撑着他们在风风雨雨中前行。现在《新京报》依然是北京地区最优秀的都市类媒体之一，“新京报精神”已成为双方合作的重要成果。

在合作之初，我曾经说过，进入到新京报工作的员工不管来自何方，都是新京报的员工，不能划定谁代表哪一方，如果这样的话，一定会互相扯皮，争吵不休。而且为了使他们能精心培育好新京报，集团派出的人员除个别高层之外，与南方的人事关系切断，让他们成为了新京报的员工。要有“破釜沉舟”的决心，不留报纸办不好再回集团来安排的后路。如果想回来，集团愿意接收，要履行调动手续，而不是无条件接收。在“新京报风波”中曾有人提供了一大批名单，要南方报业收回，我们未答应，人已调出，他们的岗位已有人顶替，我们不能无条件接收。最终，他们的动议没有实现。因此，无论怎么人来人往，新京报不是打造代表哪一个集团利益的团队，他只是新京报的团队，磨练出来的是新京报企业文化，新京报精神。它既不是光明的企业文化，也不是南都的企业文化，但它是受了两集团的企业文化影响，最终形成了自已的企业文化和企业精神，这样就可确保新京报持续长远发展。其实南方报业也一样，有集团的主文化，也有各系列报刊的亚文化，这种亚文化是适应自身环境、有利于自身做强做大的内在动力。明白了这一点，谁想以自己的主观愿望去轻易改变，都有可能造成新京报的衰败。我们不希望出现这种情况，期待新京报精神永存。

（作者系暨南大学新闻与传播学院院长、南方报业传媒集团原社长）

十年牧歌惊浮云
——移动互联时代前夜传统媒体转型加速

□支庭荣

支庭荣

回首2010年，不能不承认，传媒业的鲜明镜像给人们感官上的刺激并不如预期，三网融合正在迢迢路上，而最娱乐的非诚勿扰也越来越淡定起来。在仪式化主导一切的年代，过山车必然要被踩刹车。但是，总有一种力量要悄悄地改变我们并完成自身的改变，这就是技术，曾令马歇尔·麦克卢汉和保罗·莱文森都浩叹不止的技术。来自空气稀薄的地平线上新的传播可能，将持续地为产业界打破一重又一重罩门。

回望新世纪的袅袅炊烟，分明可见第一个十年风光迤逦的田园牧歌正惊起一片浮云。尽管在流金岁月中疯狂滋长的那种催生新媒体英雄们的情怀依旧在激荡和回响，但是就兵器与战场而言，正从黄金时代转向青铜黑铁时代，对新一代圣斗士的呼唤动地而来。也许，传统媒体产业的语法和修辞也将随之裂变。

苹果火爆　移动互联大变革前夜

2010年11月中旬，美国苹果公司在市值上超过了微软，成为IT行业新的风向标。原因很简单，看重个人体验的用户已经相信，PC电脑和桌面互联网已度过了最绚烂的时期，而手机和移动互联网有着更大的应用空间，更乐观的未来。

2001 年苹果推出了 iPod，这个神奇的小盒子，使音乐可以在线体验，这一发明事实上改变了流行音乐产业结构。

2007 年 iPhone 问世，这个扁扁的智能手机，使消费者相信 Google 风头已过，微软则巨人迟暮。国内用户对 iPhone 的热情，一度将独家且捆绑发售的中国联通置于风口浪尖。

2010 年 4 月 iPad 问世后，全美的苹果专卖店都排起了长队，只为一用平板电脑为快。iPad 被外媒评为 2010 年十大最令人难忘产品之首。

苹果向人们昭示的这一剧变发生的背景和前景，是这个时代包括微软、英特尔、戴尔、联想在内的 IT 企业都在向移动转移，移动终端通过宽带、Wi-Fi、3G 等方式可无缝接入互联网，以及云计算和物联网的惊人潜力。去年 12 月，移动网络的数据流量首次超过语音呼叫的数据流量。苹果、三星等移动互联时代应用商店的开设，也绕过了移动服务商。IT 公司和互联网公司对人神共畏的移动通信公司发起跨界冲击首次具备了现实的土壤。正如摩根士坦利的一份报告所说，移动互联时代已经全面到来。

与此相关联的是，2010 年上半年，美国社交网站 Facebook 访问量超越了谷歌，中国互联网由用户产生的内容流量超过了由网站专业制作团队产生的内容流量。应用已经登场，门户正在转身。宙斯的旗帜猎猎作响了，克洛诺斯的时代已是过眼烟云。

移动，而且互联，而且支付。移动互联，可以说从一开始就颠覆了桌面互联网的免费模式，这为内容产业带来了新的曙光。1996年，《纽约时报》和《华盛顿邮报》决定将内容免费上网，意欲掘金网络广告，在今天看来，虽图一时之快，却几乎埋葬了行业的未来。《华尔街日报》、《金融时报》等财经大报则坚持收费。如《金融时报》的纸质版订户维持在40多万，数字订阅用户达19万。数字内容的收入，两年前仅占总发行收入的1/5，目前已升至1/3。

而今，《纽约时报》、《泰晤士报》、《每日电讯报》，以及默多克旗下在澳大利亚的报纸，都在酝酿设立支付墙（Pay-wall）并收费。在拥堵的城市中出行的人们，已经挽救了几乎衰落的广播业。在心灵的跋涉中移动的人们，借助在线模式来付费阅读，还将振兴可能衰退的其他传统媒介业，如报刊出版业吗？

无微不博　社交应用争夺战鸣镝

在国内，与高端人群和黄牛党对iPhone的追逐相比，让普通用户激起更大共鸣的是忽如一夜春风来的微博。微博重新定义了“卑微地活着”的内涵，微生活也可以如此美好有劲道很给力。2005年，还是博客元年，2010年，进入了微博元年。

中国微博平台的“领跑者”，新浪微博于2009年8月对外公测，当年底用户数达500万，2010年10月下旬已突破5000万，近4成微博用户用手机访问微博。在手机大国，互联网的门槛空前降低了。人们不必端坐在桌面，而只需拇指大动，就无微不博了。

9月，江西宜黄县姑娘钟如九的亲属因居所拆迁问题与当地政府产生矛盾，采取自焚行动酿成惨剧。传统媒体的介入，以及@钟如九对后续进展的微博“直播”，令该事件受到了社会舆论的极大关注。围观改变中国，中国影响世界。

在微博空间，媒体功能、娱乐功能与政治功能、社会功能交织。明星巨贾、达人小资、引车买浆者流，均可涉足。官员以之释善意，警方以之破悬疑，草根以之维民权，玩家以之找乐子，怨妇以之捉小三，热闹非凡。微博能在多大程度上改变人们关注公共事务的方式，影响到权力话语谱系的重组，还不确定。虽然韩寒在“喂”了一声之后，很快不见踪影。但是姚晨这位“围脖女王”，好歹已新鲜出炉。

对于新媒体的市场来说，用户已经是比受众更贴切的关键词。社会网络化，媒体个人化，同时全民媒体化。微博已成为越来越重要的新闻源，国内很多传统媒体都加入微博合唱团，如《南方都市报》、《华西都市报》等10余家都市报，湖南卫视、凤凰卫视等20余家卫视。

但是微博不仅可以是媒体，还可以是SNS、IM等。在新浪微博一马当先之后，其他互联网巨头也将迅速跟进。搜狐微博要做SNS，网易微博要做SMS。新媒体界的硝烟又将熊熊燃起。

其实微博正是web2.0系列应用的延伸。微博的黏性说明了用户价值高于流量价值。微博以及其他新媒体应用，将进一步消解传统媒体的权威。譬如，在未来，所有的电视机都是网络终端，所有的电视台可能同时也是网络电视台，它们相对于整个互联网来说将是沧海一粟。那么，制高点在哪里？内容仍然为王，但霸主地位谁属，将取决于新的博弈的结果。

网民表情　很上火很受伤也很振奋

在新媒体产业大转折的前夜，网络江湖的争斗逐渐炽烈起来。网易副总编辑张锐在浙江大学刚刚举办的首届数字未来论坛上说，互联网十年水丰草美、天空海阔的岁月已经逝去，穷山恶水就在眼前，真正的争夺即将开始，缠斗将取代游斗，战争将取代竞争。而夹在中间的网民，很上火，也很受伤。

11月，史上第一次“3Q大战”

爆发，被戏称为“无山寨，不腾讯”的企鹅，与竞争对手奇虎，合演了一出卡通版的新王子复仇记。谁是哈姆雷特，咱不知道，但是广大的网民，却成了可怜的奥菲莉娅，被抛弃，被放弃。由于工信部的积极介入，硝烟尚未散尽，闹剧匆匆收场。这场大战昭示了茫茫互联网市场中所谓竞合的虚构，和丛林法则的逼真。企业家以铁手追命，企业现冷血无情。在马克思的名言指引下，让人不由相信封建偶尔有余孽，资本已来到世间。

网络为人诟病的除了无良印品、“暴民”，还有推手。有媒体用“十万水军”来形容替人炒作的庞大网民群。实际上他们多数不过是赚取菲薄计帖工资的兼职大学生或网吧青年。水军的背后，是网络公关公司在“掌舵”。以至于话题人物凤姐、小月月，在芙蓉、天仙之后，又领风骚数百天。

不消停的不止是产业圈。清口艺人周立波将网络公厕化的口水，很快被人民战争的海洋所淹没。同样出镜率高，央视主持人的明睿豁达可以存照。在《南方周末》的报道中，白岩松的表述是，“网络有天使和魔鬼的一面。我被自杀、被升官都是网上出来的，但是我从来没有因为我经历过它带给我魔鬼这一面，就否定它天使这一面。我认为在今天的中国，天使这一面更可贵。”一则是，先生之风不可长，一则是，先生之风山水长。

可见在剧场中如鱼得水，未必能适应网络；在传统媒体中气势如虹，未必适应不了网络。从一，不能推出二。正如从李一，不能推出牛二。也正如从 2009 年网络营

销成就的“凡客体”和凡客诚品的神话，不能推出2010年凡客在非新媒体的营销发力也能延续它的传奇。也正如从金庸、鲁迅和孔府宴文化中获得的灵感和思维惯性，不能推出公民社会就不应该是多样化声音小政府大社会的结论。

易之道，大矣哉！水能载舟亦能覆舟。网络掀翻了腐败局长，曝光了慰问官员明细表，见证了因言获罪得到纠正，继续彰显着舆论监督的力量。网民，或者用户，谁也不能轻忽。

媒体生态　架构依旧裂变已提速

经典案例“贾君鹏，你妈喊你回家吃饭”

但是线下和线上，还是冰火两重天。生存，还是毁灭？一如过去的十年，传统媒体人的回答依旧暧昧。据《重庆晨报》报道，一些广告界人士坚称：报纸仍是传播主渠道。理由是蜗居的一代尚且在挣扎，社会的主流乃是50、60、70后，这几代人还是以阅读报纸为主。看来传说中的人口红利，也尽在传媒业的囊中。

在乐观的理由中，国家对传媒产业的呵护其实也是不可或缺的后盾和支柱。从默多克到Google，均很渴望但很沮丧。设若跨国传媒如潮水般涌来，意识形态安全固然挑战甚巨，国内传媒业恐也将遭遇致命的椎击。百度、校内网、新浪微博，亦即中国版的Google、Facebook、Twitter，其实才是开放时代真正的宠儿。人们早年对加入 WTO 后保护政策不可持续的忡忡忧心，随着中国国力渐强似已不足为虑。中国传媒改革与发展的自身节拍，才是行业律动的归依。

也不是没有遗憾。由于市场份额的原因，不能让美剧大举登陆中国；由于知识产权的原因，盗版美剧在视频网站上也难以生存。《越狱》、《迷失》悄悄流行的盛况还可再吗？

青萍之末风云虽起，但总体架构并未发生重大改变。所谓山形依旧枕寒流，抓住当下不必悲秋。我们最期待的是，传媒业能否占领新媒体的技术前沿，进而占领全球传媒产业链的前端。对谋求上市的主流新闻网站而言，民营互联网企业已经出发。对传统媒体而言，新媒体已经出发。对制度创新而言，技术已经出发。对眼高于顶的卫道士而言，我们已经出发。

因此仍旧要高歌主动变革，或自主创新。在央视 2010 年广州亚运会开幕式的转播中，新闻频道白岩松的“白话”式解说，提供了不同于春晚的一种新的选择。在网上，在民间，各种媒体实验层出不穷，主流叙述与个人叙述不断互动。

生活在继续，诱惑在招手。在小时代，觉醒的她们不做剩女，不做怨妇。风起的日子，持重的我们留下神马，守着浮云，一边笑看落花，一边举杯奔月。

（作者系暨南大学新闻与传播学院教授，北京大学管理学博士后）

参考文献：

陈娟：《微博暗战与政治趋向》，《人民论坛》2010 年 12 月（上）。
张英：《白岩松：我已经进入了得罪人的时代》，《南方周末》2010 年 11 月 18 日 E22 版。

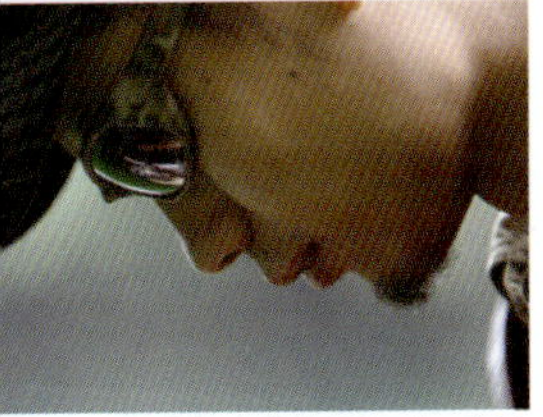

那一刻的真实

潇湘晨报摄影记者 秦楼

从业十年，不断接触着各种悲情、不公、暴力等等现场，告诉人们发生了什么，尽管冒着生命危险以及无法预料的困难。

常常陷入深思，究竟怎么了？信仰与自由，以及一切本该属于美好的东西，究竟该放在什么位置？

我能做些什么？唯一能做的，是面对我的读者，兢兢业业地做好每一次拍摄。以真实的画面，记录正在发生的事情，让观众自己辨别那一刻的真实感受。

▲ 2008 年 5 月 15 日，汶川灾区运输伤员的直升机。

▲ 2010 年 5 月 19 日，泰国街头被炸伤的士兵。

▲ 2010 年 5 月 18 日，泰国街头的记者。

▲ 2010 年 4 月 17 日，玉树灾区火葬现场。

拍亚运，但不止于亚运

钟文雅

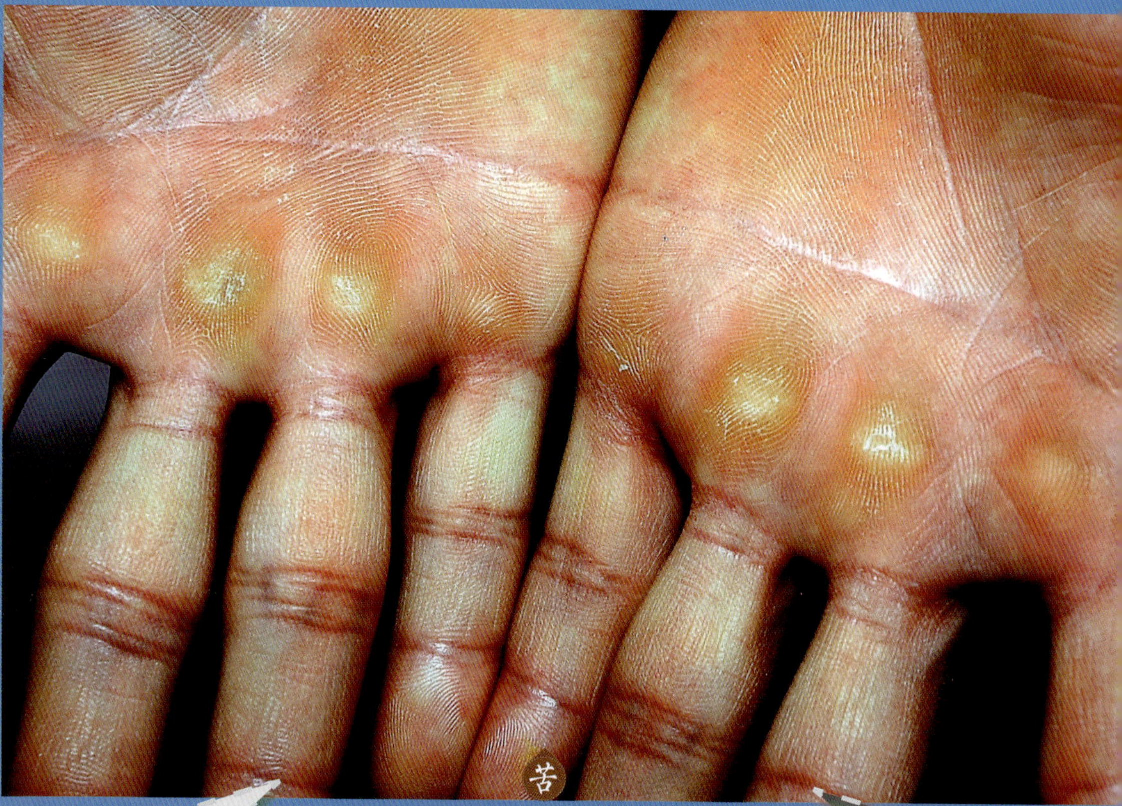

苦

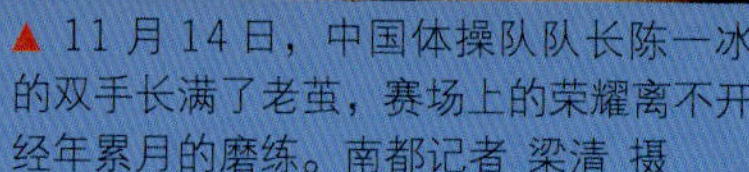
▲ 11月14日，中国体操队队长陈一冰的双手长满了老茧，赛场上的荣耀离不开经年累月的磨练。南都记者 梁清 摄

酸

▲ 11月20日，在男子个人射箭项目落败后，伊朗选手 Riyazimehr Keyyvan 双手捧着脸颊。南都记者 陈辉 摄

甜

▶ 红羊阿如扮演者李敏玲（中）和她的伙伴们。亚运会开始后，一段拍摄五只吉祥物在击剑场馆调动观众气氛的视频，让活泼的阿如一下子窜红网络。南都记者 赵炎雄 摄

辣

▲ 11月22日，广州大学城中心体育场举行的亚运会橄榄球比赛中，一名印度选手在努力突破斯里兰卡队的防线，球员们错综复杂的手部动作让人眼花缭乱。南都记者 冯宙锋 摄

酸

广州亚运，是全城乃至全国的盛事。

在那半个月里，报纸、电视等各大媒体铺天盖地几乎都是亚运相关画面，读者很容易出现审美疲劳，于是，要想方设法制造新鲜感。

▲11月17日，自行车男子记分赛，韩国选手和乌兹别克斯坦选手在转弯处撞车。
南都记者 陈伟斌 摄

▲11月24日，广州奥体中心，亚运会女子100米栏预赛中，一名日本选手在冲刺时不慎摔倒在地。尽管她倒地后越过终点获得决赛资格，无奈因伤缺席了次日的决赛。南读记者 冯宙锋 摄

▲11月15日，羽毛球女团决赛，中国选手王适娴3：0击败泰国选手妮昌·金达汶。
南都记者 张志韬 摄

▲ 11 月 14 日中午，天河体育中心，几名武警战士趴在桌子上午休。南都记者 陈伟斌 摄

▲ 16 岁的伊拉克射箭女选手兰德在北京路购物愉快留影。伊拉克这次派出了 42 名选手参加广州亚运，兰德就是其中 7 名女选手之一。南都记者 张志韬 摄

记者勇于尝试非一般的拍摄工具。完成指定拍摄任务后，把沉重的长焦镜头换成移轴镜头、玩具镜头等特殊镜头。镜头本身特质制造出虚实掩映的画面效果，偌大的赛场化作沙盘游戏，把失意者的背景模糊虚化。

编辑“反其道而行”，用新鲜的视角来弥补那些软硬件的不足。体育照片讲究纤毫毕现的“拍实”，我们就用慢门、追随等手法故意“拍虚”；动态新闻大多选用光鲜亮丽的金牌选手，我们就将镜头偏向赛场失意者、套在毛绒衣服里的吉祥物扮演者；大家对美女帅哥们津津乐道，我们则告诉读者美女也会花容失色、帅哥也有满手厚茧……

▲ 11 月 11 日，增城体育舞蹈赛场，韩国美女选手在练习华尔兹，高速的旋转导致脸部看起来变形似的，美女形象消失在一瞬间。南都记者 张志韬 摄

▲ 11 月 19 日，广东体育馆男子 63 公斤以下级跆拳道比赛，韩国选手李大勋被对方踢中头部，鼻子不仅被一脚摁扁，说不定还得闻对方的臭脚。南都记者 冯宙锋 摄

主题可以来自编辑的一个简单概念，例如用“贴地”来提炼赛场摔倒、受伤的瞬间；也会受记者照片的启发，看到一张沙排运动员网上角力把球挤凹的照片，不禁想到不如做一期“变形记”。在限定时间（两三天以内）、限定作者（南都摄影团队）来搜集足够支撑概念的画面，看似偶然性较大，其实不尽然。版面主题会以命题作文的形式提前布置给团队里各位摄影记者，采访时记者会有特别留意积累符合主题的画面，正如俗语说的“世上无难事，只怕有心人”。

亚运开幕前，这个摄影团队里只有不到1/3的记者有体育新闻摄影经验。在讲究站位和角度的体育新闻里，没有400毫米或以上的长焦镜头和场内背心，有的赛场画面几乎注定拍不到。到不了的位置要留给各大通讯社发挥，都市报强求不来。我们也许欠缺体育摄影经验，但绝不缺少新闻报道经验。

赛场内的成败得失，场边的各色人等，场外的多姿多彩，都可以成为摄影记者关注的焦点。我们拍亚运，但不止于亚运。

（作者系南方都市报图片编辑）

▲11月26日，男子10米跳台比赛，日本选手在空中抱膝翻腾。南都记者 陈辉 摄

▶“白云之帆”训练现场，离地78米的高空，180名十七八岁的少年身吊钢丝，蜘蛛侠般腾空而起，在LED幕墙前幻化出鲜花、雄鹰、笑脸等造型。钢丝的另一头是1200多名同龄少年，他们用尽力气牵引空中的队友。南都记者 郭现中 摄

▲ 11 月 13 日，大学城华工体育馆举行的柔道比赛，选手互相摔打形成一个球形。南都记者 赵炎雄 摄

▲ 11 月 22 日下午，男子双人 10 米跳台决赛，运用多重曝光手法拍摄两名伊朗选手在空中抱膝翻滚。南都记者 陈伟斌 摄

▼ 11 月 17 日，沙滩排球，男子预赛 C 组第 3 场日本对也门，对阵双方网上角力，硬是把排球挤凹下去。南都记者 贺顿 摄

美的诱惑

我特喜欢漂亮的东西，但作为传媒从业者，职业让我几乎没办法从美感出发来做选择。

欧新社记者Julian Stratenschulte拍的这张雪中的白色猫头鹰，摄于德国埃森，终于极大地满足了我这小小私心。画面为脸部特写，饱满，干净，没有一丝杂质，其实主要是主体长得好，而且没有一点儿长镜头拉过来的粗糙感，很明显拍摄者技术过硬，各方面操作指标都没什么问题。

前几天吃饭时闲聊，一位同事说到小时候捉过一只白色的猫头鹰，回家却被大人狠狠骂了一顿，貌似这玩意在东北的传说中不是个什么好东西。说实话，这是我第一次见这种动物，尽管都不是实物，却喜欢到不能控制，那有故事的眼神实在太让人迷恋了。

博客天下图片总监　翁倩

报纸将以网络时代导航员身份重生

——日本传统媒体与新兴媒体之间的攻防

□高井洁司

高井洁司

报纸、电视、广播、出版等所谓传统媒体受到互联网等新兴媒体的挑战呈现出全球性的不景气。日本也不例外，传统媒体经营陷于困境。不过，日本还没有像美国那样报社接连不断地倒闭。具有双向性等特点的互联网乍一看提高了实现民主主义的可能性，然而，现实让我们看到的是它也带来了远离民主主义的群起攻击甚至相互中伤的现象。

当然，从年轻人开始远离印刷媒体来看，新兴媒体的发展趋势是不可阻挡的。然而，当下也开始出现对互联网时代传统媒体再生的新认识——纵使印刷物不再存在，报社也应该通过发挥它多年培育起来的报纸监督权力的专业性职能来谋求生存之路，并担任起互联网时代的导航作用。

这篇文章就以报业为中心展望一下日本媒体的现状和未来。

一、报业现状——虽陷困境但有别于美国

1. 经营之窘

发行量减少。据日本新闻（报业）协会的统计，2009年日本日报（协会加盟的121家报纸）的发行总量为5035万份，比上一年约减少114万份。减少量超过100万还是日本报业发展史上的首次。与10年前比，减少量是340万份。也就是说10年内日本报纸发行总量的减少没有超过10%。

如果仅就《读卖新闻》、《朝日新闻》等一般性的日报而言，2009 年的发行量为 4560 万份，比上一年减少 90 万份。

广告下跌。2008 年、2009 年，日本的报纸广告费连续 2 年创下下跌率为两位数的纪录，2009 年首次被网络广告超过。2009 年报纸广告费为 6739 亿日元，为上一年的 81.4％。广告下跌主要还是经济不景气的影响较大，它同时还波及到其它媒体。杂志广告减少 25.6％，超过报纸的下跌记录。网络广告增长 1.2％。

与美国报业相比，在广告收入方面差异较大的有两点：一是反映在报纸的发行收入和广告收入的比率上。日本报纸的广告收入为 35％（2004 年至 2007 年的平均值），与美国的 87％（2008 年）相比较低，广告收入减少的影响也就相对小些。二是在广告增减率上。2004 至 2008 年的美国广告收入增减率是－26％，而日本（2004 至 2007 年）是－12％。另外，由于美国的报社股票面向市场，所以，当报社的股票价格遭遇经营困难时便出现急剧下跌现象。被视为美国报纸的代表的《纽约时报》，其股票价格“从 2002 年开始 7 年间下跌到 1/15。”发行的低迷、广告收入的锐减、再加上股票价格的下跌，加速了报社的破产和倒闭。与此对照，日本报社的股票不公开，而是社内持股，这样也就没有来自股东的压力。

顺便介绍一下日本报社除发行、广告收入外的其它财源。报业协会加盟报社 2009 年度的总收入为 2 兆 89 亿日元，其中包括发行收入 1 兆 2100 亿日元、广告收入 4791 亿日元、其他收入为 3128 亿日元。从收入整体状况来看，广告收入的比率逐渐降低。

2. 经营合理化

根据 2010 年版的《日本新闻年鉴》介绍，2009 年朝日新闻社亏损 31 亿日元，出现了 1919 年股份化以来的首次赤字。日经新闻社也亏损 14 亿日元，为战后首次赤字。

不过，2009 年度，半数以上的被调查报社已开始出现好转。这是各家报社采取削减人员，调整结构等措施的结果。这一点从营业费用（通常指销售费和一般管理费）减少 5.8％这个数字多少可以体现。再细看一下下列数据：用人开支减少 4.2％、纸张费减少 6.5％、材料费减少 9.2％，可见报社节省开支，正向合理化经营的方向调整。

2009 年，朝日新闻社有关奖金的协议结果是平均年龄 41 岁、奖金额 116 万 5722 日元，与上一年比减少了 48 万 6388 日元。奖金发放方式一般是一年发两次，按照企业的成绩，公司和工会进行谈判来决定。因为报社出现了股份制后的第一次赤字，奖金额减少也实属当然。

实际上，尽管奖金额下降幅度创下纪录，但还是与从前一样是一般企业的两倍。也就是说到现在为止报社的奖金过高。

日本大众传媒从业者的待遇极高，为此产业界以前就呼吁要改进这种状况。甚至有意见指出，“应该更多地理解和分担普通市民的生活之苦，否则怎么能称得上是真正的记者”。这次报社果断采取经营合理化的措施虽然起因于经营困难，不过这也说明报社还是有经得住这样调整的能力的。报社对一直持续至今的特殊待遇进行合理化调整之风，也吹到了电视台。其实电视台的待遇还远远高于报社。比如日本电视台和富士电视台的平均工资就居日本企业排名的前十位。

当然，从年轻一代渐渐远离印刷媒体等因素看，可以预测今后报纸的经营会越发困难。也许正因为如此，出现了一些类似《2011 年报纸·电视灭亡》（文春新书、佐佐木俊尚著）、《新闻事业的崩溃》（幻冬舍新书、上杉隆著）等书籍。这些作品与其说是用事实说话，不如说是靠引人注目的标题来进行推销。

铃木伸原今年根据美国报纸近几年相继停刊的现象，预测“3 年后日本的报纸也会如此”。不过，笔者认为他没有充分认识到美国报纸和日本报纸的差异。日本的报纸，从 20 世纪 80 年代到 2000 年持续发展，成长

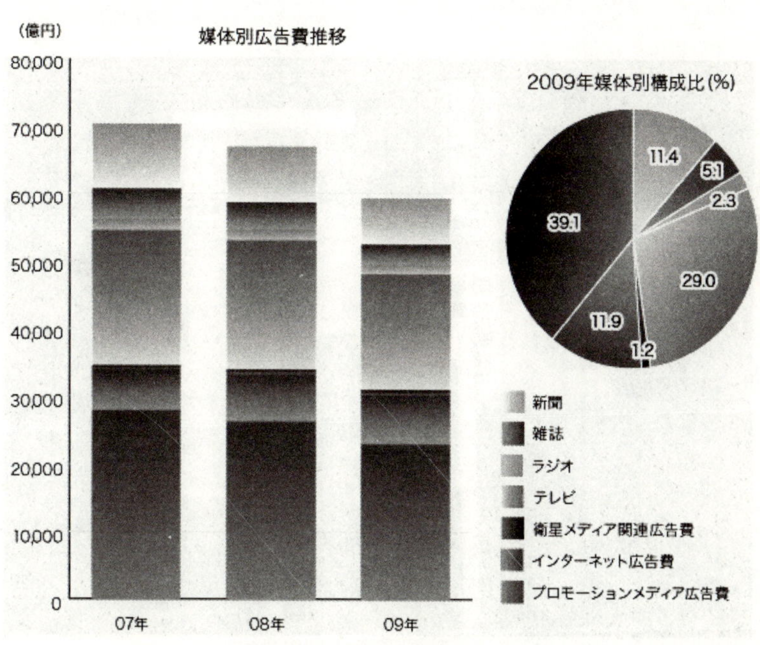

为第一流企业，报纸的普及率是中国的6倍。而且报纸除了握有全国的电视台的股票外，还着手于各种各样的事业，在很多领域中尚有拓展经营的空间。

二、日本互联网状况——尚未成为取代报纸的存在

1. 未成熟的网络媒体

“日本的互联网很没意思。打开报社的网站，上载的仅仅是一部分报道。而且还是简要，无法了解报道的全部内容。即使想上动画网站看动画片，也没有可看的东西。非常喜欢的日本动画片“Naruto”（火影忍者）在日本的网站上却看不到。可是在中国全部都可以免费看到。写博客吧，一用日语写，转瞬就会出现下流的评语。除了购物和玩游戏以外，日本的互联网也就没什么其它用途了。”

这是来日本不久的一个中国留学生的感叹。确实，即使打开“读卖在线”、“朝日 COM”，首页上也就有几条快讯，而且不是什么重要新闻。

很明显，为了让大家买印刷的报纸，印报前网页上不会刊登重要新闻，报纸印刷后也只能在网上读到报道摘要。虽然大型网络服务商的新闻网站上登载从报社和通讯社购买的新闻，不过重要新闻的详细报道很少。2010年《日经新闻》开始在互联网上上载报道的全文，不过要收费，而且费用

与报纸大体一样，1 个月 4000 日元。因为价格较高订阅者没有像该报社期待的那样增加。

因为著作权问题会被严格追究，动画网站像中国那样转载各种各样受欢迎的内容是不可能的。

日本有名的投稿网站或 BBS，正在成为闲聊的空间。由于幼稚的议论常常过激，甚至成为语言暴力。日本比较有代表性的网络研究者、社会学家等就网络所面临的问题展开过讨论。有学者指出“互联网和直接民主制是以组合形式加以讨论机会较多的题目，譬如在较具有新闻性的事例上，作为民主主义的好例子常提到韩国总统选举中互联网引发的一些事情。而在日本常拿出议论的是围绕伊拉克人质问题和北朝鲜问题。网上的批判和作为信息传播主体的个人的声音的汇聚,也有产生某种‘民族主义’和‘民粹主义’的危险”。

伊拉克人质事件发生在伊拉克战争进行中的 2004 年。事发前日本外务省发出过战时尽量避免去伊拉克劝告，对无视这个劝告进入伊拉克成为人质的人的行为，网上展开了激烈的批判，称政府没有必要去努力救助他们，让他们“自己负责”声音十分高涨，以至于出现“自己负责”成为社会流行语的现象。

2. 韩国市民媒体的引进以失败告终

在韩国历代军事政权和开发型独裁政权下，许多传统媒体与权力相互勾结作为权威高踞民众之上。可是，金大中政权作为韩国最初的民主政权，诞生以来重视信息技术，在培育利用互联网和电视的市民媒体方面做了很多努力。市民媒体在 2003 年诞生的卢武铉政权的支持下得以实现。广为人知的韩国市民媒体是“我的新闻”（Ohmynews）网站。它拥有数万市民记者，来自市民的报道经过专业记者改写上传到网上公开发表。由于这种报道与传统媒体的视角完全不同，作为参与型媒体引起了很大的反响。2003 年的总统竞选可以说卢武铉就是在市民媒体的支持下成功的。

日本版“我的新闻”——“JANJAN”（JAPAN Alternative News for Justices and New Cultures）于 2003 年 2 月成立。创刊时积极宣传“媒体在变化，市民来改变”。但是由于资金困难，2010 年 3 月停刊。虽然它批评传统媒体“依赖官方信息，目光向上，是单向通行型的媒体”，但是，它却没有清醒地看到市民记者尚无替代传统媒体的采访能力的现实。其结果是市民媒体虽然适合表达市民感觉的评论，但是它还不足以发挥“新闻专业组织”的迫使政府公开其隐藏的大量信息，追踪不法行为并进行曝光的功能。以替代传统媒体为名的 JANJAN 的停刊，说明了新兴媒体还不具备代替传统媒体发挥监督权力的核心功能的力量。这也是由于它支付不了必要的成本。要获得必要的信息必须要有足够的专业人材，布上采访网，组织起编辑阵。

三、对新闻媒体监督权力功能的期待

话虽如此，新兴媒体作为工具的便捷性却确实正在不断动摇传统媒体的基础。

摆在日本书店中的有关媒体的书籍中，对传统媒体进行批判的著作很醒目。可是，批判传统媒体的人却未必就是互联网的支持者。很多研究人员批判传统媒体正是出于对传统媒体监督权力的新闻媒体的核心功能充满期待。

支持新兴媒体的评论家强调社会变化和新兴媒体的便捷性。比如，《2011 年报纸・电视灭亡》的作者佐佐木俊尚（原每日新闻社记者）认为，目前正在从“大众”社会向“少众・分众”社会转换，他预言大众媒体将被终结。

然而，同为原每日新闻社的记者、现任京都学园大学教授的福永胜则主张，IT 革命带来了信息新时代，“学界出现了一种认为新媒体一登场，既有的媒体就会被淘汰的武断的思考方法，这不过是对人类所处的信息环境尚缺乏正确的认识。”“再加上信息传达工具不同，印刷媒体的报纸作为‘新闻报道事业的盟主’肩负着从根本上支撑民主社会的社会使命。也

JANJAN

From Wikipedia, the free encyclopedia

This article **needs additional citations for verification.**
Please help improve this article by adding reliable references. Unsourced material may be challenged and removed. *(April 2008)*

JANJAN, short for *Japan Alternative News for Justices and New Cultures*, is a Japanese online newspaper started by Ken Takeuchi, journalist and former mayor of Kamakura, Kanagawa. Launched in February 2003, the newspaper is credited for pioneering citizen journalism in Japan.[1]

References [edit]

1. ^ "市民記者「モノ」申す". Asahi Shimbun. 2008-01-22. Archived from the original on 2007-11-17. Retrieved 2007-10-27. "日本では「市民の、市民による、市民のためのメディア」を掲げて０３年２月に創刊したＪａｎＪａｎが草分け。"

- The article was originally a partial translation of the corresponding article (October 1, 2007) in Japanese Wikipedia.

After registration, anyone is free to post comments on the JANJAN website. However there are different windows for registering depending on the nationality or ethnicity of the potential poster. i.e, a different one for "Foreigners, 外国の方"and Japanese.

就是说，报纸作为报道机关具有言论表达功能，对各种社会现象可以进行尖锐的分析，并展开批评、解说、讨论，这种新闻报道活动和其存在的意义，即使是在网络时代也是其他媒体追赶不上的”。福永的著作虽然名为《衰退的新闻报道事业》，实际上却对新闻报道事业抱着强烈的期待和信赖。网络媒体以其带来大众的分众化、社会的分散化为特征，抱有各种各样的问题。到目前为止传统媒体一直肩负着促进舆论形成和社会组织化的功能，如何保证这种功能发挥下去传统媒体的作用还是重要的。

法国现代思想研究学者、神户女学院大学内田树教授经常从文化人类学的角度对各种各样的社会现象展开独特评论。他在《街场媒体论》一书中，借用法国哲学家阿贝尔·加谬的话提出，是不是该时常自我检查一下自己说的话语中有究竟含有多少能够“感到生命危险”的言词，以此来寄希望于传统媒体向自身所具有的权力监督功能回归。

四、传统媒体与新兴媒体的融合

新兴媒体具有谁都能发送信息的便捷性，把长期以来垄断在传统媒体手中的信息传播功能提供给了民众。可是，在多大程度上能代替传统媒体站在独立于权力的立场上，要求权力层公开所独揽的信息，并发挥设置议程功能，促进舆论形成，从现状来看，日本新兴媒体要发挥这种新闻报道的核心功能还很困难。反倒是网上的言论容易感情化，经常会出现狂热现象，甚至扩大对外的对立和摩擦。

传统媒体与新兴媒体的发展趋向如何，眼下出现的是谋求两者融合，取长补短的尝试。

其中之一是传统媒体主动利用新兴媒体开始提供新服务的动向。如2008年1月，朝日、读卖、日经三家报社共同出资开设了能够免费阅读三家报纸社论和专栏的网站“新s(あらたにす)”，组建了靠广告营运“新s”的经营组织。这个网站可以比较阅读各报社论，还会让著名评论家登场来作“报纸导读”。现在，这个网站链接了各报社网站，还可以进比较阅读头版和社会版的报道。不过，能读到的不是所有的报道，也不是报道的全文。

2010年3月，日经新闻社几家报社开始提供电子报的有偿服务。月额4000日元可以阅读报纸的报道，再加上电子版自身独有的报道。收费标准几乎与订报费相同，而且无法制成电子文件。

另一个新动向是称之为“公民新闻”的尝试。报社利用自身作为舆论领袖的优势营运BBS，对BBS上的读者的声音进行理性引导，并将其结果登载在报面上。这尝试的意义在于反映读者声音的同时，将读者引向关注纸媒体。譬如神奈川新闻社就设置了一个称为“カナロコ(kanaroko)”的报社和读者交流的网上空间，实行会员制。 而且采取的是“SNS”形式。

原每日新闻记者并兼任日本新闻劳动工会联合负责人、起草《报人良心宣言》的《周刊星期五》主编北村肇，在他新近出版的《报纸新生》一书中，就互联网上的民族主义的爆发指出，“为抑制这种国家主义的张扬，网络社会需要恰当的导航员。而导航员不可缺少的是‘可信赖性’。那么要获得市民的信赖，就必须是站在不迎合权力的立场，只报道真实的媒体。如果考虑报纸原有的力量的话，是充分具备作为网络世界导航员的资格的”。

对日本报社的现状进行严厉批判的北村先生建议报纸作为网络媒体时代的导航员可以获得新生。这是深深理解报纸优势的人的建议。一家报纸发行量一天高达1000万份左右的报社，拥有2000多人的记者，在日本和世界布有采访网，在采访、编辑及信息内容方面的优势是超群的。只要社会还需要优质的内容，报纸的存在是不可否定的。

（作者系日本北海道大学传媒研究院院长，西茹翻译）

网络新闻收费阅读为什么是可能的?

□毛哲

毛哲

一、收费是一根什么样的稻草?

网络新闻收费，无疑是一柄双刃剑。

无论是传媒界还是学界，抑或是调查机构对此都抱有截然不同的两种看法。

一种看法可以概括为：网络新闻收费是传统媒体的救命稻草。

除了默多克的新闻集团和纽约时报这样的媒体大佬们这么坚定地认为之外，甚至包括被默多克多次批评的谷歌公司也部分认同这样的观念。美国《大西洋月刊》2010年5月刊发的一篇题为《谷歌来教你办报纸》的文章中就介绍了谷歌公司为帮助新闻界所做的各种努力，对于网络新闻是不是真能跨过“付费这道坎”，该文的作者在文中说：“我发现谷歌的人不把这个问题当问题。人们当然最终是会通过某种方式来付钱的，这有什么好谈的呢？有意义的问题在于付费方式的细节以及新闻金元价值的审定。”

而在众多的调查统计公司所发布的报告中，受众对网络新闻收费的反映最乐观的是由波士顿咨询集团（Boston Consulting Group，简称BCG）发布的一项研究报告。该报告称，公众付费阅读网络新闻的意愿高于预期水平。在接受调查者之中，66％的芬兰人、63％的德国人以及62％的意大利人宣称自己可以接受付费浏览新闻网站。

另一种看法则可以概括为：网络新闻收费将是传统媒体的自杀行为，收费将是压死骆驼的最后一根稻草。

由美国著名独立市场调查公司哈里斯互动调研公司于 2009 年底进行的一次调查显示：在美国有 77% 的在线成年人表示，他们不会花一分钱阅读在线新闻。而那些愿意付费的人中，仅有 20% 愿意支付 1 到 10 美元月费，愿意付高于 10 美元的人仅占 5%。

同样的坏消息来自另一家调查公司尼尔森。尼尔森的调查报告《正在改变的模式：在线内容收费的全球调查》宣称："被访者中压倒性的多数(85%)相信当前免费的在线内容仍应保持免费"。

当然更为悲观的说法来自一些研究机构和互联网观察人士，在他们看来，收费只会让传统媒体死得更快。

上述两种看法分歧是如此之大，以至于我们惟一能找到的共同点只有一个，那就是：他们都认为收费对传统媒体而言都还算是一根值得讨论的稻草！

二、免费的午餐能吃多久？

普通读者对于付费看新闻的第一反应是可以想见的：免费的东西我都看不完，哪里需要花钱看？但是，这份免费大餐能持续到什么时候呢？

在众声喧哗中，我们不能忽视一个现象是：媒体的专业作用被有意或无意地忽视了。

世界新闻报的收费页面。

常常会拿来用的例子是，伦敦的突发事件时，现场的普通人如何用手机拍下视频发到网上，哪里的微博又率先爆出什么猛料影响到了互联网进而再被传统媒体转载。这些例子都被用来证明传统媒体不行了，但是如果我们不把焦点对准这些个别事例，而是客观地统计一下每天看到的新闻，究竟有多少是非新闻单位生产的？究竟有多少纯粹由网民自发发布的？传统新闻单位的作用就不言自明了。而且，我们可以再看看一些特殊的领域和特殊的新闻产品，如果没有专业的新闻生产者，究竟会有谁会出钱出力去考证舟曲泥石流的真正成因？又有谁能挖掘出山西黑窑工背后那些被人为掩盖的真相？如果没有专业的新闻机构，谁能考证网络上一个又一个的传言哪些是真实的，哪些是与事实有出入的？

社会化媒体固然在某些场合能够发挥其独特的作用，但专业人士的参与才能让新闻焕发出真正的价值。

著名咨询机构麦肯锡最近做了一项研究，根据它的调查报告显示，“比起其他任何媒体，消费者更信赖报纸。有66%的人形容报纸广告‘能提供有效信息且令人信服’，相比之下，仅有12%的人对网络广告持类似观点”。这项调查是对英国新闻消费者所做的，但似乎给全球报业都能提供信心上的支持。

事实上，人们的确更愿意相信传媒组织而不是个人发布的信息。

再以2007年红极一时的周老虎事件为例，当时这一事件在网上形成

纽约时报在网上推出新闻阅读器。

了热潮，一时间，各种网上评论、争执席卷全国，甚至有网友自发前往事发地，准备一探究竟，但在众多的声音中，传统媒体的严谨调查和实地求证才是为这场争论提供了最基本的素材和最终推动力，而网民们的声音更多的只是议论和情绪化的表达。正如南京大学新闻学院教授杜骏飞在事后发文总结时说的那样："大众媒体除了具备品牌号召力、常规意义上的公信力、专业新闻素养之外，其"守门人"功能还承担着为受众过滤信息、提供少量精选新闻和加工信息的功能，它们可以为大众节省掉信任成本和判断时间——这一点非常重要，因为并不是所有的受众对于所有的新闻议题，都想以一己之力在网上披沙拣金、穷根究底的，此时，网络媒介众语喧哗的优势反而会成为劣势，大众媒体的冷静、慎重、精当则成为优势。"

新闻毕竟不是爱好者就能做好的事情，它是一门专业！那些在网上偶尔客串一下的热心人士也有可能在某种特殊情况下，发布一个空前的好新闻，但他不是专职的，他没有义务也不可能天天去挖掘和发布好的新闻。在伦敦地铁爆炸中有机会拍下现场图片和视频的那些人士只是因为偶然在场，并将自己的记录发布出来，他们最多只是提供了现场的几个片段，解决的只是新闻诸要素中前几个"W"的问题，包括"when（何时）、what（何事）、where（何地）"，但他们很难解决"who（谁）、和why（为什么）"之类的问题，更不可能放下自己的事情去深挖新闻背后的故事。如果说媒体是社会的瞭望者的话，只有那些专业的新闻从业人员才会坚持站在这个岗位上，无论风雨、无惧冰霜！

如果我们都认同这种坚持、这种守望是有价值的话，我们就必定要以某种方式承认它！如果网络不能还原传统媒体二次销售的商业模式的话，那就只能回到新闻这个行业开始时最初模式中去，那就是花钱买自己想要看的新闻。

三、《泰晤士报》为什么没收到钱？

仿佛就是为了证明网络新闻收费这条路走不通，在实施几个月后，各种数据都表明：默多克的收费策略执行起来实在是得不偿失。

资料表明，在默多克正大启动网络新闻收费行动前，《泰晤士报》的网站每日独立访问者稳定在120万人以上，以4%以上的市场占有率成为第四大英国新闻类网站。从5月25日进入收费"试用"期开始，该网的访问数量一路下滑，至7月正式收费前，《泰晤士报》的网站的市场份额降到了1.37%，跌出了英国新闻网站的前10位。据说，在为期两个月的试用期里，只有15万人注册成为其网站的注册用户，最后愿意付费的人大约只有1.5万人。同时，该报的发行量依然在下跌。

应该说，《泰晤士报》的成绩单的确很不理想，甚至超出了我们原来所预想的最差的状况。但仔细想想，似乎以觉得这样的效果亦在情理之中：出头的椽子先烂，默多克在全球新闻界算是第一个真正走上网络新闻收费阅读道路的媒体大佬，而《泰晤士报》又是其旗下众多平面媒体中的第一个，在众多新闻媒体的内容还在免费供网民浏览，人们还有很多替代阅读方案的情况下，《泰晤士报》受到冲击也是在所难免的。

当然，在我看来，导致默多克的收费战略初战不利的还有一个更重要的原因：就是他在收费之后没有相应地提升其服务。就目前看来，收费后的《泰晤士报》网站只是在网站版式上做了一些调整，将原有的新闻门户式的新闻陈列方式改成更加类似报纸版式的新闻陈列方式，使网民在浏览网站时更像是在打开一份报纸。但是，内容还是那些内容，浏览方式还是原来那样的由读者自行点击浏览，而且因为收费网站还增加了一个登录的过程，让读者倍感不便。

多花了钱，却还是原来的那些服务，这会让有心付费的读者感觉失望，进而影响收费战略的继续推进。

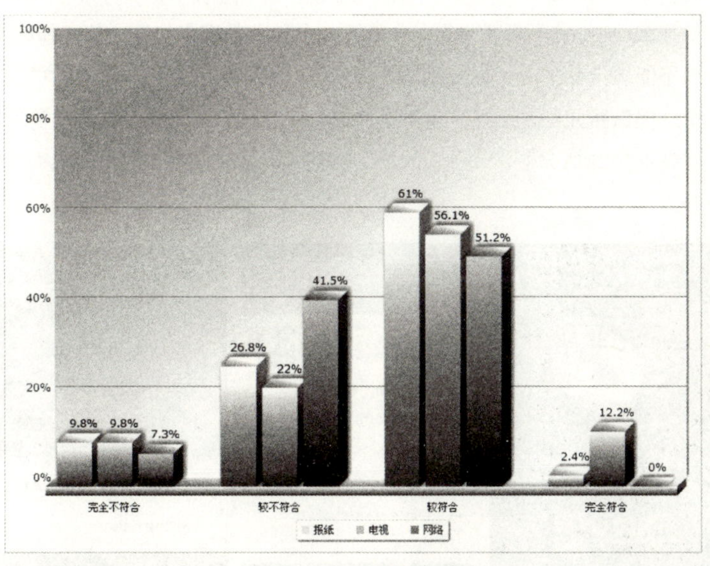

在回答报纸、电视、网络的新闻报道是“真实报道，新闻报道不含虚假、猜测和虚构的成份”这种判断与自己的观点相符程度的调查中，网民们对报纸、电视的信任程度普遍高过网络。数据来源：问卷星网站——谢钊发起的一项《关于报纸、电视、网络三种媒体的新闻可信度的调查》。

四、给读者一个花钱的理由

还是让我们回到读者身上。

无论如何，报业受互联网的冲击，收入下降以至于现有新闻生产方式难以为继，进而可能导致将来没有优质新闻可看，这些对一个普通读者而言都是传统媒体的事情，何况上述这些可能性还远在将来，而现在就要读者掏钱却是迫在眉睫的开支。为什么要读者花钱去做一个本可以不花钱的选择？媒体是否从读者的角度，给了读者一个充足的理由？

在互联网时代，信息已成泛滥之势，面对海量的信息，面对每日更新数以万计新闻的门户网站，人们已经觉得无所适从，信息无处不在而有用的信息又不知道在哪里，这就是受众面对大海一般汹涌信息潮时必然产生的一个烦恼。而这时，人类天性中的惰性又发生作用了：最好是有人将这些信息按我的需求整理后交给我看，这几乎是每一个面对门户网站的人内心里都存在的一个渴望。

同时，面对千篇一律的大众传媒，尤其是面孔几乎一样的新闻门户网站，并不是每一个人的资讯需求都能在这种格式化、程序化的信息传播中得到体贴的满足。如果说在传统媒体时代，报社不可能为每个人单独印刷一份报纸、电视台不可能为每一个人开一个独立频道是受制于技术和成本，受众不能不接受的一个现实的话，到了互联网时代，还以千篇一律的面孔为受众提供新闻则是无视了技术提供的可能性，无视受众个性化的需求。

在这样的情况下，一种及时的、准确的、能够定制的资讯就具有了相

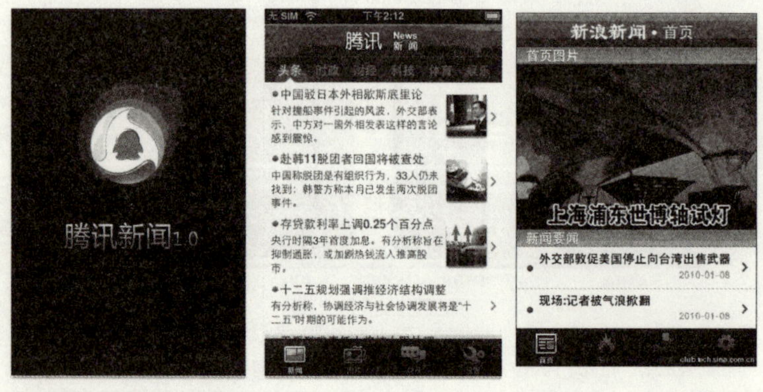

网户网站纷纷推出了自己的iPhone新闻浏览器，但在移动互联网时代，在手机这种小屏幕的阅读体验中，门户网站海量新闻的优势还多少能够延续却是一个问题。

当的市场潜力。而且面对互联网新闻门户网站海量化的信息传播，反其道而行之，为受众提供精选的、个性化的新闻成为传统媒体转型、发展新媒体的一种颇具前景的选择。

可以说，在互联网到来之前，新闻的市场动力在于帮助用户越读越多，而在互联网时代，我们的市场机会就在于如何帮助读者越读越少、越读越精。因此，能够帮助受众在海量的信息中找到自己想看的新闻并且及时地传递给他们，就在一定程度上具备了让读者付费的理由。

五、未来的新闻服务

未来的新闻服务是怎样的一幅图景？

那个时候，新闻应该也像当前订报纸一样，是需要用户订制的，但与现在不同的地方在于，每一个用户订制的新闻都是根据个人的兴趣爱好和工作需要来订阅的，即每一个人订制的内容都不是完全一样的，世界上可能不会存在两份完全一样的新闻订单。而且用户获得新闻资讯的渠道也肯定会与当前每天接收纸质的报刊不一样，通过各种联结互联网的装备接收电子化的内容将会成为主流。

与之相应的是，新闻发布机构的后台在得到用户授权后，是可以对用户的新闻浏览习惯进行跟踪和分析的，然后根据系统的跟踪、分析的结果，新闻发布机构将会不断修正用户的订单，并尽可能向用户提供符合他浏览习惯的不同于其他人的新闻产品，这种不同既包括新闻内容的不同，也包括新闻形态、传播方式、传播时间等

新华出版社出版了菲利浦·梅尔教授的专著《正在消失的报纸》。

方面的不同。

由于新闻产品是根据世界上最新发生的事件而生产出来的信息，因此，新闻不可能像工业产品那样在事先就确定其颜色、性能、功效等，当一条新闻被前方的记者或后方编辑加工完成后，向哪些用户推荐而不向哪些用户提供将由新闻机构的系统根据用户的订单和他的使用习惯进行确认。当然，所有这些都应该建立在一个非常智能的系统之上，一方面这个系统应该可以对用户的兴趣和新闻产品的使用习惯非常的了解，同时也能对系统中上传的每一条新闻做出非常准确的分析，并将这些新闻与用户进行智能化的匹配，进而用最贴近用户需要的方式传递到用户手中。

而作为一个付费订制了新闻的用户而言，届时的新闻体验将是无与伦比的，几乎可以做到在任何时候、任何地方通过自己喜欢的方式获得自己感兴趣的任何新闻。

如果要将这个可能的图景进行适当归纳的话，我们可以认为，将来的新闻服务除了现有媒体的各种特性外，至少还将呈现如下几个特点：

个性化：新闻产品不再以格式化的统一的形式提供给受众，而是利用技术实现了点对点的传播，每个用户看到的新闻都不会是完全一致的。

可订制：新闻不再是以编辑部为中心的、而是以用户为中心的一种生产方式。用户可以预先向新闻机构提出自己的需求，甚至可以由用户点题进行新闻生产。

碎片化：新闻不再是以整份报纸、整个节目为单位向用户传播，甚至都不是以整篇为单位进行传播，如果用户需要，新闻将变得十分零碎，而用户阅读和观看新闻也不一定会是一个完整的时间段，等人、散步、喝茶的任何时间空隙都可能是用户浏览新闻的时间。当然，如果用户需要，新闻机构也可以将打碎了的新闻聚合成一个有始有终、有分析、有判断的新闻产品提供给用户。

智能化：随着计算机和互联网技术的进一步完善，语义分析、人工智能将越来越多地应用于人们的生活，未来的新闻生产和传输将不再完全利用人工完成，用户的新闻使用习惯与不断生产出来的新闻产品之间的匹配将更多地依靠计算机自动完成，而用户所处的地理位置、用户所使用的终端将纳入系统的综合判断，从而适时地为用户提供适当的新闻产品。

多终端：以无线互联网的发展现状来看，网络将成为一种类似水和空气那样的人们须臾不离的应用，在这样的情况下，用户用以接收新闻的终端可能是电视、电脑、手机、电子阅读器中的任何一个，只要这些终端能够上网，用户就可以随时借助这些终端通过网络从新闻机构那里获得自己订制的新闻产品。这些产品可能是用户主动登录后获得的，也可以是根据用户的订制要求，由新闻机构定时推送给用户的。

多媒体：文字、图片、音频、视频、动画，各中媒体形态的新闻产品在订制化的年代将是新闻机构的必然要提供的新闻服务，这一点当是确定无疑的了。

交互性：交互性是以互联网为代表的新媒体与传统媒体的单向传播方式之间存在的最大区别，在未来的新闻服务中，这种交互性将得到进一步的发展，其不单表现为用户在新闻后面的跟帖评论和用户间的分享、传递，还将加入用户所处的地理位置、个人的社交网络等个性化的信息，从而让这种交互性变得更加具有亲和力和贴近性，让用户更愿意参与。

（作者系名牌杂志执行主编）

把握3G时代的终端话语权

□刘健东

刘健东

还记得电影《手机》当年是如何描绘3G的未来吗？老婆用手机视频询问老公的去向，老公为隐藏真实行踪在视频中变换背景……

曾经有那么一段时间，视频通话被描绘为3G的“杀手级”应用。可是，当3G在中国大陆正式运营一年多以后，人们发现，原来视频通话要受到网络制式等诸多限制，一点都不好玩，于是“杀手”变成了“鸡肋”。时至今日，传说中的应用“杀手”还只是一个传说。

但在手机终端领域，iPhone的出现，却尽显“杀手”本色，尤其是今年9月底联通在中国大陆发售的iPhone 4，短短两个月内的销量就超过了40万部，占联通新增3G用户的20%，其火爆导致的严重缺货，似乎让用户一夜回到了“短缺时代”。于是，一直淡定的中国移动不淡定了，打着“免费剪卡”的招牌公开抢客；而一向软弱的中国联通也不再软弱，悍然以“锁机”相威胁。过去几年一直风平浪静的中国通信运营市场，iPhone 4几乎引爆了一场通信版的“3Q大战”。

市场上多年鼓吹的3G时代“应用为王”的商业逻辑，在iPhone 4面前显得脆弱不堪。目前来看，中国的3G时代似乎仍在延续着2G时那屡试不爽的商业逻辑——终端推动。面对这样的市场现实，一直有志于以“内容”在3G时代中分得一杯羹乃至实现转型的传统媒体，从中又可得到什么样的启示？

应用和终端，谁成就了谁？

一些专家喜欢拿苹果应用商店（Appstore）的模式来佐证应用的重要性——Appstore 有近 30 万款应用程序，其中 7 成为收费程序，丰富的应用支持，成就了 iPhone 的辉煌。于是，他们为中国的 3G 设计了一张“以应用拉动用户入网”的路线图。

但这些专家如果真正用过 iPhone，应该也要反问一句：如果没有 iPhone，这些应用程序是否又成了摆设呢？

我们已没必要纠结于这种“鸡生蛋还是蛋生鸡”的哲学命题，因为市场的数字几乎说明了一切。

工信部的统计数据显示，2009 年中国全年发展的 3G 用户数仅为 1326 万，中国移动、中国电信、中国联通三大运营商均未完成年初订下的 3G 用户发展目标，除了手机阅读增长较为迅猛外，手机导航、手机电视、可视电话等以 3G 网络为卖点的应用服务并没有取得预想中的拉动效应。

不过进入 2010 年，情况发生了很大的变化，截至 10 月底，国内 3G 新增用户已经有了 2538 万，平均每月的新增 3G 用户超过 250 万，10 月新增 3G 用户数更是达到了创纪录的 364.6 万。

增长的动能主要源自手机终端销售的发力——

中国联通9月底发售iPhone 4，短短两个月内销售逾40万部，iPhone 4 新增用户占总体新增3G用户的近20%，即使其中有20%的销量因为被拆包而改用其他网络，但联通的3G品牌度也因为iPhone 4而得到了极大的提升。而自从去年底中国联通开卖iPhone以来，其所拉动的3G用户数占到了联通一年来新增用户的10%。

其实不仅仅是中国联通，中国电信自从去年底引入Android系统的摩托罗拉XT800等旗舰3G终端后，中高端用户明显增长，今年10月大批量上市千元级3G智能终端后，更是引发用户井喷，截至10月底，其3G用户总数成功突破千万，10个月就完成了2009年一整年的3G用户发展量。

即便是受制于TD-SCDMA网络制式而在手机终端上相对匮乏的中国移动，自从去年"5·17国际电信日"推出刺激手机厂商的TD终端研发基金后，在普及型终端上市的推动下，今年2—3月份，也创造了3G用户环比增长9倍的"奇迹"。再把时间往前推一年，中国移动正是通过G3上网本与G3上网卡的捆绑销售，成功引爆了一波3G用户的快速增长。

被终端"3G化"的用户

然而，从另一个角度看，终端的推动，使得中国的3G用户体现出"被3G化"的特征。

在国内目前2000多万的3G用户中，被终端"3G化"者不在少数。比如，中国移动的G3信息机，一个长得像固定电话实际上是移动电话的终端，针对的是中国电信和中国联通的固定电话用户，用户选择它的原因很简单，打电话，便宜！但这类用户使用的又是中国移动188的3G号段，因此在统计中，他们"被3G"了，而在实际的使用中，他们对运营商的3G业务尤其是数据业务的贡献极小。

再看中国联通，其高价补贴的iPhone，作为高端机型，所吸引的用户在使用上是否就一定体现出高端的特质？答案是未必。广东联通的一位市场人士就向笔者承认，用户选择iPhone很多是从时尚因素去考虑，但在实际操作中，用的最多还是电话和短信。这也正是中国移动敢于以"免费剪卡"抢客的关键所在——既然主要还是打电话和发短信，那iPhone插联通的卡和插移动的卡又有何不同？

显然，被终端"3G化"的用户，相当一部分还不是真正意义上的3G用户，他们目前还不可能为运营商的3G业务贡献多大的收入。尽管如此，运营商终端推动的步伐并未放慢，因为他们清楚，当前中国3G的普及首先是 3G 终端的普及，只要用终端和资费套费先把用户粘住，一旦 3G 的应用真正成熟和普及起来，这批用户就能为他们带来收入。

上述联通人士跟笔者谈到了一个颇令联通振奋的现象："我们调查发现，那些因为'粉'iPhone 而从其他运营商处转过来的用户，一旦真正把 iPhone 的 3G 功能用起来，iPhone 就会对他们产生一种黏性，尽管联通的覆盖和服务还存在着不足，但他们也不会回去了。"或许，这就是联通不惜以"锁机"来打击 iPhone 4"机卡分离"的原因，因为他们深知 iPhone 用户的战略价值所在。

传统媒体的终端突围

终端在整个 3G 产业链中拥有强势话语权，这已是不争的事实，正向全媒体转型的包括南方报业在内的传统纸媒，对此应予以高度重视。

一直以来，传统媒体在向全媒体的转型中强调"内容为王"，其商业模式简单说来，无非就是将所制造的内容以两种方式销售：一是通过自建网站的承载来吸引广告收入；另一方面与商业网站和通信运营商等"渠道"合作，把内容打包销售出去。

实践证明，与"渠道"合作，得大益者为"渠道"，这道理就如苏宁、国美与家电制造商的关系一样。而面对商业网站在资金和技术上的强势，单一的新闻内容网站似乎已看不到什么大的前途。而随着微博等 web 2.0 产品的兴起，用户免费获取有价值信息的渠道大为增加，这也在某种程度上封闭了传统纸媒网络收费阅读的空间。

其实，对传统纸媒而言，"内容为王"本身并没有错，问题是，传统纸媒的优势内容应选择哪个平台来承载和运营？过去，传统纸媒把太多的精力放在了网站上，而忽视了崛起中的手持终端。当他们觉醒之时，整个手持终端产业正在发生一场重大的变革。

所幸为时未晚。去年以来，南方报业旗下的南方都市报、南方周末、21 世纪经济报道敏锐地观察到，以 iPhone 和 Android 为代表的新一代手机智能终端和以 iPad 为代表的新一代平板电脑已经强势崛起，适时推出了分别针对 iPhone、Android 乃至 iPad 平台的客户端软件，其实质就是把内容打包成 Appstore 中的一个 App，一个应用程序。

但是，正如前文所述，目前整个中国的 IT 通信市场，还是一个以终端为王的市场，终端推动之后才有可能应用推动。因此，有专家提出，传统媒体应该推出自己的电子阅读终端。但笔者认为，单纯的以自身媒体内容为主的电子阅读终端是没有什么实质意义的，iPad 推出之后，整个电子阅读的游戏规则已开始被改写，强如亚马逊的 Kindle，面对 iPad 的强势也被迫降价应对，更在 Appstore 上推出了 Kindle 的客户端。

笔者认为，传统纸媒推出客户端应用软件，是应对当前终端强势的一个有效途径，但是否还可以考虑更进一步，即参与手持终端的定制，直接把应用与终端捆绑?

事实上，已有媒体在试水。据报道，定位于跨媒体财经资讯供应商的第一财经传媒有限公司以一款定制手机悄然进入理财终端市场，将产业链延伸至个人金融服务领域。第一财经推出的首款定制机与七喜合作，预置了第一财经的理财终端软件，已于 11 月上市，零售定价为 1380 元。定制机内置的软件整合了第一财经旗下电视、广播、日报、周刊、网站、通讯社等媒体的内容资源，形成了包括行情、排名、交易、今日要闻、实时资讯、公司行业、交易提示、研报风向、券商专区等在内的无线产品。第一财经数字媒体中心无线总监吕勇称，在定制机中预装应用软件，可以使服务最快地到达用户。通过这个渠道，第一财经无线部门还可以把更多定制化内容推送给用户，不断增强用户黏性。

种种迹象表明，明年中国的智能终端市场会更加热闹。iPhone 要出 CDMA 版的消息传出后，中国电信的高层即明确表示有意引进，以提升其高端机型的档次。中国联通显然也不会把自己捆死在 iPhone 一棵树上，

必定会加强与其它手机厂商的合作，不断丰富自已的“终端池”。实力强大的中国移动，有多年定制“心机”的经验，也绝对是一股不可忽视的力量。而明年，市场预期 iPad 的竞争对手也会逐渐增多。

现实地看，强如中国移动都不能迫使乔布斯低头让 iPhone 支持 TD-SCDMA,，包括南方报业在内的传统媒体目前还没有与苹果公司谈判的实力。但是，iPhone 的竞争对手不少，诺基亚、三星、摩托罗拉都不会甘心让苹果独大；国内的华为、宇龙酷派、中兴的水平也在上升，今年几款普及型乃至中高端的智能终端，让人眼前一亮；同时，珠三角也拥有强大的终端制造能力。所有这些，都为传统纸媒深度切入终端提供了可能。

或许用不了多久，在你的智能手机桌面上，不仅有一个南方报业的应用程序，甚至你使用的手机本身也打上了南方报业的 Logo。

（作者系南方日报专刊中心主任）

国内外媒体运作比较研究

□郭全中

郭全中

西方发达国家的媒体经过几百年的发展，已经相对成熟、规范，发展过程中积累的丰富经验也为我国媒体的运作提供了良好的借鉴，从这个意义上说，西方发达国家传媒业的今天就是我们的明天。虽然不同国家的媒体在基本规律上都一致，但是由于不同国家的政治、经济、社会、市场和用户环境的不同以及媒体自身所处发展阶段的不同，不同国家的媒体运作又有自身的特殊性，本文通过对西方发达国家和我国媒体发展的环境和所处发展阶段的探讨，希望能给我国媒体的运作提供一定的借鉴。

媒体管理体制存在重大差别

西方发达国家采取的是宏观管理体制，在市场准入和退出机制上，没有书号和刊号的限制，媒体是真正的市场主体，可以自由进入和退出；为了防止某一媒体垄断当地的媒体市场，不允许媒体在当地既办报纸又办广电；政府对媒体的控制采取的是控制信息源的方式，对有些媒体的管制方式是不给其提供信息源。在这种媒体管理体制下，媒体自主经营、自负盈亏，为了获得好的社会效应和经济效益，“公信力”是媒体的底线和发展基础。

我国采取的是事无巨细的微观管理体制，媒体被赋予很强的意识形态属性，为党和政府的喉舌和宣传工具；采取行政许可的管理模式，刊号和书号等资源被掌控在国家手中，在一定程度上形成了垄断；相关管理部门对媒体的控制采取的是直接管理方式。在这种媒体管理体制下，媒体很难成为真正的市场主体，“喉舌和工具”的定位也一定程度上影响公信力。因此，我国的媒体在享受一定的垄断保护的有利条件下，更犹如在政府、市场和用户三方力量的博弈夹缝中求生存，既要政治正确，良好地践行舆论引导功能和社会责任，更要树立“公信力”来赢得读者的忠诚，进而获得良好的经济效益。这就要求媒体既要具备高超的政治智慧和担当精神，又要具有追求公信力和新闻理想的职业底线，更要勇于创新和超越。

改革开放30多年来，我国优秀的媒体通过内部改革和创新取得了不错的效果，但是随着内部改革和创新空间的日益狭小，媒体管理体制已经成为制约传媒业发展的最主要因素，我国媒体要真正实现跨越式发展，改变西强东弱的舆论格局，就必须进行体制创新，培育具有国际竞争力的传媒集团。

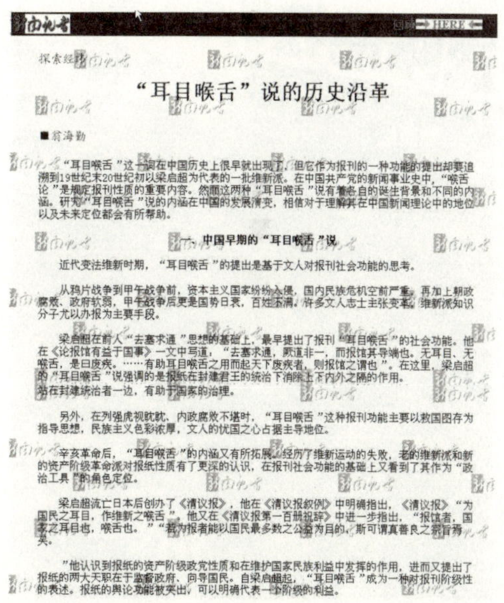

探索经纬

“耳目喉舌”说的历史沿革

■翁海勤

“耳目喉舌”这一词在中国历史上很早就出现了，但它作为报刊的一种功能的提出却要追溯到19世纪末20世纪初以梁启超为代表的一批维新派。在中国共产党的新闻事业史中，“喉舌论”是规定报刊性质的重要内容。然而这两种“耳目喉舌”说有着各自的诞生背景和不同的内涵。研究“耳目喉舌”说的内涵在中国的发展演变，相信对于理解其在中国新闻理论中的地位以及未来定位都会有所帮助。

一、中国早期的“耳目喉舌”说

近代变法维新时期，“耳目喉舌”的提出是基于文人对报刊社会功能的思考。

从鸦片战争到甲午战争前，资本主义国家纷纷入侵，国内民族危机空前严重，再加上朝政腐败、政府软弱，甲午战争后更是国势日衰，百姓不满。许多文人志士主张变革，维新派知识分子尤以办报为主要手段。

梁启超在前人“去塞求通”思想的基础上，最早提出了报刊“耳目喉舌”的社会功能。他在《论报馆有益于国事》一文中写道，“去塞求通，厥道非一，而报馆其导端也。无耳目、无喉舌，是曰废疾。……有助耳目喉舌之用而起天下废疾者，则报馆之谓也”。在这里，梁启超的“耳目喉舌”说强调的是报纸在封建君王的统治下消除上下内外之隔的作用。站在封建统治者一边，有助于国家的治理。

另外，在列强虎视眈眈、内政腐败不堪时，“耳目喉舌”这种报刊功能主要以救国图存为指导思想，民族主义色彩浓厚，文人的忧国之心占据主导地位。

辛亥革命后，“耳目喉舌”的内涵又有所拓展。经历了维新运动的失败，老的维新派和新的资产阶级革命派对报纸性质有了更深的认识，在报刊社会功能的基础上又看到了其作为“政治工具”的角色定位。

梁启超流亡日本后创办了《清议报》，他在《清议报叙例》中明确指出，《清议报》“为国民之耳目，作维新之喉舌”。他又在《清议报第一百册祝辞》中进一步指出，“报馆者，国家之耳目也，喉舌也。”“若为报者能以国民最多数之公益为目的，斯可谓真善良之宗旨焉矣。

”他认识到报纸的资产阶级政党性质和在维护国家民族利益中发挥的作用，进而又提出了报纸的两大天职在于监督政府、向导国民。自梁启超起，“耳目喉舌”成为一种对报刊阶级性的表述。报纸的舆论功能被突出，可以明确代表一个阶级的利益。

政府资源相差悬殊

西方发达国家的政府是“有限政府”，即小政府、大社会，政府手中掌控的资源较少，而我国是大政府、小社会，政府手中的资源很多。首先是政府手中掌控着大量的稀缺资源，如土地等；其次是政府手中掌控着丰富的媒体资源，如绝大部分的传统媒体、户外媒体、渠道媒体资源等等；此外，政府手中还有大量的宣传资金和广告资源。

我国的媒体在担当“喉舌和工具”功能的同时，也要采取积极、有效的措施多去挖掘政府资源，为自身的发展壮大打下良好的基础。当然，在争取政府资源的同时，要时刻注意保持和维护媒体“公信力”的职业底线。具体说来，一方面创新政经报道方式，通过提供高质量的政经报道为当地政府提供高水平的政策建议，另一方面，通过具有广泛影响力的活动、论坛等更好地服务于当地中心工作，以拿到当地的稀缺资源和争取更多的广告投放。

经济社会发展水平悬殊

首先，西方发达国家的经济更为发达和均衡，而我国经济虽然经历了 30 多年的高速发展，但是尚处于较低水平，一方面体现在人均 GDP 和人均可支配收入和西方发达国家相去甚远，另一方面体现在发展极为不均衡，城乡二元经济结构现象严重，东部沿海地区和内陆地区以及同一区域内部不同地区发展也相对悬殊。

其次，西方发达国家的社会更加进步和均衡。西方发达国家的社会结构是更为稳定的纺锤型结构，

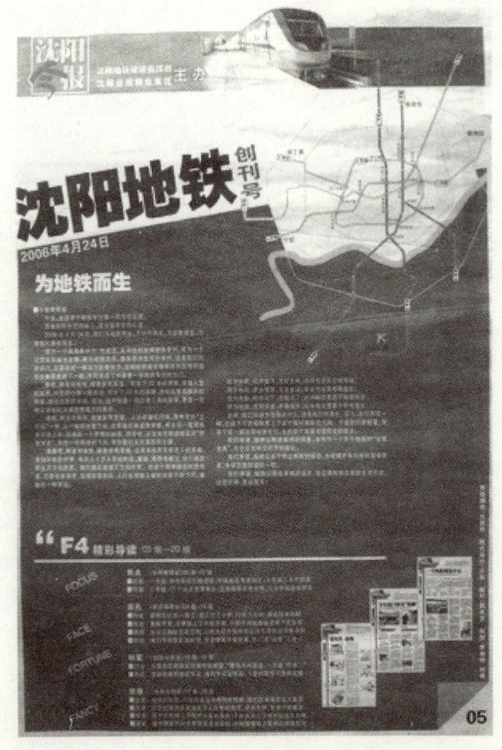
沈阳日报
主办
沈阳地铁
创刊号
2006年4月24日
为地铁而生
F4
FOCUS
FACE
FORTUNE
FANCY
05

中间大、两头小，即中产阶层大，贫富差距不大，而我国的社会结构是典型的哑铃型结构，中间小、两头大，中产阶层小，贫富差距悬殊。

从理论上讲，中产阶层是媒体发展的前提和基础，而经济总量和人均可支配收入决定着一国的传媒业市场规模，因此，西方发达国家的传媒业市场规模更大，发育更为成熟，而我国的传媒业市场规模相对较小，处于低水平发展阶段，但随着我国的经济社会快速发展，我国传媒业市场潜力巨大，关键是如何敏锐觉察到其中的新机会。此外，由于西方发达国家的市场更大，媒体资源更为丰富，媒体间的恶性竞争和过度开发相对较少，新创意公司的成长空间较大，而我国由于媒体资源较少，竞争极其激烈，而且常常是恶性竞争和过度竞争，这也导致新创意公司的成长空间相对较小。

由于国内外的经济社会发展悬殊，在国外发展良好的媒体在国内就可能水土不服，例如免费报纸和 DM 杂志等，而在国外并不是很关键的渠道在国内却起着极其重要的作用。

在西方发达国家，由于其主要人群都是广告主所看重的中产阶层，而且其国民相对富裕和素质较高，贫富差距不大，受众不会象国内一样不阅读免费报纸也把其拿回去卖废纸，这就天然解决了免费报纸或者 DM 杂志的发行损耗问题，因此，西方发达国家的免费报纸和 DM 杂志可以随便放在大街上或者放在居民门前，而由于我国是哑铃型的社会结构，一方面免费报纸的损耗很大，另一方面由于贫富差距大，不可能通过普通的发行技术就能把免费报纸或 DM 杂志送达广告主关注的用户手中，因此，必须采取独特的发行技术。在我国除非解决好发行渠道和发行技术两大难题，否则不能简单把免费报纸和 DM 杂志照搬到我国。目前来看，地铁对于免费报纸来说是一种很好的渠道，通过地铁这种用户甄别机制能够使广告主相信报纸能够达到他们所想覆盖的人群，地铁报纸具有不错的发展空间，而其它免费报纸或 DM 杂志的前景不妙。

在西方发达国家，渠道远远没有国内重要，其主要原因在于：一方面它们有规范、有效的第三方机构（如 ABC 稽核机构），这些机构能够对媒体的传播效果进行科学评估进而决定其广告投放，而我国传媒业市场秩序混乱，尚未出现规范的第三方机构，导致广告主只能通过不同媒体的报摊位置或者媒体能够覆盖的人群来确定媒体的效果；另一方面，由于我国贫富差距悬殊，媒体需要特殊的发行技术才能真正覆盖广告主感兴趣的用户，因此，我国的渠道媒体发展迅速，比西方发达国家的渠道占据更为重要的位置。当然随着我国中产阶层的兴起，渠道媒体的优势会逐步削弱，但这是一个长期的过程，我国的渠道媒体还有相当长时期的黄金发展期。

此外，由于我国经济社会发展悬殊，传媒业市场将呈现梯次化发展格局，即经济社会发达地区的媒体市场先发育成熟，而次中心城市和三四线城市的传媒业市场会随着当地经济社会的发展而逐步成熟，所以，我国传媒业市场将会呈现多层次、多元化现状，这对于优势传媒集团来说，可以通过强势的跨区域发展战略逐步占据次中心和三四线传媒业市场，实现可持续发展。目前，很多次中心城市或者三四线传媒业市场有着巨大的潜在空间，报业在这些城市还会有 5 到 8 年的黄金发展期，优势媒体可以通过较少的投资、良好的体制和企业制度安排、骨干人才的派出和经营模式的完善等措施，能够快速激活当地传媒业市场，取得良好的社会效益和经济效益。

传媒业市场发育程度不同

西方发达国家已经形成规范的全国统一的传媒业大市场，市场规范而且健全，形成了竞争相对充分的供方市场和买方市场，西方发达国家的媒体可以实施跨区域、跨媒介、跨空间和跨所有制扩张，充分实现规模经济效应和范围经济效应，媒体的发行由几大全国性的发行商来提供，广告也由全国性的广告代理商来代理。

而我国尚未形成科学合理的全国统一的传媒业大市场，市场不规范、

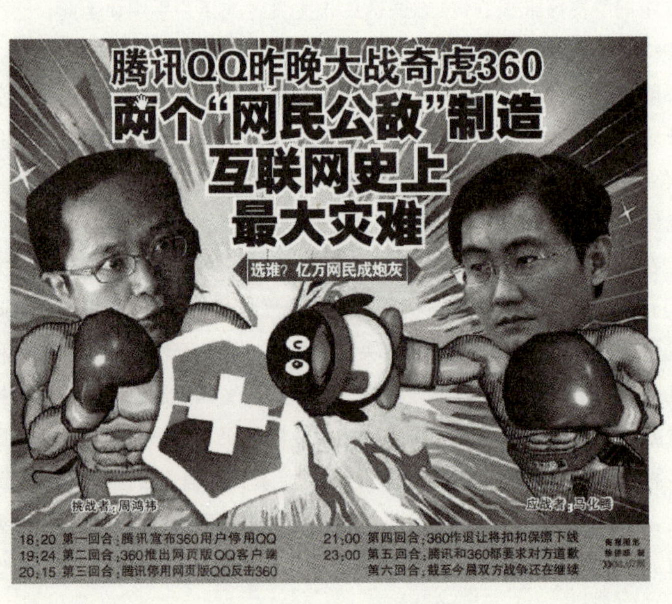
腾讯QQ昨晚大战奇虎360
两个“网民公敌”制造
互联网史上
最大灾难
选谁？亿万网民成炮灰
挑战者：周鸿祎
应战者：马化腾
18:20 第一回合：腾讯宣布360用户停用QQ
19:24 第二回合：360推出网页版QQ客户端
20:15 第三回合：腾讯停用网页版QQ反击360
21:00 第四回合：360作退让将扣扣保镖下线
23:00 第五回合：腾讯和360都要求对方道歉
第六回合：截至今晨双方战争还在继续

不健全，既没有形成全国性的供方市场，更没有形成全国性的买方市场，自成体系、封闭分割，区域分割、行业分割、所有制分割等都极大地制约着媒体自身的做强做大做优。在这种情况下，由于市场上没有足够能力的发行商和广告代理商，媒体尤其是初创媒体的发行和广告都必须依靠自己的力量来做，而不能把发行完全委托给市场发行公司，在广告经营方面也不能完全实施广告代理制。市场实践也已经充分证明，把发行和广告完全委托给外部市场的媒体很难取得成功。

由于我国传媒业市场的区域分割、行业分割等制约因素的存在，导致我国媒体普遍呈现小、散、弱的局面，我国优势媒体一方面需要大力实施跨区域、跨媒介、跨所有制战略，实现跨越式发展，另一方面需要采取各种特殊措施来应对传媒业市场的不规范和不完善。

用户成熟程度不同

西方发达国家媒体的用户更为富裕和成熟，而中国的用户相对不成熟，收入也较低。这种区别对媒体运作的影响首先表现在广告形式上，西方发达国家的广告多以情感诉求为主，而中国的广告则多以消费功能诉求为主。

其次，对于社交媒体的影响来说，我国社交网络的增长主要受益于用户对网络游戏的强烈兴趣，如开心网、人人网等；而西方发达国家的社交媒体则多以信息和社交兴趣为主，如 Facebook、Twitter 等。

媒体自身所处发展阶段不同

西方发达国家的媒体已经处于较高的发展阶段，主要体现在：媒体的规模大、实力强，多是上市公司和国际化传媒集团；多是自主经营、自负盈亏的市场主体；市场化、产业化、企业化、集团化成为常态；版权保护严格。而我国的媒体仍处于较低发展阶段，表现在规模小、实力弱；多采取“事业单位企业化运作”，尚未成为自主经营、自负盈亏的市场主体；市场化、产业化、企业化和集团化尚未成为主流；绝大多数还没成为上市公司；版权保护不力。

当前，由于新媒体带来的冲击越来越大，媒体的转型日趋紧迫。而由于我国和西方发达国家媒体所处发展阶段不同，转型途径也不尽相同，需要探索出适合自身特点的路径。西方发达国家的传媒集团规模巨大，一般旗下都有上百家的媒体，信息源丰富，而且版权保护严格，西方发达国家可以自己打造大型的新媒体平台和采取收费策略，而我国的传媒集团旗下媒体较少，信息源匮乏，版权保护不力，打造大型的新闻平台基本上不可能，收费策略更难收到成效，必须采取其他的策略来转型。

政府部门职能健全程度不同

西方发达国家传媒业的相关政府职能部门职能健全、规范和完善，而我国传媒业相关政府管理部门普遍存在缺位、越位和错位现象，导致传媒业市场混乱，无序竞争。例如，前不久发生的“3Q之战”充分暴露了政府相关管理部门职能的缺位。在这种政府环境下，媒体一旦创新出某种新的商业模式，必须快速扩张，否则就可能被实力强劲的竞争对手复制，进而被击垮或超越。

（作者系南方报业传媒集团战略运营部副主任）

采写编

采写编

党报评论可以也应该有所作为

□田东江

田东江

《南方日报》近年来连续进行了7次改版，每一次几乎都增加评论版块的分量。2002年8月第一次改版时，每天只是固定一个评论版(第7版)，而去年第七次改版时则占据了封二，且从周二直到周五。比重的不断增大，以及版位的不断前移，表明了报社高层对评论版块的高度重视。从改版一年多来各方读者反馈的信息看，《南方日报》评论版块的改版是非常成功的，得到认可。这同时也表明，党报评论仍然是可以有所作为的。

评论是报纸的灵魂，这一点人所共知。出国考察过的人说，国外著名大报都有社论部，还都属于一个稍显特殊的部门。并且，为了保持独立自主，与各类利益集团划清界线，社论版和评论版甚至绝不刊登任何广告。回溯我们的既往，实际上也是这种做法。从前的那些报纸如《大公报》等，之所以今天还为人们所以津津乐道，往往也正是因为他们的评论办得出色，张季鸾、徐铸成等先生的笔力千钧，每为后辈所仰止。一直以来，评论的影响力度无疑都是衡量报纸品位的重要标尺之一，在当下这个报业竞争愈发激烈的时代，这个标尺的作用更加耀眼。党报作为中国共产党各级组织的机关报，更没有理由忽视“灵魂”的作用。

评论曾经是党报的灵魂。1941年5月，中共中央决定将《新中华报》、《今日新闻》合并，出版《解放日报》作为中共中央的机关报。在随后的通知中说，今后“一切党的政策，将通过《解放日报》与新华社向全国传达，《解放日报》的社论，将由中央同志及重要干部执笔”。这就等于表明，中央把社论这种最高规格的评论作为表达自己的意志、传播大政方针的形式之一，十分明确地诠释了评论在党报中的灵魂地位。这一定位对后来各级党报的影响是决定性的。在此后相当长的时间里，党报尤其是主要党报社论发出的声音，等同于各级党政决策者发出的声音，在极端年代甚至成了观测政治的“晴雨表”，人们习惯于从这些社论或评论的字里行间去探寻讯息，揣度形势发展以及政策走向。这在今天的某些时候也不例外，比如新近《人民日报》的一组署名“郑青原”的系列评论，就引发了读者不少遐想。

然而毋庸讳言，不知从什么时候起（这需要专业人士研究），大量党报评论已给人以徒具形式之感，排成了楷体字而已，讲的大抵都是正确的废话，嚼的是自己不知咀嚼了多少次的馍，毫无味道，以致不少读者不能不戴着“有色眼镜”视之。党报评论的应有功能早已弱化，或者说几近于无，这从大小人物或职能部门动辄要求“配评论”的表述中即可窥见一斑。于是，一些例行的会议或节庆，搞个活动，评个先进，颁布个条例，都要“配”篇评论。这种文字既无任何信息含量可言，只有哼哼唧唧，无病呻吟，加上文字表述上大家并不讳言的“新 × 体”、“人 × 腔”等一套八股格式，不能不令读者敬而远之。写作手法高明一点儿的，还能动动脑筋的，也不过把人们耳熟能详的句子重新拆装组合，说的还是重复再重复的意义、道理。巧妇难为无米之炊，斯之谓也。像这种仅仅是为了显示被“配”事情重要的文字，一定叫做评论的话也只能归属于“伪评论”一类。那些发号施令要求“配评论”的人和部门，无非是看中了党报评论的影响力；殊不知，

南方报网
NFDAILY.CN
新闻报料·广告·发行
020—87360888
南方日報
高度决定影响力
NANFANG DAILY
6

中国特色社会主义的伟大实践

——纪念经济特区建立三十年

社论

也恰恰是这些但壮声势却并无实质意义的“配评论”，败坏了读者的胃口。长久以来，党报评论正以其自身的表现留给了人们这个深刻印象，那些不太好听的评价不是读者有意跟党报过不去，而是党报自己“挣”来的。这种状况如果得不到扭转，评论继续沦为“配”的角色，党报评论就势必丧失其灵魂的作用，与读者渐行渐远就几乎成为必然，就难免变成一个鸡肋品种而煞有其事地摆在那里。

站在历史新起点上的党报评论应该有所作为。最近以来，“党报发文痛批”是网站上很常见的标题，举凡物价上涨、柴油荒、短命工程等等。实际上这些“痛批”在其他媒体同样屡见不鲜，而党报说话则被“高看一眼”，表明人们仍然重视非常党报的态度，对党报的“拨乱反正”仍然寄予了很高的期望值。而党报评论不辜负公众的期望，就应该调整思路，回归本质。1949 年 10 月 23 日，《南方日报》在发刊词中开宗明义：“本报是中国共产党中央华南分局的机关报；也是华南人民意志的传达者，除了中国人民和华南人民的利益之外，我们没有别的利益。”传达人民的意志，在我们这个社会转型期更显得尤其必要。借用温家宝总理告诫全国受表彰的公务员的话说：“群众在我们心中有多重的分量，我们在群众心中就有多重的分量。只有我们做得让群众满意，群众才会对我们满意。”对报人而言，把“群众”置换成“读者”正完全适用。

党报评论也可以有所作为。世易时移，国家政治生活的日益公开和透明，党报不必通过评论的形式让敏感的人们去从中捕捉什么，而应该集中更多的精力去关注社会现实。社会转型期也是矛盾凸显期，公众利益诉求、意见表达及价值判断呈现多元化特征。如果我们正视现实，就会发现当前损害人民切身利益的行为是一个非常普遍的存在，党报评论对此没有视而不见或者装聋作哑的道理。与此同时，随着我国民主化进程的加快，民众对公平和公正的追问意识增强，城市管理、社会发展乃至国家立法、政府决策、干部的选拔任用、官员的政绩考核评价、升迁等诸多方面，有太多公众关心的话题，党报评论要重振雄风，必须直面这些话题。换言之，以四项基本原则为底线，没有什么话题不可以开诚布公。像唐三藏那样动辄念起“紧箍咒”，在《西游记》里就已经被证明愚不可及了。

这几年来，《南方日报》评论版块迈出的每一步，都是努力克服认识到的缺陷并积极改进的结果。

（作者系南方日报评论部主任）

用世界语言讲述广东故事

——南方日报海外版一年回眸

□金强　林旭娜

金强

“世界是平的，传媒是凹的”。平静的海平面下，国际传媒江湖鸿沟满布，市场壁垒森严！南方报业审时度势，巧妙“借船出海”。

这“船”可不只是一艘，而是四艘，分别是美国《侨报》、《加拿大商报》、法国《欧洲时报》、巴西《南美侨报》。借着这些海外华文媒体，“南方”得以远渡重洋，在北美、南美和欧洲朗朗发声。

其实，就连出海的“船票”，都是借来的。这“船票”是有些年头、口碑良好的“老字号”:15年前，它在全国率先推出，开始在全球广设“分店”，广交天下朋友。2009年年底，广东省委宣传部、外宣办出于对南方报业的信任和厚爱，把“老字号”整体移交给南方报业传媒集团，由南方日报要闻编辑中心负责经营。

这个“老字号”就是海外读者熟知的《今日广东》。

有了海外华文媒体航船的本土化优势和立体化传播体系，装载着广东声音、广东形象、广东文化的“南方号”《今日广东》，就可以在海外实现“软着陆”，南方报业的“走出去”战略，也有了渠道、桥梁和合作空间。

而随着2010年10月16日《星岛日报》全球发行的《南粤侨情》浮出水面，南方日报形成了以《今日广东》为核心、包括《南粤侨情》在内的系列海外版，初具“有华人的地方，就有南方的声音”的海外传播格局。

从“走出去”到“走进去”

24 今日廣東 现代日报 TODAYDAILYNEWS.COM 2010年4月20日 星期二

广东已口头申办2020世博会

广东五大展馆联合开馆

今日廣東 Guangdong Today

广东向玉树捐款物7100多万元

汪洋会见陈香梅

僑報 今日廣東 Guangdong Today

南方报业传媒集团

广东省博新馆18日开馆

无数稀世珍宝亮相，每日限5000人免费参观

400余探头全天候监控 安保设施堪比《谍中谍》

群星奖舞蹈决赛16日开幕

18日表演玉树民间土风歌舞《管城欢歌》

演交会正式闭幕，累计交易金额逾1.5亿元

南海开始伏季休渔

优秀技工月薪4000

“南澳Ⅰ号”可能有女性随船

出水文物中有古船板和疑似戒指

东莞“山寨厂”并非全是血汗工厂

乡情点击

广佛大学生共品西关文化

中国媒体要想真正地“走出去”，首先要“走进去”。

“走出去”是从传播者的角度来说，强调的是自内对外传播的主观行为，以传播的区域为中心。“走进去”则是从受众的角度来说，强调的是对外传播的效果，以传播的目标为中心。《人民日报》海外版和《新民晚报》美国版选择在海外直接办报，这是“走出去”；《今日广东》在三大洲四家海外华文媒体落地“借船出海”，也是一种“走出去”。但只有你提供的资讯，为海外读者认可，是他们喜闻乐见的，那才叫“走进去”。

要想真正地“走进去”，需要从角色到思维、从内容到形式的全方位地转换，做到用世界的语言讲述广东的故事，贴近海外目标读者的生活，为他们量身定做及时贴心的“资讯大餐”。

领略这份大餐，“三浓一淡”的招牌菜不容错过：浓的是外味、侨味、粤味，淡的是宣传味。

2010年4月1日，第一期《今日广东》按照“三浓一淡”的口味，扩大选稿视野、增加原创新闻，并开辟“报网”、“乡情点击”、“网友点题”等栏目，将有限的版面和无限的网络资源结合起来。我们的努力获得了海外合作媒体的赞誉，美国《侨报》总编辑郑衣德翌日发来邮件，表示：“拜读了两期新《今日广东》，很不错，谢谢！代向编辑部的朋友们致意。”

在选题上我们尽量向涉侨涉外倾斜，

以“南方”一贯的新闻专业追求，发挥“深度”和“信度”优势，热诚服务海外3000万粤籍侨胞和港澳台同胞，让南方的高度、南方的品质深深地切入海外华人主流生活圈。

在粤味的打造上，《今日广东》周末版连续4个多月、每周一期推出“世博·广东”系列物质文化遗产专题报道，既向海外推介了上海世博会，同时也系统地梳理了广东的文化遗产。系列报道粤味浓郁、内容雅致、版面精美，美国《侨报》美东总裁游江专门来函，盛赞该专题“新颖独到，读后颇有收获”。

此后，“老字号”不断焕发新活力，连续推出“转型升级看广东”、“广州亚运风”、“世纪广东学人”等新菜。

在广东将转型升级的号角吹响时，海外读者尤其是与广东有业务往来的读者十分关注，他们很想知道广东的转型升级是什么、怎么做、往何处走，但由于语境和信息覆盖范围的差异，导致他们对广东转型升级的情况知之不多。为此，从4月创版以来，《今日广东》便开辟“转型升级看广东”和“转型升级南粤行”栏目，深入浅出同步关注南粤转型步伐。

在这些坚定而快速的步伐中，有美的集团加快全球产业布局，有“陶都”佛山羽化成蝶，有向海外不断延伸产业链的深圳动漫，有产业转移催生的“大旺传奇”，有广州的旧城改造变身梦工厂……《今日广东》用世界的语言，讲述着广东的传奇。

为提高报道时效，《今日广东》利用与发行国的时差，每天进行两次变版，让海外读者真正实现“今日广东今日读”。

国际视野，广东故事

同样一个新闻事件，视野和角度的不同，将呈现出迥然的结论和传播效果。在与《南粤侨情》的创办过程中，南方日报海外版编辑部与星岛日报海外版编辑部磋商和磨合最多的地方是如何用海外读者的眼光确定选题，以国际化的视野看待新闻现象，用世界的语言讲述广东故事，同时发挥南方日报身处侨乡的优势，加强服务海外侨胞。

从创版至今的系列选题中，可以略窥《南粤侨情》对这些定位的探索：关于洋留守调查的《广东“洋留守”汇聚“地球村”》，关于侨捐管理调查的《追寻广东450亿侨捐》、《侨捐安全备受瞩目》，关于广东侨刊乡讯调查的《民间侨刊夹缝求生》，关于侨乡文化生态调查的《世上再无樟林古港》、《樟林保护亟待定位》等等。这些专题报道，既立足广东特色，又与海外华文读者息息相关。选题难找，但也在传播中接受住了海外市场的考验。

而对于广东的政经大事、家乡发生的重要新闻，我们也通过改写，把党报体的、海外读者不关心的水分挤掉，最后剩下的都是新闻事实“干货”，旨在潜移默化地“让广东走向世界，让世界了解广东”。但新闻“干货”绝对不是干巴巴的罗列事实，让人敬而远之。相反，我们非常注意借鉴海外媒体的叙述方式，从微观的生活场景切入，增加报纸的可读性。

比如在10月16日的首期《南粤侨情》上，一条稿件的开头是这样的：

9月1日，14岁的巴拿马籍少女吴燕妮的书包里装上了崭新的四年级课本，在花都奶奶的家门口坐上包车，又和同村的小朋友们一道开始了新庄小学新学年的生活。对她而言，曾经陌生的“他乡”花都，在过去的3年里，已渐渐熟悉并亲切起来。

B3 南粤僑情 2010年10月16日 星期六 星島日報 SingTao Daily

祖籍廣東國籍不同 漂洋過海回鄉讀書

「洋留守」匯聚「地球村」

「教學實驗」一人兼學4個年級課

「洋留守」兒童

「我是一個中國人」

本版由星島日報海外版綜合編

世界小公民藝術天分突出

近半僑生就讀暨大

没有宏大叙事，从普通人的生活开始，如介绍邻家女孩一样，然后由点至面逐次把分布在广东的“洋留守儿童”群体挖掘出来，语言上，通过娓娓道来讲故事的方式，一洗“外宣”坚硬、无味的惯常面目，一个亲切真实可感的广东形象，润物无声地在海外读者心目中渐渐清晰起来。

同时，在选题视野上，敏锐地抓住广东侨乡特殊背景下“洋留守”这个特殊群体，有的放矢，聚焦海外读者眼光；另外，在立场上，加强了与海外读者的换位思考，突出实用性，在“洋留守”专题中就可看见编辑部的努力：

恩平一位姓陈的老华侨，4名子女都在国外，他监护着12名“洋留守”孙辈，而各人的护照有效期都不一样，陈伯每年都要反复多次在北京和香港、澳门等地来回奔波，曾有一个月，他不得不两次赴北京办证。

在监护人和侨生面临的诸多问题中，最实际、最累人的难题，就是签证手续太繁琐；侨胞呼声最高的，也是希望能够简化签证手续、延长签证有效期限。

两个版的“洋留守”专题报道在《南粤侨情》推出后，引起了海外广大侨胞的热切关注，有的侨胞将报纸剪下备用，有的则将南方日报记者的Email地址登载于当地的华文媒体，以广泛征集同乡们的意见和建议，为培养好下一代献计出力。委内瑞拉侨领冯永贤和巴拿马籍侨报巫俊辉先生致函，对广东省各级部门热心服务归国侨胞的行动表示赞赏和感谢，对广东媒体积极为侨务事业出谋划策表示感谢。澳大利亚悉尼侨领王睿也专门发来邮件说：“这是以人为本的为侨服务举措，是侨居国外乡亲的福气。广东这个侨务大省，侨务工作越来越精彩，无形的财富就越积越多。”

对话与互动，扩大内外影响力

中国媒体“走出去”，靠的是对话，不是“独白”。

令人欣喜的是，南方号海外版的主动“出海”，无论在广阔的海外传媒江湖，还是紧紧依托的腹地广东，都实现了真正的对话和互动。在短短的几个月内，星岛报业集团、世界华文媒体集团、现代传播（国际）高层多次来访，共商合作。

在积极筹划选题精心采编、和海外媒体“共舞”的同时，南方日报海外版编辑部也在思考着一系列问题：如何让海外版不只是“墙内开花墙外香”？怎样才能让海外版摆脱浅层次的印刷阶段，进行更有效的全方位的对外传播？另外，正如《世界是平的》一书中所描述的场景一样，尽管我们作为内容的提供者，参与了国际传媒的分工，但这种参与到底能为我们在国际传播格局中赢得怎样的影响，从而让我们分得一杯羹？广东是著名的侨乡，外向型企业密布，各级政府和各地企业都要“走出去”的强烈愿望，那么我们的海外版是否可以助推这个愿望的实现？如何将海外版的影响力转化成为生产力，进而成为报社的一个新的增长点？

为了追寻这些问题的答案，我们从接手《今日广东》起就开始探索。

24 今日廣東 2010年7月31日 星期六

世博进入广东时间

今日廣東 Guangdong Today

今日廣東 Guangdong Today 今日广东 B7

岭南阳刚数英歌

每个细节都是原生态的狂野

分管海外版的孙爱群社委明确指出，营销走多远，海外版就能走多远。南方报业海外版的舞台要以‘合作办版＋品牌营销’的创新模式搭建，既有效营销海外版，又有效营销海外版的载体——合作办版的海外华文媒体。

由于我们的海外版是“借船出海”，随着合作媒体在海外发行，省内读者无从看到报纸，营销谈何容易！而要克服这一缺陷，就不能只面向海外对话，省内的互动同样不容忽视。

从第一个海外版的版面在大洋彼岸落地之时，我们就在新媒体部的支持下在南方报网上开设了海外版数字报，每期实时更新，加强省内读者对海外版的认知和认同。而在广州亚运期间，我们又和南方英文网合作，以报纸、网络等平台在海内外呈现“立体亚运”。同时，我们在南方日报开设了《海外版视窗》，用“出口转内销”的方式，定期介绍近一段时间海外版的重大报道和专题策划，从而扩大内外影响力。

经过半年多的努力和实践，南方日报的海外版已经吸引了一定的注意。11月17日，国家新闻出版总署机关报《中国新闻出版报》头版头条刊发《南方报业“借船出海”强势对外扩张》，以2000多字的篇幅报道南方日报海外版对外传播的理念、措施以及取得的成绩，并高度肯定海外版“全新的版式、翔实权威的新闻资讯，深受海内外读者欢迎”。学术界对海外版也深感兴趣，中国传媒大学国际新闻教研室主任张开教授认为本报海外版项目是一项创新性的成果，提议与本集团合作申报科研课题。如果操作得当，可从理论与实践上为中国构建舆论引导新格局探新路。

而在今年出台的《广东省建设文化强省规划纲要（2011—2020）》将南方报业传媒集团列为扶优扶强单位之一，而《今日广东》正是具体实施内容之一。

人们曾预言，21 世纪是海洋的世纪。对中国传媒业而言，也有这样的意味，全球庞大的信息市场如海洋般耀眼，“走出去”的前景和挑战成为挑动国内传媒敏感神经的两根手指。而南方报业正迈出坚定而有力的一步，我们的前方，深蓝在召唤。

（作者系南方日报编辑）

航拍背后的眼睛

□张小文

张小文

如何观察一座城市和一个地区在10年中发生的巨变?

南都视觉中心在11月分别以《广州渐变色》和《珠三角新视野》两个航拍专题做出了解答。从读者的反馈来看，应该较为理想，两份专题的特刊在报摊一上架很快就销售一空。也许是这种凌空飞翔的视野给人带来了新鲜和奇特的感觉，有利于人们对广州和珠三角作360度全景的观察和欣赏。

事实上，南都视觉中心在航拍方面可谓经验丰富。此前的几年，这个团队已经有了200小时的航拍经历，不仅记录了广州和深圳的发展，触角还伸至香港和武广铁路。而今年担此重任的依旧是当年的骨干，对完成航拍任务可谓驾轻就熟。当然，与往年不同的是，几个手握摄像机的年轻一代、人称80后的视频记者也加入了这次航拍。当老记者的航拍照片在纸媒版面豪华亮相之际，他们拍的视频也在南都网上陆续推出，可谓遥相呼应。

如果说这次航拍与往年有什么不同的话，那就是对图片编辑提出了考验。

打一个比方，以往的航拍照片见报，基本上是有什么菜，做什么饭。这次不同，图片编辑要先列一个方案，把航拍版面的效果预测出来，包括编辑思路、主题，相当于列出一个清单，补充和完善航拍方案，供航拍的记者参考和执行，以保证航拍的精确性。

这无异让图片编辑加入到航拍的前期策划中来。

以航拍广州为例。

航拍前，图片编辑便进入了这样的程序：找一份详尽的广州地图，考查每一个值得航拍的地点，将其一一列出，并设定一个框架，提前预测每一个航拍点完成后，这个框架里装的是什么内容，以及最终的视觉效果。

这个过程一点不比航拍轻松。

地图上可供航拍的地点浩如烟海，如何确定那些最有价值的点，要看图片编辑的思路而定。是按地理置设定一个“东、西、南、北、中”的编辑框架，一点一点地往里填内容，还是设定一个以时间的中轴线，按“老广州、新广州”的框架往里填内容？

取哪一个框架，决定了为航拍提供不同的预案和参考。跟算命先生不同，图片编辑无法预见航拍照片的具体效果，却要保证照片在版面上的还原与设想中的一致性。

经反复推敲，后一个框架呼之欲出。这个设定十分重要，编辑据此在航拍建议中加入了拍摄老广州的特征，除旧中轴线外，还有老城区的一些地标，以及代表这座城市在计划经济时代的地标，老厂房，老工业区，老羊城八景等等。而新广州的特征不仅包括新中轴线，高楼大厦，还要能反映体现这座城市的未来走向，南沙，珠江出海口，咸淡水交界处等等地理特征和地标。

在最后的版面呈现中，有关广州大工业遗址的画面，不能不是前期预

案的结果，比如说广州造船厂的航拍图等。这样的预案及其还原，避免了把航拍变成一组“糖水片”的浮浅效果，让人看到了这座城市的方方面面，辉煌的，不太辉煌的，没落的，正在没落的，以及让人伤感和怀旧的。这种阅读效果，无疑更为客观和全面。

但并不是一切尽在掌握之中。在后期操作中，如何把握记者花了几十个小时航拍的照片，颇费心思。尽管有原先的策划和文案，但真正落实到版面上，还要从海量的照片中逐一挑选，一张张推敲。从老广州到新广州毕竟只是一个概念，要化作具体的图像，用视觉效果体现出一条规律，尚须看照片的安排和文字的叙述而定。

经过多次推敲，终于提练出了“渐变色”这样一个有视觉体验的主题。老广州虽旧，却更贴近自然，绿树成荫；新广州虽靓，却缺少绿色，人为痕迹太重。而未来的广州正是最后一片绿洲，需要人们关爱和珍惜。有这么一条思路，不但使版面安排有了着落，也使文字叙述的力度大为增强。

如果不是因为亚运来临时的种种顾忌，这个主题的叙述和呈现会更为立体一些，比如在版面中展示类似于城市伤疤的城中村，使人们对广州认识会更加全面些。广州是美丽的，但美丽的代价也很大；穿衣戴帽工程是让广州变美了，还是变得面目全非？所有这些阐述，都在广州渐变色的范围以内。

当然，即便这样，一点不影响我们对广州的判断。从整体上说，广州

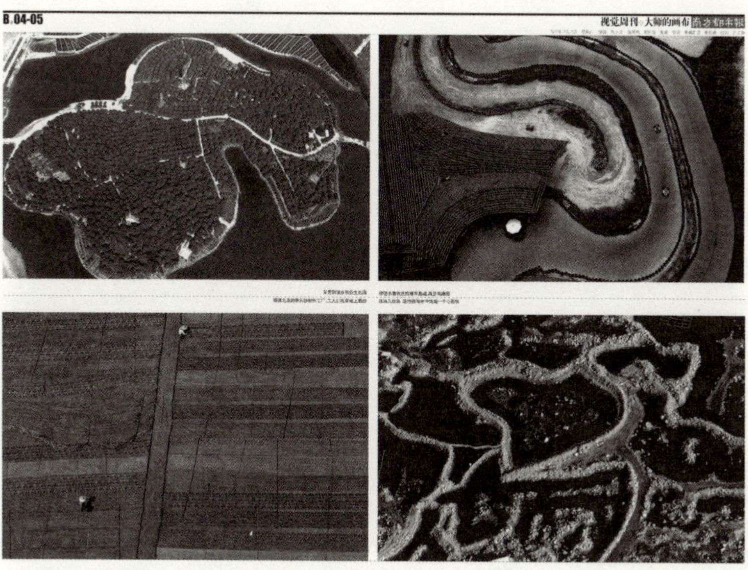

十年的巨变，是有目共睹的，是值得肯定的。我们只是含蓄地提请人们注意其中的经验教训，在设计这座城市未来时，注重环境保护，简言之，保护最后那块珍贵的绿色。

珠三角航拍的特刊是继广州航拍特刊出来后，又一份颇有力度的航拍特刊。

在完成航拍广州之后，南都视觉中心又航拍了肇庆、惠州、开平等地，加上今年上半年航拍过的深圳、珠海、东莞等城市，珠三角航拍特刊可谓呼之欲出。

图像是丰富的，只是如何避免重复航拍广州特刊的形式，让人又费了一番心思。经再三考虑，终于想出了“大师的画布，生命的群落，崛起的地标和人间乐园”这四个结构，以一条主观拟定的逻辑展示航拍效果，避免了按地区安排导致的刻板和雷同，整个效果显得更加诗情画意，较之于广州的航拍特刊，又是别具一番意味。

（作者系南方都市报图片编辑）

南都全媒体理念借亚运报道“变现”

□奥一网亚运报道团队

奥一网作为南都报系的亚运官方网络报道平台，对亚运的报道是奥一公司整合重组以后，第一次内容、产品、技术、运营的全方位实战练兵。在常规报道中有所突破的同时，重点谋求全媒体报道新模式的开拓，在微博直播、视频多媒体直播访谈、无线终端报道以及户外 LED 媒体报道方面迈出实质的探索步伐，打造全新拳头产品，形成了全方位立体报道模式，初具“全媒体”形态。

总体布局：媒体形态全覆盖

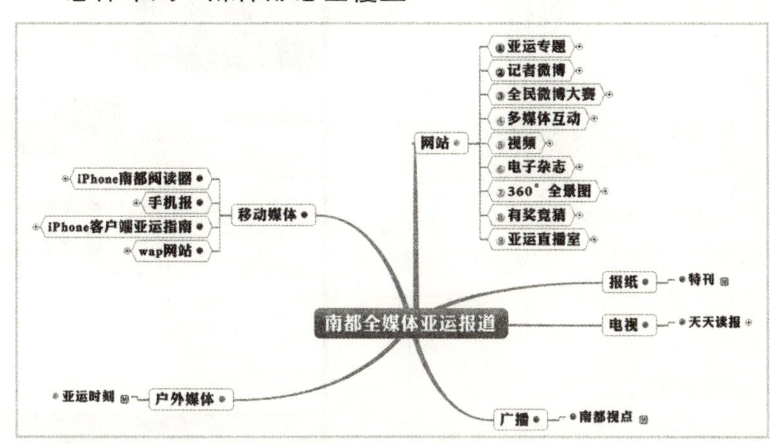

南都全媒体亚运报道集群图示（制图：郑炜良）

南都全媒体战略，在这次亚运报道中也得到了真正实践，并且取得诸多的突破。此次“家门口的亚运”，南都报系拥有史无前例的采访名额，加上后方编辑，参与报道者超过 100 人，全媒体的范畴包含了报纸（南方都市报）、网站（奥一网、南都网、凯迪社区）、移动媒体（wap 网站、南都报系阅读器）、户外 LED 媒体（南都户外 LED)、广播（南都视点·直播广东）、电视（广州电视台“天天读报”）。以“爱亚”为主题，全方位立体报道亚运。

为推动全媒体发展，南都还进行了初步探索，以经济激励措施鼓励记者发微博报道亚运。南都亚运记者发微博，一条 1 元，选为奥一微博、南都官方微博分别奖励 10、30 元。每日评上最佳微博，额外奖励 300 元。此外全媒体稿酬还会影响到记者在报纸的稿费，排在前列的将上浮。记者唐元鹏 11 月 13 日发布了一条 138 字的关于中国男足的微博报道，获得了至少 341 元的稿费，是他在南方都市报工作近 10 年来单字稿费最多的一次。

亚运直播室：成就 60 场精彩访谈

22天的日夜奋战（11 月 6 日——11 月 27 日）；60 场视频访谈（11 月 8 日开始，平均每天 3 场，最多一天试做过 7 场）；42 个广州亚运冠军访谈；10 个前世界冠军访谈。另外，还有一些高级官员（艾哈迈德、霍震霆、魏纪中等）和娱乐明星（章子怡、谭晶等）也接受了访谈。这是由奥一网承办的南方报业亚运直播室的成绩单。

“无处不在”的直播室。奥一开始提出的目标是做 20 场冠军直播，有同事觉得这是不可能完成的任务。在宏观层面，集团、南方日报体育部和南都给予了充分的支持和资源调配，在微观层面，推出记者劳动体现与全媒体工作挂钩的制度。60 场访谈，27 场是南都记者邀请的嘉宾参加。直播访谈在南都有固定的版面，在奥一网完整的呈现，对记者都有很大的吸引力。亚运直播室

真正成为一个全媒体的平台，记者不仅是报纸的记者，而是全媒体的记者。

与常规的嘉宾访谈不同，亚运嘉宾随机性很强。时间、地点难定，且容易有变数。直播室设在了三个地方，一个在是亚运城主新闻中心，第二个在集团招待所，第三个就是随机的了。根据采访对象的需求，直接就地布场采访。为了外采，制作了一些X展架和易拉宝、户外折叠凳，目的就是要让直播室“无处不在”。

报业集团的直播室。南方日报的优势在直播室得到充分发挥，邀请了多位官员接受访谈，不仅提高直播的影响力，还提供了安全保障。国家体育总局要求运动员不得参加商业视频网站访谈节目，以南方报业的名义来邀请、有多位高官的示范效应，直播得以顺利进行。直播稿件在集团层面共享。如有一期是霍震霆访谈的，南都记者写好稿后，得知版面不够。而南方日报正好需要这种高官对亚运会评价的稿，拿过去发得很大，读者评价好，霍先生很满意。另外，报纸因版面原因未必能充分发稿，网络容量无限，可以让记者得到另一个舞台。直播的视频资源除了给合作的酷6网外，还毫无保留地给了集团内各家兄弟网站使用。

承载报网互动的直播室。网络直播精彩内容见报，报纸预告次日网络直播。除了固定版面，南都还设置了统一的直播室栏目头。网络直播中体现报纸元素，提醒读者要看更详尽报道，可以去读报纸。有时访谈场次太密集，记者除了约嘉宾，还为我们写采访提纲，还充当主持人。为了避免报网的内部冲突，根据报网受众的不同需求，直播只需要比较直白随性的问答对话，报纸需要的是专业与深度。先问一些随性的问题，直播结束后，再现场补充采访。对亚运大厨布拉德利的访谈就是最好的事例，记者充当了 10 分钟的主持人，直播之后，再深入地采访，在报纸上发出两个整版的专访文章。

直播室与酷 6 网合作顺畅。21 场访谈的嘉宾由酷 6 网邀请，基本是冠军运动员，不乏热门项目的冠军。多场访谈时间出现冲突，两家人员打通调配使用，保证访谈迅速推出。多位冠军的访谈第一时间出现在了奥一网，然后才到央视、网易、腾讯等。

全民微博大赛 ："微亚运，挺广州" 让狂欢简单

南都全媒体 "微亚运，挺广州"，全民微博大赛活动从 11 月 12 日启动，到 27 日亚运结束，网友发表微博四万多条，其中添加 "# 亚运 #" 标签的微博约两万条，共有 3000 多名网友和南方微博一起分享了亚运狂欢。热播话题 50 多个，见报话题 15 个，全方位深层次地利用报网互动，通过近半个月的宣传，获奖网友达 100 多人，为南方微博人气和名气的提升，翻开了新的一页。

抓活跃网友这个重点，攻人气低下这个难点，创报网互动这个亮点，是微博大赛三大宗旨。短短半个月，奥一网友所发的微博超过南方微博自开通微博频道以来的三分之一。网站同事发动自己负责频道的资源，邀请活跃网友写微博，并通过报纸和其他网站再次传播。大赛邀请到了体育明星余卓成、亚运志愿者王金云、邓胜昌等人士，广州本地网友紫衣厨娘、张仁瀚等也积极参加。网友对亚运开幕式、女足、男足、刘翔等赛场最新情况的直播也不停地掀起小高潮。

南方微博和南都亚运特刊合作的亚运热点报道，不时有亮点呈现。微笑姐开南方微博、志愿者的累和美、“不是一个人在战斗”的韩国妈妈等，都引起了广泛回响。除了腾讯微博固定的四个名人微博之外，报纸版面上所有的热点选题、话题炒作、内容文字、精美图片，都由南方微博独家提供。从每天话题的讨论，到话题的选取，到话题操作，再到话题新闻的呈现，南方微博和南都掌握了一套很熟悉的操作流程，“零距离”地实现了报网互动。

“亚运中期考试”、“亚运美女十二钗”、“刘翔出场歌曲串串烧”“看亚运就像……造句”、“佟掌柜组团看亚运的后果”等，都收到了意想不到的效果，娱乐性、传播性非常广泛，深受网友和读者喜爱。

万元大奖对网友来说也是一个不小的动力，南方微博每天公布天天微博奖，时时刻刻吸引着网友，每天根据内容的原创性、趣味性、及时性、显著性，及时评选出 5 到 10 篇优秀微博，刊登在南都和全民微博大赛专题页面上，共有 100 多位网友获得天天微博奖。最终的大奖在亚运结束后

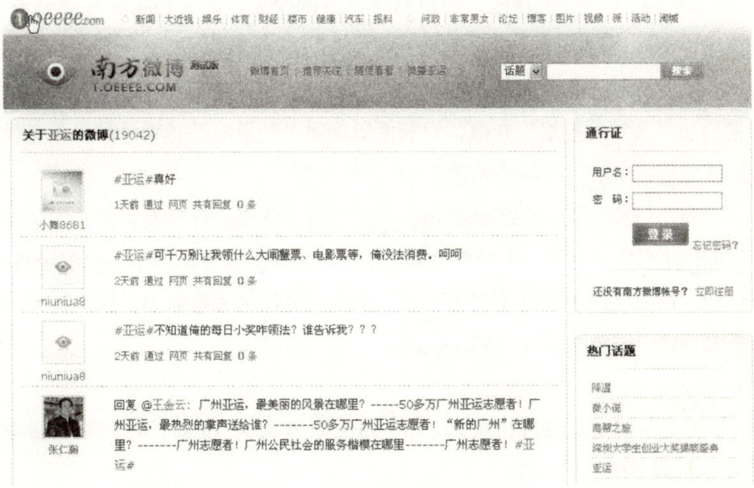

评出，并进行了网上公示。

南都手机报：实现“全民记者”

从亚运开幕倒数 100 天开始，南都手机报进行发力。亚运期间，通过手机报、手机网及其它传播渠道，进行了全方位即时报道。

南都手机组制作的亚运内容，不仅仅只是在主打产品《南都手机报》上向几十万的手机报读者传播，而且还在新产品电信《天天生活助理》体现；同时制作了手机网亚运专题，每日实时更新，为手机网的读者提供最新的亚运资讯。此外，还与中国移动合作，从亚运开幕前一百天开始，就开始合作供稿，每日提供一到两次的内容给中国移动的亚运手机报。多途径的传播方式，覆盖了报纸、网络、电视等常规媒体的盲点，从战略角度上有益于南都品牌的提升。

从 2007 年开始，《南都手机报》依托南都和奥一网线上线下的优质新闻内容，每日早、中、晚滚动为用户播报三次。在此次全媒体亚运报道中，手机媒体的全方位即时特质得到充分体现。亚运场内场外赛前赛后，每一个关于亚运的信息，每一块金牌，每一个趣闻（微笑姐、流泪姐、晕倒姐等）都在当日就即时传递给了读者。

亚运期间，《南都手机报》积极配合奥一网的短信微博大赛，在重要祯位进行宣传，根据后台数据统计，读者反应热烈，平均每天都有近 500 读者参与互动。内容涵盖了赛场动态、观赛心情等多方面内容，对短信微博大赛形成了有利的支撑。

奥一网还在互动功能方面进行了充分的挖掘，奥一各主要互动频道，论坛、博客均推出了相应的亚运话题，论坛开通“围观亚运”专版，供网友自己发布对亚运的观感及赛况介绍；交友频道（非常男女）根据自身特点，策划了“非常爱冠军”专题，对冠军运动员进行星座等趣味性配对，激发网友对冠军的关注度和支持度。

总之，南都亚运全媒体报道较好地完成了任务，在体制创新、大编辑部制、技术平台共享、全介质传播、全中有特等多方面取得了宝贵的经验。当然，这次实战也暴露出若干不足，如公共话题的设置能力欠缺、技术力量薄弱等，有待将来逐步解决。

（奥一网亚运报道团队 统筹：杨红辉 黄治军 执笔：邹高翔 洪海宁 杨庆丰 周娟）

传媒茶座

伍皓告状

□长平

长平

自从上任云南省委宣传部副部长开始，伍皓就以天真活泼的另类形象示人。跟别的宣传部长只在幕后管新闻不同，伍皓总是喜欢走上前台，不仅指点新闻，还要制造新闻，甘当新闻主角。最新的一起事件，是他状告时评人李鸿文。

12月7日，伍皓发微博称，“媒体对每一起拆迁维权的围观和声援，实际上都是在鼓励更多的对抗，这又必然会制造更多的鲜血和悲剧。”两天后，李鸿文在《中国青年报》发表评论文章反驳其观点，并讽刺道：“网友明白，百姓明白，可官员要么不明白，要么装着不明白，要么不想真明白。套用一句网络流行语：网友都过了河，官员还在假装摸石头。”

伍皓感到很委屈，“我觉得他通过

断章取义，主要就是我那句话好像是我的什么逻辑，什么强拆有理，那是他的主观。我没有那个逻辑，也没有那个意图，他完全就是曲解了我的意思。”他当即声明要状告《中国青年报》及李鸿文，分别索赔10万元。随后他又声称不告报社只告作者，最后他声称连作者也不告了。理由是“领导让我以最大的宽容对待李鸿文对我的故意曲解”。

有网民认为，相较于“跨省追捕”等对待言论的行为，伍皓没有滥用权力，而是走法律渠道，算是一种进步。的确如此，在权力可以如此不受制约地为所欲为的年代，伍皓从来就没有作凶神恶煞状，不仅愿意声称走法律路径，而且还真的和网民掐架。比起那些网上露一脸就博得满堂彩的领导来说，他的付出难能可贵。

伍皓的价值还在于，他让人们切实地看到宣传部长的工作，也就是他念兹在兹的公开性和透明性。不过问题在于，由于他的特殊性，人们看到的也只是一个另类宣传部长的工作。绝大多数官员的工作方式未必和他一样。他的另类性不仅让网民可以和他论战，也在很大程度上消解了他在体制内的资源。因为一点小小的委屈，别的宣传部长可以跨省删帖，甚至跨省追捕，他未必可以做到。当然，假如这委屈足够大，大到影响某地形象，他也未必不会选择或者被选择滥权。

李鸿文评论里假如存在误解的话，那也实在微不足道，因此伍皓的委屈就让人觉得有作秀甚至撒娇的嫌疑。正如

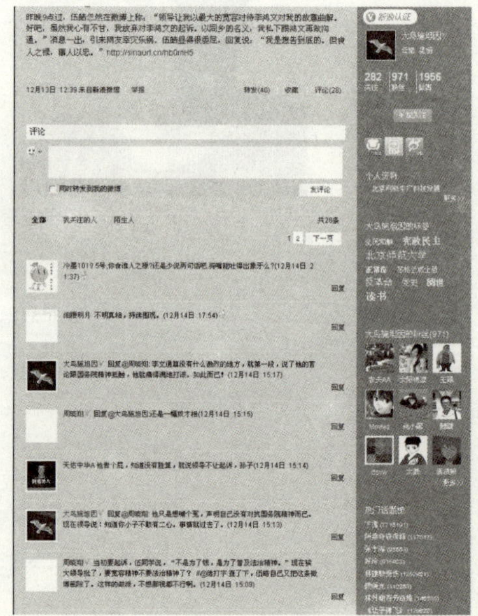

他声明“决不动用权力，只是公民维权”，作秀可以显示他是多么恪守现代公民本分，在中国做官竟然知道尊重法律。撒娇则是为了博取网民的同情，赚得更多的人气。由于伍皓选择了公开透明的为官之道，人气对他的仕途就起着至关重要的作用。

这样的“诛心”式分析，可能会对伍皓造成更大的误解，让他感到更多的委屈。然而，他似乎并不明白的是，身为官员和公众人物，被误解并不是公众或媒体的过错。假如你都这么公开透明了，大家还是没有办法读懂你，那只能说是你的表达能力有问题了。在官僚系统中，沉默乃至神秘都是为官秘笈，可以换来威严乃至恐吓。伍皓抛弃了这条畅通无阻的传统大路，但是又走了一条半生不熟的现代小道。

半生不熟一直是伍皓的特征。他声称尊重新闻规律，把自己当作新闻专业主义者，但是又毫不害羞甚至还沾沾自喜地封杀新闻；他宣扬自己品性质朴，却又忍不住把拒收一点小贿当成绩炫耀；他认为自己谙熟网络，扮演普通网民，却又掩饰不住官场的气息，引来板砖无数。就这场官司而言，他以法律维权开始，以领导阻止告终；一方面打着公民精神的旗号，一方面又说“食人之禄，事人以忠”——此“人”乃领导而非纳税人也。

“半生不熟”是一种善意的描述。在很多不信任官员的网民看来，这种自相矛盾的现象，显示了伍皓的欺骗性。他打着和网民套近乎的幌子，装出一副委屈的表情，实际上是给自己脸上贴金，从而给他的工作打掩护，让人接受那些难以接受的新闻专业主义道路上的路障。他自己也多次说，他是党和政府的形象雕刻师。因此在很多网民眼里，他是最大的“五毛”分子。

伍皓是在戴着镣铐跳舞，还是在跳着舞蹈给别人戴镣铐？也许并没有什么幕后的真相，真相就是我们看到的一切。

（作者系南都传播研究院首席研究员）

危险的臆断

□朱学东

朱学东

前两天，中国周刊刚把最新一期杂志的封面和要目转发至新浪微博，其中有同行评论说是格力新一轮媒体攻势悄然展开，更有人联系最近连续几期的封面人物郭广昌、张朝阳、张艺谋等，批评中国周刊无耻堕落写软文。

既然贴出来，就是让人评议的。我看到跟帖评论，在笑骂之后，却突然间感到一阵发冷。

发冷，不是因为同行的批评，而是因为这种批评方式。

确实有一些不成器的媒体，通过给某个政商大佬歌功颂德，来赚取一点点可怜的恩赐。结果，行业里形成了这样一种氛围，似乎政商大佬上封面，就是堕落，就是公关，就是软文，义正辞严的抨击，也就成了一种政治正确。

设若有据，果真是软文，这种抨击

理应受到尊重和褒扬。

设若无据，只是凭经验，信口开河地指摘，如果仅仅来自普通读者，自可理解。毕竟人家以前花钱买过类似的杂志，大失所望之后恨铁不成钢地批评，也难怪。

城门失火，殃及池鱼。同行失德，累及自己，原也怪不得读者。

但如果这种站在道德制高点的不负责任的臆断，来自媒体同行，却是大不应该，而且也是我不愿意接受的。

本期《中国周刊》封面，选择的是格力电器总裁董明珠，题图为“守望者董明珠”。

如果一个同行，在他给《中国周刊》封面下裁决之前，打开附录看一下目录，当知报道与所谓的媒体攻势，所谓的公关软文，相距何止千里！报道反映的其实是中国社会投机投资与实业回报级差效应下的实业困境。

不需跋山涉水化妆潜伏，更不用担心跨省缉捕之恐，只要稍微屈尊抬抬他那高贵的手指，点下按键，便真相立现。

但，他，就是做不到。

抬手指的功夫，都不愿，只愿意下断语，审判别人。

如果说，本期报道全文尚未出来，尚可以推脱给合理假设想象，但中国周刊关于郭广昌、张艺谋、张朝阳等报道，早已出街，除了张朝阳的封面报道，上网之前应约略作调整之外，任何一个扫过这些报道的人，还能够下出“无耻堕落公关软文”的臆断么？

大胆假设，小心求证，至少也是媒体同行应该谨记的吧。

不妨再大胆假设一下，如有人举报这些报道，涉及商业贿赂或有偿新闻，如果调查人员个个如这些同行，哪我们还不是比窦娥还冤?

窥一斑而见全豹。

我之愤慨，既为中国周刊无端惹尘埃，更为某些同行的行为担心。

我担心这种臆断的偏好，一旦形成习惯，沉淀下来，内化为潜意识，就难免会对具这种臆断的人的思想和工作产生不良影响。

说实话，我很为他们所在媒体担心，也担心他们此前和此后所做的报道，是不是会让无辜者不幸，让自己服务的媒体蒙冤，让职业蒙尘。

实际上，他们透支的不只是自己的信誉，更是这个行业和职业的信誉，让我们的执业环境更加恶化。

事不目见耳闻，而臆断其有无，可乎？

苏东坡问。

但是，苏东坡恐怕要大失所望了。

这种臆断，在围脖上的诸多同行（很抱歉，我关注的大多是同行）的表达中，越来越流行。

为什么总是有人如此喜欢臆断?

我不断问自己。

我年轻的时候，也经常犯这个毛病，如今虽竭力规避，偶尔它还是会穿越内心的防线，偷偷溜出来，让自己犯错。

以我个人臆断经历之个案总结，不外乎三个方面原因。

一是因为臆断常常不受追责。

臆断，大多数是打着政治正确的大旗的。

只要占据道德制高点，只要政治正确，怎么说，都是对的，即便错了，误伤了别人，都是可以免责的。

对万恶的敌人的裁决，更是毋须顾忌道义及法律规定和程序正义的。

只要目的正确，为达目的，不择手段是可以理解和接受的。

大节不亏。

这是臆断者的逻辑。

二是喷口水总是潇洒自在，臆断相比调查取证，难易度何止霄壤之别。

做媒体的人，都知道许多采访艰难，跋山涉水不用说，更可怕的还有跨省缉捕。而那些对每一环节关键细节的小心求证，琐碎繁复，也是耗尽心力，但出来的东西，或许还并不如人意。社会影响甚至不如那些时评家们随便振臂一呼。

既然调查如此艰难，而产出又小，难免会有伶俐鬼动心思走歪道，开始乱喷口水一搏眼球。

三是传媒业职业教育和专业素养教育困乏。

年轻人经验不足，当是其一。我自己有过类似的过程。

但这个行业不良的传统也不少。

想想，此前多少报道，已都付后世笑谈中了?

当年许多名记者的成名作中，为某个目标，无论是出于善意于还是恶意，想像、捏造细节大概还少么?

当然，媒体当裁决者的传统习惯，也是流播甚广，至今尚不仅仅是余孽。

战战兢兢，如履薄冰，小心求证，当是媒体业者下断语之前不可或缺的心态和行为。

实际上，价值判断和技术判断，本来在报道中是缺一不可，互为支撑的。

相权之下，在某些急功近利者那里，价值判断便取代了技术判断。

但是，缺少了技术判断的基础支撑的价值判断，不就成了空中楼阁么?

即如抽象空洞的理念，容易成为人皆可以高举的大刀。

你可以举着砍人，别人同样可以举着砍你。

臆断的危险，就是一把人皆可以高举砍人的大刀。

（作者系中国周刊总编辑）

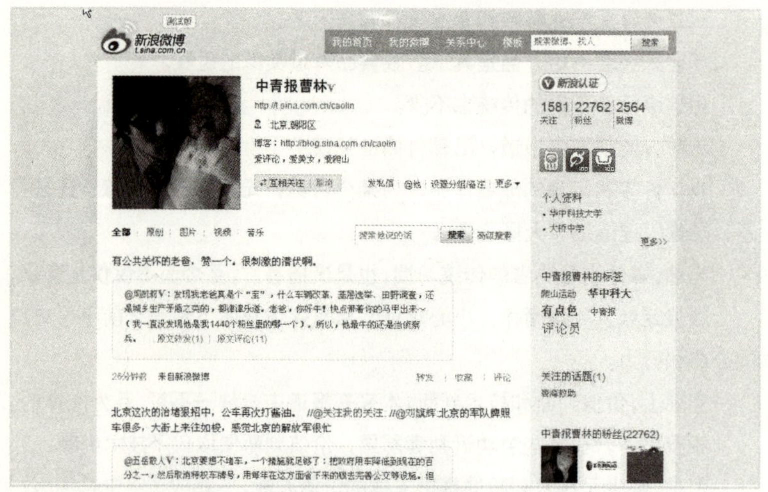

时评要警惕自我设限

□曹 林

曹 林

部门来了个实习生，第一天到办公室的时候，他就问了我一个问题：自己以前没有写过评论，知道评论在话题和分寸上有禁忌，但不知道这些禁忌的底线在哪里，害怕自己的文章会触碰到底线。

许多写评论的新人都问过我同样的问题。这是一个很有中国特色的问题。

我跟这个实习生说：不要担心会触碰底线，初学评论者，最好不要有底线的意识。你想怎么写，就怎么写，觉得事实是怎样的，你就把你所想的都自由地表达出来。会不会触碰底线和禁忌，经验丰富的编辑会替你把关。

评论写多了，经过不断的博弈后，你自然会形成自己对底线和禁忌的意识，形成自己的写作分寸感，什么话该说，什么不该说，话说到什么程度，写多了自然就有感觉了。只能靠自己写作中去体会，不是谁能教会你的。

在长期的写作，我头脑中也已经形成了诸多禁忌，为自己设置了许多限制，这个线不能碰，那个线不能碰，但我知道，这种禁忌对自己的思想自由和表达产生许多消极影响，于是就在思考和写作中尽量避免这种“自我审查”。我担心，上面给下面一个限制，下面再给下面一个更紧限制，逐层加码的限制，会使自由越来越少，可以言说的空间越来越小。如果作者再自我设限，那么空间就更小了。

过多的自我设限，就会让评论作者的思想窒息，无法伸展开来写评论。我经常跟学生讲：表达应该是自由的，不要有过强的发表欲，写评论，是作者的自由，能不能发出来，那就不是作者的事情了，是编辑和老总们的事，不能用过多的框框条条约束住自己的思维。

不错，一些话题是比较敏感，但如果你不说，这个敏感的话题会继续敏感下去。而你尝试大胆地去说了，并且发表出来了，这个话题由此可以公开地讨论了，于是就脱敏了。评论人要有这样的勇气和智慧，使一些敏感的话题不断被脱敏。

我写过一篇叫《“天上人间”被查何以成大新闻》的评论，作为顶级豪华色情场所象征、有“京城第一选美场”之称的北京“天上人间”夜总会因涉黄被停业整顿半年，引

“天上人间”被查何以成大新闻

2010年05月14日 09:11:23　来源：新京报

【字号 大 中 小】【我要打印】【我要纠错】【Email推荐：　　提交 】

“天上人间 ”的问题似乎早就是一个公开的秘密，10多年来坊间就传得沸沸扬扬。所以一查了就成了大新闻。

在扫黄打非常态化的舆论语境中，警方出击查出个色情场所，早不算什么新闻，对此早有“审丑疲劳 ”的媒体和公众都不会注意——不过13日一则类似新闻却成为热点，几大网站置于首页醒目位置，成为点击率最高的新闻。一条突查夜总会的新闻何以引发这么大的关注？皆因标题中有“天上人间 ”四个字：北京“天上人间 ”等4家夜总会被停业整顿半年。

虽然去过的人并不多，可京城的人可能没几个人没听说过“天上人间 ”。有关其老板的传奇、后台的强硬、背景的复杂、消费的昂贵、陪侍小姐的美貌、顾客的身份门槛、在权贵声色场和娱乐江湖中扮演的角色，一直是坊间热衷的谈资。在江湖传言和情色文学中，有“京城第一选美场 ”之称的天上人间被当作一种“顶级豪华 ”的象征和符号。每逢警方扫黄，坊间总有人会说：也就只敢查那些小夜店，怎么不查“天上人间 ”？

天上人间的问题早就是一个公开的秘密，10多年来坊间就传得沸沸扬扬，甚至连外地人都知道京城这点事儿，怎么到今天才查他们？因为从公开的新闻报道中找不到答案，疑云重重之下，网民对“天上人间被查 ”背景又生出许多猜测……

以往这类表现警方扫黄打非的新闻报道，公众看到的都是警察如神兵天降，让衣冠不整的小姐慌不择路，摄像机前抱头掩面遮羞。可公众在警察突查“天上人间 ”中看到的完全是另一副场景，小姐们很平静：对于民警的到来，她们神色平静，在面对警察的询问时，并不隐瞒自己的陪侍身份。民警将陪侍女子带到大堂，数十名陪侍女子坐下后表情轻松地窃窃私语，还有人不时抬头看一眼现场民警。

这样满不在乎、无比轻松的表情让人充满怀疑，到底是什么让她们神色这么平静？有偿陪侍是违法行为，她们面对警察时何以那么毫无惧感。

警方表示，将对存在涉黄问题场所有一家整顿一家，对涉及卖淫嫖娼行为有一起查处一起，绝不姑息——端了传闻已久的“天上人间 ”，似乎就说明了“绝不姑息 ”的态度。但为什么至今才查，那些沸沸扬扬的传闻是不是真的，应该给公众一个说法。“天上人间 ”的问题，或许不只是扫黄那么简单？（曹林 媒体人）

发舆论很大的关注。我撰文分析：扫黄天天在扫，查了一个夜总会，何以引发这么大的关注。

一个新闻学教授看到我的这篇评论，他说没有从我的评论中读到什么新的信息。我说，我这篇文章主要的目的并非为了说出什么新信息，而是为了让“天上人间”这个话题脱敏。关于“天上人间”的传言很多，有的说里面的小姐很多身家上千万，有的说这家夜总会有着很强的后台，各种版本流传，但都是民间传言，媒体都未曾公开报道过，“天上人间”的话题在媒体上似乎是一个敏感话题。我的这篇文章，就是为了让这个话题脱敏，让“天上人间”可成为一个可以公开讨论的话题。我开了头，把那些传言都搬到公开评论中来了。话题脱敏了，接下来，其他的评论和报道就可以对这个话题进行追踪和讨论了，公众的疑问就可能一个个地揭开。

中国当下似乎有不少敏感的问题，如果我们写文章之前，都要自我审查一下，这个问题很敏感，写了很可能被老总毙掉，我还是别说了——每个人都这么想的话，问题就永远保持着敏感，永远是一个言说的禁忌。可如果说了，可能也就脱敏了。

评论人写作，思考不应有限制，也不应为自己设置过多的条条框框。媒体管制的天花板，越往上捅，天花板会越高；越是自我设限和自我审查，管制的天花板就不断下堕。层层自我审查，都想着可能会触线，最后的言说空间可能就非常小了。我们在言论上是有一些禁忌，但我欣赏一位媒体人所言：没有不能说的话，没有不可以评论的话题，只是看你怎么说。言说的方式，言说的时机，这都是技巧。当然了，言说的技艺问题，又是另外一个问题了。

（作者系中国青年报评论部副主任）

中国报业呼唤“新闻设计师”

□王志勇

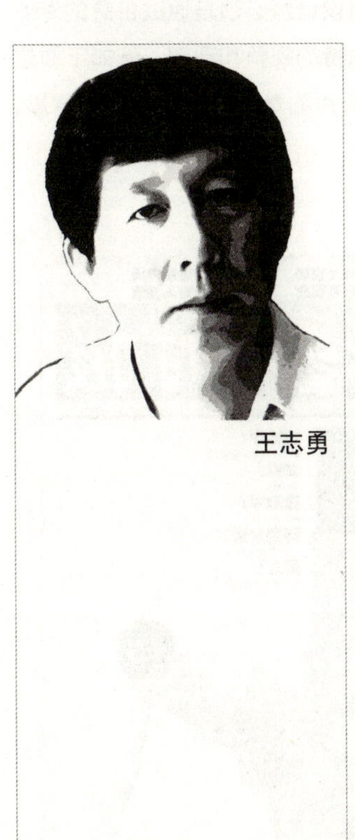
王志勇

随着市场经济的深入发展，由于商品包装的需要，都市报版式设计尤其是封面头版越来越引起报纸经营管理者的重视，版面设计的意识和理念成为市场竞争的“晴雨表”。尤其是在都市报市场的白热化竞争中，如何能在好几家都市报同城打擂中获得更多的读者青睐，除了在采编、内容、调查及深度报道上，品牌推广、发行等项努力外，一张报纸的美观程度、版式尤其是头版及内版周刊的封面上的功夫有时真的可以发挥四两拨千斤的力量。

于是新闻设计师呼之欲出。

什么是“新闻设计师”？中国新闻行业还没有这样一个称谓。即使在西方国家，对于媒体的视觉工作者同样也有着不同的称呼：Art editor（美术编辑）、Visual editor（视觉编辑）、

Information Designer（信息设计师），以及 Newsdesigner（新闻设计师）等。那么到底如何来描述什么是新闻设计师呢？

回答很多。有的人说，懂新闻，会设计的人；有的人说，是全媒体时代以视觉传播信息的人；也有人说：新闻设计师只不过是从组版员到美术编辑以后的进一步称谓；更有人说，新闻设计师是集图片编辑、图表编辑、文字编辑、版式设计师于一身的角色。当然还有这样的回答：在中国特定的媒体环境，和美术编辑没有任何区别。

我比较赞同“中国新闻设计师网”创办人廖小静的说法：“对于新闻设计师的定义，大家描述的，还只是新闻设计师的事实而不是其意义。单从 Newsdesigner 的英文字母来看，我们不难理解：news——新闻；design——设计；er——人；但组合起来后的解释却应该解释为能够通过对事实的把控，基于美术专业的生产而得到高于事实本身的有意义、有美学价值的作品，这样的人才可以称为新闻设计师。”

作为一个报纸的视觉工作者，在全媒体如火如荼的时代，仍然将工作聚焦在展示信息的事实时，我们充其量叫他为美术编辑，一个只懂得点线面美学的编辑。而新闻设计师不一样，新闻设计师必须是通过自身的专业能力，将事实美观呈现的同时还应当具备独特的视角和理解。例如下面这个例子：刘翔伤退，当天大多数媒体的版面用的是刘翔离开场地的背影，而《重庆时报》是这样处理的。（见图）

重庆时报

翔

习近平：

刘翔：

孙海平：

刘翔父母：

网友：

我时常与很多都市报的总编辑交流时谈到一张报纸的视觉，很多总编辑都认可《辽沈晚报》总编辑彭宁这样的观点："视觉化是现代报纸的整体发展方向。而作为一张报纸的整体表现形式，具有直观性，能在一瞥中被读者所感知，可以说就是一张报纸的脸面。一排报纸放在报摊上，最具视觉冲击力的报纸肯定更能吸引人的眼球，卖得好。读者对报纸风格的最初印象也是由版面风格所给予的。如果视觉设计跟内容能够和谐，它们就是一份报纸的黄金搭档，起到珠联璧合的效果，报纸内容是锦，版式是花。如果一张报纸的门脸设计不好，吸引力就大打折扣，恐怕很少有人有阅览的欲望。"

我们不否认"内容为王"的这一观点，如果说报纸的内容为王，那么版式和视觉的设计就是花，要想花开得鲜艳就需要好园丁，同样一张报纸做出好的视觉和版式，需要的就不仅仅是美术编辑，中国报业，呼唤"新闻设计师"。

（作者系资深传媒观察员、报刊评论人）

一则封面广告引发的思考

缘起：

11月15日，上海胶州路教师公寓发生大火，伤亡惨重。次日，该事件成为上海本地各大报刊封面头条。其中，东方早报因为封面的一则广告，引发微博网友的激烈评论。本刊摘选其中若干观点，以飨读者，以鉴来者。

众议：

@石扉客：买了今天的东早，不含封面火灾报道一共11个版，结构合理，内容也不乏亮点，比新闻晨报高出不止一个档次，不愧是“上海第一日报”。但这个该死的封面珠宝大广告，让东早上述内容努力在传播效果上惨败，这该怪决策者的颟顸、经营的强势还是机制的呆滞?

@幸福西瓜：这事值得仔细探讨一下，应该给媒体人提个醒。应该建立一个突发灾难新闻下的广告位置调整机制，采编和广告的沟通应该及时，广告销售及时建议客户调整版位，采编重新划版位，或填充内容，或者把广告位置调后，或撤掉广告延期刊登等等。发排和签版人员应该有这个意识，销售亦要注意自己客户广告当期环境。

@我来唱唱反调:唉。一声叹息。采编部门的辛苦被一个广告毁了。唉。不过广告部，甚至是那珠宝企业也真够二的。今天你登了这个广告，对报纸的口碑只有负面的影响，以后广告还卖得出去吗？在这时候做广告，你的珠宝还能卖得出去吗?

@张凤安：简单的撤稿或者撤广告，都很受伤。媒体本身具有的公共性和商业性，如硬币之双面。厚此薄彼都不好。只是面对这样的大灾面前，对于纸媒来说，可技术操作的空间比较大，如双头版等。

@余敬中：在那么多把关人的环节中，谁有权力暂时撤掉或者变通处理这期广告？或者谁向有处置权的领导提醒过？在实际的新闻操作过程中，特别是面对突发新闻、重大新闻，我们的掌控能力、创新能力和应变能力时时在接受考验，若有一丁点的失误或者不到位，就可能带来意想不到的后果。

东方早报
胶州路大火已致42人遇难
28层公寓楼昨发生严重火灾 市委市政府紧急会议要求尽快准确查明原因

胶州路大火42人遇难
新闻晨报
■大火烧了4个多小时，百余辆消防车投入灭火
■市委市政府昨晚召开紧急会议，要求尽快准确查明火灾原因
■公安部长孟建柱连夜赴沪指导火灾救援工作

@永洁-Aries：有合约在，广告不是说撤就撤的，你要征求广告主的意见，人家不同意怎么撤？不过我看到广告换成黑白的了，也算是说得过去吧。

@一城一世界：理性看待，头版是否刊载广告，与其报道深度与可信度或严肃性并无必然关联。只要头版广告不是大喜大庆，也并无可指摘。东方早报向来以把准社会脉搏为擅长，亦是长三角地区综合类报纸中首屈一指的一份。但今次事件属于典型的误判社会观感的决策失误，但若为此进行内耗批斗，未免显得幼稚。

@矮子病只传后代：东方早报用广告来说明：时间就是奢侈品，时间就是生命。你们都没看懂，藕叶！

@中文屋：确实显得不合时宜，但是被批“没人性”、“没操守”之类的，显然是太过了。它实际传达的信息量和引起的关注不比其他报纸差……我们常常轻易把悲伤转化成道德优越感。

@到里斯本看海：这评论的人看报纸了没？东方早报是上海唯一一家刊发火场楼内照片的报纸，其他报纸都只发个外围照片拉倒，只有东早三名摄影师夜里一点强行冲进楼内拍摄成功，冒着风险拿到第一手照片，到网上搜搜照片和手记看看吧。什么叫作媒体？

@奋斗的牛小屋：我来分析下东方早报的心态：正好这张广告是暗色调的，首先在颜色上是吻合的；宝玑的广告向来以抠门著称，而东方早报的广告一直也不太好，此次好不容易掘了点金矿怎能放掉。于是就拼在一起了。或许在内页里做了些给力的报道，只是封面此次落了套了。希望新闻人能以此为鉴，在新闻与效益这根平衡木上不要崴了脚。

@caroleyu：对于头版出现这样的广告我也不赞同，这是媒体、广告公司和广告主三方的失败，但是要说这样一边倒地对东早群起而攻之也不是理性之举，骂东方早报的人如果认真看一下今天这份报纸上的报道，就知道其质量并不亚于今天的任何一份报纸，并且，事实上新闻晨报的第三版也有同样的广告。

@**黑皮壳壳**：用广告主的口吻发出对重大事件的关心，这个时候报人应该把自己当做是一个连接广告商和重大事件的一座桥梁，既可以提升广告商的形象，又不会遭到群众的谴责，何乐而不为？媒体不仅是政府、人民群众的耳目喉舌，在很多时候也应该做好自己的公关工作。

@**灰木耳**：广告肯定是早就谈妥的。我相信东方早报只是机械式履行刊发承诺。我甚至相信早报老总会因此长舒一口气：在官方报道口径确定前，晨报这样的悲天悯人是存在巨大风险的，大到总编乌纱不保。广告，是多好的，躲避责任的借口啊——那么奢侈，那么冷漠，那么理直气壮。

@**麦卡 PULP**：东方早报采编部被广告部秒杀。不怕神一样对手，就怕猪一样队友。

@**JPJ48 队长卡拉**：头版打完折也要 40 万，合同都是一个月之前签完排好的，没有广告收入哪来的钱让你去报道！哪个媒体不是拿着广告的钱在吃饭！不知道报业的艰难就别说得那么轻巧。

@**水若尘裳**：去看看东方早报的刊例价和广告量，是小报吗？他们一年的广告收入知道是多少？知道一个报纸的广告投放机制遇到重大新闻是可以协商延后上刊的吗？我们现在讨论的是上海大名鼎鼎的文汇集团所属的一家大媒体对待重大灾难面前的人文立场和新闻态度，这永远跟广告费无关。

新京报

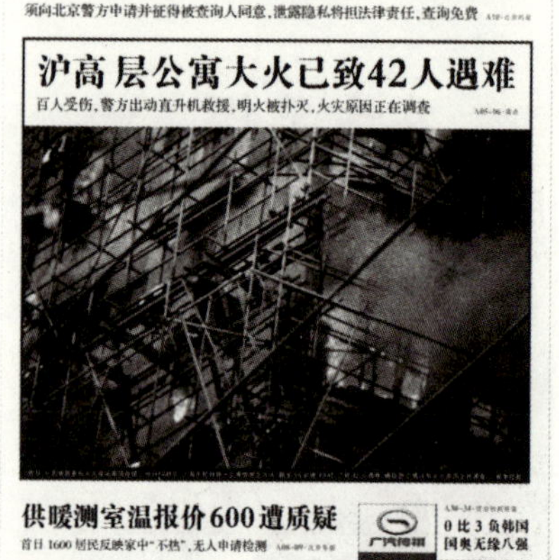
公民因私可查他人户籍信息
须向北京警方申请并征得被查询人同意，泄露隐私将担法律责任，查询免费
沪高层公寓大火已致42人遇难
百人受伤，警方出动直升机救援，明火被扑灭，火灾原因正在调查
供暖测室温报价600遭质疑
首日1600居民反映家中"不热"，无人申请检测
0比3负韩国 国奥无缘八强
假日错峰出行 或减免过路费
境外人员在华 限购一套住房
四大银行否认 开发贷被叫停

亚运 金牌榜

新民晚报
全力做好火灾搜救伤员救治和事故调查
胶州路高层民宅大火至今晨已造成53人罹难，70人仍在医治
夺命大火揪心 申城痛中思痛
初步查明 这是一起责任事故
全力以赴救伤安民 尽快准确查明火因
记住痛，是为了不再痛
救援·现场·解析·关注
大楼起火点为北侧脚手架
本市今召开防火及安全生产电视电话紧急会议

@**艺墅大师**：骂报纸有点骂错人了。报纸签了确定日子的合同，没理由违约赔钱。但是合同上都有不可抗力条款和突发事件的处置，大多数是协商解决。我相信昨晚报纸是给客户联系过的，希望能协调版面，估计是哪个公关主管自以为大爷了、坚持不动，结果把自己品牌给杯具了。

专家意见：

随着报纸的变厚，报纸广告在版面上所占的比重也越来越大，而报纸广告与版面不和谐的现象在激烈的竞争和对利润的片面追逐中却时有发生，同时由于报社内部缺乏整合意识和必要的沟通协调，以致出现了“广告与新闻打架”或“广告掌了新闻的嘴”这样的版面冲突现象。这些不和谐的问题既有损于报纸言论的影响力，也影响了报纸广告的传播效果，不利于报纸在读者市场和广告市场上的竞争，造成了社会资源的严重浪费。

报社内部的通力协作，报纸加强与广告客户的沟通与协调，是报纸广告与版面和谐的重要保障，而编辑技巧和报纸版面的经营策略则是报纸广告与版面和谐的实现途径。

——陈培爱 张喜珍：《试论报纸广告与版面的和谐》（《新闻大学》2004 年第 1 期）

一起走最遥远的路

□本刊编辑部

2010，亚运焰火璀璨，GDP 坐二望一，央视记者勇于代表亚洲代表世界……盛世繁华如花似锦，调查记者行色匆匆，就像一只从不落地的鸟，不停歇地探寻着各类事件的真相。

吃无数的闭门羹，碰无数颗钉子，面对企图遮蔽无数人身权益被侵害的荒诞现实，中国记者的调查之路关山重重。“你要过来，小心你的小命”。“索命书记” 不过是最新并可能随时更新的一例而已。

工欲善其事，必先利其器。这是本辑焦点话题“记者如何调查”的初衷。小技微末，未尝不可凿壁偷光，打开被遮蔽的屏障。尽管未必放之四海而皆准，却总有山不转水转的时候。而新技术、新媒介的迅猛发展和应用更是如虎添翼。不惟后起之秀邓飞在微博上 “直播中国 “，连调查记者领军人物王克勤对之也是趋之若鹜，而阿桑奇的“维基解密”更是搅动全球风云。

世界注定将因技术而加速改变。“我爸是李刚” 事件最终能得到比较公开的处理，正是网络围观的力量，而民意与真相之间的缝隙，则需要专业的记者调查来填补。

这恰是报纸之幸，也是报纸的力量所在。本辑日本学者高井洁司的文章便认为，报纸要以互联网世界的导航员的身份在新时代获得重生，必须坚持使命，保持对权力的监督。

“最难的是坚持。” 在坚持中时备受煎熬，在坚持中推动社会进步。这是戴自更对新京报 “七年之痒” 的刻骨体会。

迎来十周年庆的 21 世纪经济报道，却是另一番风情，通过一系列令人眼花缭乱的庆典活动，彰显其勃勃雄心：在下一个十年，继续掌控中国财经媒体天下，推动大国善治和国民幸福。

然而，长路迢遥。“铁面无私的监督和批评精神，却日益被渗透到毛细血管的、无原则的管制，和不断膨胀的商业利益所侵蚀，并且暂时还看不到良性逆转的趋势”。第一财经网总编辑王长春这番话，是说给他的前同事听的，何尝又不是说给所有传媒人听的?

繁星洒银，新年钟响，谁在秦砖汉瓦上轻旋舞步，谁在雕阑玉砌上拍遍栏杆，谁在家园废墟前泪下如雨?

2011，我们继续上路，一起走——哪怕前路依旧遥远。